中国知识产权法律制度『绿色化』转型研究

秦 倩◎著

中国社会科学出版社

图书在版编目(CIP)数据

中国知识产权法律制度"绿色化"转型研究／秦倩著．—北京：中国社会科学出版社，2022.7

(山西大学建校 120 周年学术文库)

ISBN 978-7-5227-0460-9

Ⅰ.①中… Ⅱ.①秦… Ⅲ.①知识产权制度—关系—生态环境保护—研究—中国 Ⅳ.①D923.404

中国版本图书馆 CIP 数据核字(2022)第 117864 号

出 版 人	赵剑英	
责任编辑	宫京蕾	郭如玥
特约编辑	芮 信	
责任校对	郝阳洋	
责任印制	郝美娜	

出 版	中国社会科学出版社	
社 址	北京鼓楼西大街甲 158 号	
邮 编	100720	
网 址	http://www.csspw.cn	
发 行 部	010-84083685	
门 市 部	010-84029450	
经 销	新华书店及其他书店	

印 刷	北京君升印刷有限公司	
装 订	廊坊市广阳区广增装订厂	
版 次	2022 年 7 月第 1 版	
印 次	2022 年 7 月第 1 次印刷	

开 本	710×1000	1/16
印 张	13.25	
插 页	2	
字 数	224 千字	
定 价	78.00 元	

《山西大学建校 120 周年学术文库》总序

喜迎双甲子，奋进新征程。在山西大学百廿校庆之时，出版这套《山西大学建校 120 周年学术文库》，以此记录并见证学校充满挑战与奋斗、饱含智慧与激情的光辉岁月，展现山大人的精学苦研与广博思想。

大学，是萌发新思想、创造新知识的学术殿堂。求真问理、传道授业是大学的责任。一百二十年来，一代又一代山大人始终以探究真理为宗旨，以创造新知为使命。无论创校初期名家云集、鼓荡相习，还是抗战烽火中辗转迁徙、筚路蓝缕；无论是新中国成立后"为完成祖国交给我们的任务而奋斗"，还是改革开放以后融入科教强国建设的时代洪流，山大人都坚守初心、笃志求学，立足大地、体察众生，荟萃思想、传承文脉，成就了百年学府的勤奋严谨与信实创新。

大学之大，在于大学者、在于栋梁才。十年树木、百年树人。一百二十年的山大，赓续着教学相长、师生互信、知智共生的优良传统。在知识的传授中，师生的思想得以融通激发；在深入社会的广泛研习中，来自现实的经验得以归纳总结；在无数次的探索与思考中，那些模糊的概念被澄明、假设的命题被证实、现实的困惑被破解……新知识、新思想、新理论，一一呈现于《山西大学建校 120 周年学术文库》。

"问题之研究，须以学理为根据。"文库的研究成果有着翔实的史料支撑、清晰的问题意识、科学的研究方法、严谨的逻辑结构，既有基于社会实践的田野资料佐证，也有源自哲学思辨的深刻与超越，展示了山大学者"沉潜刚克、高明柔克"的学术风格，体现了山大人的厚积薄发和卓越追求。

习近平总书记在 2016 年哲学社会科学工作座谈会上指出："一个国家的发展水平，既取决于自然科学发展水平，也取决于哲学社会科学发展水平。一个没有发达的自然科学的国家不可能走在世界前列，一个没有繁荣的哲学社会科学的国家也不可能走在世界前列。"立足国际视野,秉持家国情怀。在加快"双一流"建设、实现高质量内涵式发展的征程中,山大人深知自己肩负着探究自然奥秘、引领技术前沿的神圣责任,承担着繁荣发展哲学社会科学的光荣使命。

百廿再出发,明朝更璀璨。令德湖畔、丁香花开,欣逢盛世、高歌前行。山大学子、山大学人将以建校 120 周年为契机,沿着历史的足迹,继续秉持"中西会通、求真至善、登崇俊良、自强报国"的办学传统,知行合一、厚德载物,守正创新、引领未来。向着建设高水平综合性研究型大学、跻身中国优秀知名大学行列的目标迈进,为实现中华民族伟大复兴的中国梦贡献智慧与力量。

目　　录

第一章 绪论

第一节 研究背景及意义

一 研究背景

工业文明改变了人类的生产、生活方式，给人类带来了巨大的财富。但是，20世纪后半叶以来，生态危机开始四处泛滥，产生温室效应，物种灭绝，森林锐减，能源短缺，大气、土壤和水污染，有毒化学品污染等一系列全球环境问题。甚至发生震惊全世界的"六大污染""八大公害""十大事件"等一系列环境污染问题，对自然环境造成了极大破坏，导致许多人及动物非正常死亡，给人类和生态环境带来灾难性后果。困扰全球的这些环境问题，也同样困扰着中国。中国虽然堪称地大物博、资源富饶的国家，但由于中国人口众多，且长期的经济增长基本建立在高消耗、高污染的传统发展模式上，使我国环境承载的压力超过世界绝大多数国家，面对的环境问题也十分严峻。然而追本溯源，生态环境危机是工业文明的结构性特征，在文明范式未发生根本性改变的框架下，生态危机无法得到真正的解决，从工业文明到生态文明之文明范式的转型，才是人类走出生态危机的必由之路。[①]

"推进生态文明建设"是中国特色社会主义事业的重要内容，中国共产党的十七大报告首次提出"建设生态文明"，并确立为国家发展战略；

[①] ［美］尤金·哈格洛夫：《环境伦理学基础》，杨通进、江娅、郭辉译，重庆出版社2007年版，第2—4页。

党的十八大报告进一步提出"大力推进生态文明建设",要求将其置于突出地位,融入经济、政治等其他方面建设的全过程,努力建设美丽中国,实现中华民族永续发展。2015年4月25日,中共中央、国务院发布的《关于加快推进生态文明建设的意见》则对生态文明建设作了进一步战略部署,提出深化改革和创新驱动是基本动力,培育生态文化是重要支撑,强调要加强重大科学技术问题研究,开展能源节约、资源循环利用、新能源开发、污染治理、生态修复等领域关键技术攻关,并首次提出"绿色化"概念。2015年10月16—29日,党的十八届五中全会首次提出五大发展理念,其中包含绿色发展理念。党的十九大报告提出中国特色社会主义进入新时代,我国社会主要矛盾已经转化为人民日益增长的美好生活需要和不平衡不充分的发展之间的矛盾,并明确指出"建设生态文明是中华民族永续发展的千年大计"。因此,生态文明建设是从工业文明到生态文明之文明形态转变的实践路径,而在生态文明建设进程中,重要的推进之路便是推动绿色科技创新与培育生态文化。

从国际视角看,关于环境保护的国际公约与知识产权国际公约之间不再完全割裂,而是融合与交叉的条款逐渐增多,逐渐向你中有我、我中有你且相互协调促进的状态变迁。例如,《生物多样性公约》(*Conventionon Biological Diversity*,CBD)中提出遗传资源使用的知情同意与获益分享机制,架起了传统资源权利与现代知识产权保护之间的桥梁,所传递的生物多样性保护理念,影响着科技创新对生态的关注。而作为知识产权方面重要国际公约的《与贸易有关的知识产权协定》(*Agreement on Trade-Related Aspects of Intellectual Property Rights*,TRIPs)中,也蕴含对生命健康与生态坏境关怀的条款。具体行动方面,2009年"世界知识产权日"的主题确定为"绿色创新",2019年再次确定为"为绿色未来而创新",强调创新对绿色未来的作用。欧洲专利局(EPO)、联合国环境规划署(UNEP)以及国际贸易和可持续发展中心(ICTSD)联合发文分析了专利对绿色技术(Clean Energy Technologies,ECTs)创新与转化的影响,[①] 促进绿色技术发展的制度政策保障领域得到更为广泛的关注。未来发展趋势中,全球环境保护行动与需求将日益影响知识产权国际保护制度

---

① UNEP, EPO and ICTSD, "Patents and clean energy: bridging the gap between evidence and policy", 2010-01-09, https://unep.ch/etb/events/UNEP%20EPO%20ICTSD%20Event%2030%20Sept%202010%20Brussels/Brochure_EN_ganz.pdf.

的构建,① 需要通过制度创新与完善促进知识产权制度对生态环境保护构成的障碍因素逐渐得到破解,知识产权制度中技术与文化创新激励对生态环境保护的裨益作用得到更大程度的凸显。

知识产权制度能够在生态文明建设中发挥重要作用,《关于加快推进生态文明建设的意见》中明确指出,科技创新的激励与生态文化的培育是生态文明建设的核心环节。而激励创新的核心制度正是知识产权制度,通过专利保护与植物新品种权保护等权利保障形式激励主体不断发明创造、提升工农业产品技术水平,通过著作权保护制度鼓励作者不断创作新作品、促进文化建设。《2015 年国家知识产权战略实施推进计划》中第 15 条专门提出开展知识产权执法维权"护航"专项行动,要重点打击食品药品、医疗器械、环境保护等涉及民生领域和高新技术领域的专利侵权假冒行为,使环境保护领域的知识产权保障得到执法关注。然而在具体行动上,还存在诸多的现实问题与制度障碍,无论激励绿色技术创新还是绿色文化产品创作抑或绿色商品生产,我国相应制度的建立发展还较为迟滞。美国、日本等发达国家在绿色技术创新方面的发展则相对迅速,无论新能源汽车、替代性可再生燃料还是节能照明等技术,迅速占据了国际市场的主要份额;制度措施方面,也纷纷开启激励绿色技术创新与加快专利授权的通道。与此同时,由于国家发展程度与国际立场的差异,各国在知识产权制度的生态保护作用方面持不同观点,尤其是发达国家与发展中国家不断进行博弈,产生了全球性理念分歧,多数发达国家坚持知识产权在生态环境保护方面的积极作用,不断强化知识产权保护,而部分发展中国家则认为知识产权制度是绿色技术转移、应用的最大障碍,应当弱化甚至废除环境领域的知识产权保护。如此,现行知识产权制度与生态文明建设究竟有何关联?是否可以以及是否应当承担生态环境保护功能?生态危机的出现与深化能否撼动知识产权制度的先天性根基?知识产权制度如何发展与转型才能在秉持其基本功能的前提下发挥生态文明建设中的善法功能?均是亟待回答的问题。

---

① 周长玲:《试论专利保护与环境保护之间的关系》,《环境保护》2012 年第 11 期。

二 研究意义

(一) 理论意义

知识产权法在生态文明建设中充分发挥善法功能，有助于促进绿色科技、文化创新以及引导绿色消费，从而促进生态环境的保护、缓解全球性气候变化和践行可持续发展，相应理论与制度的研究具有重要学术意义。目前学理研究存在对绿色知识产权、绿色知识产权制度等相关概念尚未厘清、知识产权法律制度生态化路径设计中存在各种冲突与矛盾等问题，同时，针对促进绿色知识产权优先发展的割裂性、应用性研究多，而系统性、理论性研究较少，以及针对知识产权法律制度生态化的宏观性呼吁多，而具体制度安排与理论基础方面的研究较为缺乏。对知识产权法律制度"绿色化"转型的体系化研究，包括概念逻辑、理论基础、实践应用与制度体系构建等方面，有助于弥补学术研究现状中的部分缺憾，为知识产权法中绿色规则与制度的构建提供理论支持，发展和深化促进生态文明建设视野下知识产权法律制度的理论内容。

首先，界定知识产权法律制度"绿色化"的概念，对相关易混淆的各类概念进行结构性确证与对比辨析，形成概念体系。目前相关学术论题主要集中于知识产权制度的"生态化"或"环境保护义务"方面，尚未有学者提出知识产权制度的"绿色化"论题。尽管"绿色化"与"生态化"的内涵较为接近，但仍存在诸多方面的差异，在我国社会主义建设新时代具有重要理论意义。同时，对各类相关概念的确析具有理论意义，绿色知识产权制度概念包含绿色知识产权的制度和绿色的知识产权制度两种不同内涵，两者差异较大甚至体现了不同的知识产权制度理念，目前学术与实务中使用时并未进行区分，导致无法认知其传递的基本立场。其次，从伦理与法理双重视角探讨知识产权法律制度"绿色化"转型的理论依据，在增强知识产权法律制度"绿色化"转型的理论基础研究方面具有理论意义。伦理方面从中国传统生态观、西方环境伦理思想史、马克思主义生态伦理观以及马克思主义中国化历程方面进行环境伦理依据的微观阐释，论证绿色发展理论与环境伦理学基础理论在知识产权法律制度发展完善中的运用；法理方面从研究现状中学者们尚未着眼过的法的社会阶级本质、法的价值与法的功能三方面进行阐释，丰富知识产权领域绿色规则构建的理论研究。最后，确立知识产权法律制度"绿色化"转型应遵循的基本原则与应限定的范围边界，旨在解决现有研究中存在的各种措施与制度冲突问题，从知识产权特别法角度进行全面系统的构建与论证。因此本研究在知识产权法律制度"绿色化"转型方面的概念基础、伦理与法理依据讨论、原则确立、范围限定、制度体系构建等方面均具有理论意义。

（二）实践价值

首先，知识产权法律制度在生态文明建设中功能发挥方面的建议可以为生态环境保护与知识产权制度相关的立法完善、政策制定等提供理论、实证和策略参考。引导、鼓励绿色技术、文化、品牌的创新、应用与推广，遏制具有环境危害性的技术、作品产生，有利于促进经济增长方式的根本性转变，有利于发挥知识产权法律制度在生态文明建设中的现实作用，从而丰富生态文明建设的制度体系保障内容，有助于促进经济社会发展全面绿色转型。其次，随着经济全球化的深入与世界命运共同体的建立，技术贸易与全球环境问题日益凸显，中国作为经济发展最为迅速与传统生物和文化资源最为丰富的国家之一，在国际绿色技术转移与遗传资源、传统知识保护方面存在许多障碍，注入绿色价值的知识产权法律制度在生态建设领域中可以发挥重要的现实作用，促进绿色经济的发展，无论从绿色技术创新、绿色作品创作还是环境危害型知识产权的限制等方面，均具有发挥重要公共政策作用的价值。在世界范围内率先构建具有绿色属性的知识产权法律制度，对维护我国知识产品贸易、生物多样性保护以及可持续发展等国家利益有所助益。最后，知识产权法律制度"绿色化"转型的制度构建，即知识产权特别法角度的绿色专利制度、绿色著作权制度、绿色商标制度、绿色地理标志制度、绿色商业秘密制度、绿色植物新品种权制度等内容可以为知识产权法律制度的完善以及司法审判中绿色原则的应用提供实践参考。

第二节 国内外研究现状

一 国内研究现状

知识产权法律制度是否具有生态功能以及是否应当和如何进行"绿

色化" 转型以支持生态文明建设是本书研究的重要学术问题。结合知识产权法律制度的环境影响基础以及 "绿色化" 转型依据与方式，总结相关学术讨论的基调，归纳出以下基础文献话题：生态文明、知识产权制度（含专利权、商标权、著作权、植物新品种权、商业秘密权、地理标志权等）、绿色知识产权、"绿色化"。基于如上话题类别，将近年来国内相关研究成果划分为以下研究范围：绿色知识产权的概念与认定、法律 "绿色化" 与生态化、知识产权制度与环境保护的关系以及知识产权制度的生态化研究。

（一）绿色知识产权的概念与内容研究

在全球环境日益恶化、资源能源严重制约未来经济社会发展的背景下，逐渐有学者提出绿色知识产权的概念。从中国知网等数据库中检索下载并通过逐篇研读，搜集到正文中直接含有 "绿色知识产权" 表述的文献共 84 篇，其中学位论文 33 篇、期刊等文献资料 51 篇，结合通过其他渠道获得的相关实践与理论类研究报告或报道，发现学术界对绿色知识产权尚无清晰一致的界定。但关于绿色知识产权内容的文献中，对绿色知识产权的态度基本坚持推广应用与优先发展。其中部分研究为对国外绿色知识产权发展促进举措的研究，如西班牙、韩国、美国等；部分研究提出绿色知识产权体系构建与发展建议以及应对气候变化的绿色知识产权策略；部分研究重点介绍绿色知识产权交换项目等实践案例。在众多学术研究中，对绿色知识产权及绿色知识产权制度的概念讨论较少，且大部分直接引用其他学者的观点，未进行深入阐释。"绿色知识产权" 概念自提出至今，部分学者对绿色知识产权概念从内涵视角进行了概括，部分学者提出了绿色知识产权的具体内容，也有部分学者罗列了部分外延，但是，目前学术研究与实践发展中尚无针对绿色知识产权概念的专门论述与系统认定，其内涵与外延仍充满争议。在绿色知识产权的具体类别中，绿色专利问题的研究最为广泛，无论是绿色专利制度的构建还是各行业或领域的绿色专利战略，均是研究者关注的重点问题。

郑友德最先提出绿色知识产权的基本框架并对绿色知识产权作了初步解读，认为其主要包含绿色专利权、绿色商标权和绿色著作权，[①] 并在其

---

① 郑友德：《顺应环保要求的绿色知识产权》，《检察日报》2011 年 3 月 10 日第 3 版。

他论著中提及绿色知识产权及缓解气候变化策略。[①] 高荣林通过审视知识产权法的具体规则如权利的行使、救济方式等，认为其中包含诸多绿色元素。[②] 贾引狮、杨柳蕙通过法经济学方法的考察，得出知识产权制度在关注生态环境保护方面的意义。[③] 绿色知识产权是一类特殊的知识产权，承载着生态的意义与价值，但提及绿色知识产权的学术研究并不丰富。不过实践中部分学者提及的环境知识产权，与绿色知识产权之间并非泾渭分明，说明学者们已经意识到知识产权与环境保护之间相互作用的意义。具体概念界定方面观点不尽相同，代表性观点主要有以下几类：在环境知识产权的认定方面，赵华认为，环境知识产权具有的特点主要体现在主体、客体和地域范围以及时效期方面，强调其公共性；[④] 张景明认为，环境知识产权是一种群体性权利，需进入公有领域。[⑤] 部分研究开始关注环境知识产权的价值，如《浅析构建环境知识产权对环保工作的促进》一文提到环境知识产权对环保工作具有重要的促进作用。郑书前则关注环境知识产权的转移问题，在《论我国环境技术转移面临的知识产权困境及其克服》中提出环境技术的转移受制于知识产权保护制度的框架；[⑥] 他在《国际环境技术转移中的知识产权问题刍议》中对环境技术转移的问题做了进一步研究，并提出为保障环境技术的顺利转移知识产权制度应当关注环境权。[⑦]

（二）法律"绿色化"与法律生态化研究

1. 法律"绿色化"研究

法律"绿色化"的研究虽不及法律生态化研究之广泛，却在近几年明显增多，且主要集中于部门法的"绿色化"方面。在对法律"绿色化"

---

① 郑友德、王活涛、郭玉新：《论应对气候变化的绿色知识产权策略》，《华中科技大学学报》（社会科学版）2016 年第 6 期。

② 高荣林：《解读知识产权法中的"绿色"》，《科技与法律》2007 年第 4 期。

③ 贾引狮、杨柳蕙：《知识产权制度与生态环境保护的法经济学研究》，知识产权出版社2016 年版，第 34—43 页。

④ 赵华：《浅析构建环境知识产权对环保工作的促进》，《能源环境保护》2011 年第 3 期。

⑤ 张景明：《环境知识产权与环境债权问题初探》，《东岳论丛》2009 年第 11 期。

⑥ 郑书前：《论我国环境技术转移面临的知识产权困境及其克服》，《重庆理工大学学报》（社会科学版）2011 年第 9 期。

⑦ 郑书前：《国际环境技术转移中的知识产权问题刍议》，《南京工业大学学报》（社会科学版）2013 年第 4 期。

进行界定与分析的相关研究中，巩固提出法的"绿色化"是通过法律条文的修改、增删来提升其环保功能，且实质上并非在条款中单纯增加环保性内容，而需在法律价值、法律调整范围等方面发生根本性的生态转变。① 刘超认为，"绿色化"是生态文明时代法律制度与法治体系应时代要求的发展趋势与方向，目前的争论应当集中于法律"绿色化"的具体范围、转向方式等方面。② 魏胜强认为，绿色发展理念推动了法律制度的"绿色化"，且应当充分发挥价值引导作用。③ 因此，法律"绿色化"的研究尽管相对比较凤毛麟角，但是在对未来发展趋势的认定方面各位学者的观点基本一致，即法律"绿色化"是人类社会文明发展的时代需要。

部门法"绿色化"方面，研究最多的为民法的"绿色化"问题。谢鸿飞提出对于民法典的编纂而言，作为中国特色社会主义法律体系之基石、中国社会的"基本法"，其底色应当是"绿色"，"绿色化"是民法典的历史担当，具体包括编纂过程中关注并回应生态危机与环境问题，承担一定的环境保护功能，推动并服务于生态文明建设。④ 周小桃提出民法的"绿色化"应强调其功能性与法律协调性，一方面应当有利于保护生态环境，另一方面注重与环境法之间的法律协调与沟通。⑤ 邹雄等提出民法典的"绿化"就是民法典的编纂契合生态文明时代的要求，使其规定有利于引导人们从理念上关怀生态环境的保护、在权利行使中关注环境保护与节约资源、促进人与自然和谐发展的立法活动。⑥ 徐国栋解释绿色民法典中"绿色"是指生态主义，其中生态主义以悲观主义的人类未来论为基础，坚持地球资源是有限的，当有一天人类用尽生存空间可用资源之

①　巩固：《民法典物权编"绿色化"构想》，《法律科学》（西北政法大学学报）2018 年第 6 期。

②　刘超：《论"绿色原则"在民法典侵权责任编的制度展开》，《法律科学》（西北政法大学学报）2018 年第 6 期。

③　魏胜强：《论绿色发展理念对生态文明建设的价值引导——以公众参与制度为例的剖析》，《法律科学》（西北政法大学学报）2019 年第 2 期。

④　谢鸿飞：《铸造中国社会的"基本法"：中国民法典的编纂历程》，《人民法治》2017 年第 10 期。

⑤　周小桃：《论民事主体制度的生态化拓展》，《湘潭大学学报》（哲学社会科学版）2009 年第 6 期。

⑥　邹雄、庄国敏：《论民法典绿化的边界——以民法典对环境权的承载力为视角》，《东南学术》2017 年第 6 期。

后，迎来的就只剩灭亡，因此应当珍惜善待环境资源。此悲观论就是中国构建绿色民法典的理论基础。① 针对民法典中的重要组成部分，曹红冰提出了物权法的"绿化"，认为应当将生态环境保护义务融入"物"的概念体系，在物权法中进行规则重构，使物权法在自身领域内强化生态环境的保护功能。② 具体实践中，于 2020 年 5 月 28 日公布、自 2021 年 1 月 1 日起施行的《中华人民共和国民法典》总则编第九条确定了绿色原则，规定"民事主体从事民事活动，应当有利于节约资源、保护生态环境"，即绿色原则自此以进入民法典的形式正式成为民法基本原则。关于绿色原则如何在具体民法制度中体现适用一度成为学术研究的热点话题，例如单平基讨论绿色原则在民法典物权编的辐射效应③、刘长兴④与胡鹏鹏⑤分别分析了绿色原则在民法典合同编的应用衔接与相应绿色条款内容、刘超构建了绿色原则在民法典侵权责任编的相关衔接条款⑥、李嵩誉关注了绿色原则在《农村土地承包法》中的贯彻落实⑦等，通过在各民法典分则编、民事单行法中实现绿色原则的衔接条款构建与具体规则确立，以完成绿色原则在民事法律中的体系化实现。在民法的"绿色化"研究方面，学者们已经从宏观性与理论性的法治思考转向具体规则制度的构建研究，更为注重民法在生态文明建设中的时代担当与环境保护的功能性。

2. 法律生态化研究

法律生态化的学术研究较为广泛且开展时间早，法律生态化的概念在苏联时期已经在学术研究中被提出，主要指将生态学原理和环境保护融入所有相关法律中，由整个法律而非仅由专门的环境法来保护生态环境。⑧ 进入国内视野后，学者们分别从概念界定、正当性基础、实现路径

---

① 徐国栋：《绿色民法典草案》，社会科学文献出版社 2004 年版，第 6 页。

② 曹红冰：《我国〈物权法〉生态化理念的体现与补足》，《求索》2008 年第 9 期。

③ 单平基："绿色原则"对〈民法典〉"物权编"的辐射效应》，《苏州大学学报》（哲学社会科学版）2018 年第 6 期。

④ 刘长兴：《〈民法典〉合同编绿色条款解析》，《法学杂志》2020 年第 10 期。

⑤ 胡鹏鹏：《论民法典合同编绿色条款的立法与完善》，《河北环境工程学院学报》2021 年第 2 期。

⑥ 刘超：《论"绿色原则"在民法典侵权责任编的制度展开》，《法律科学》（西北政法大学学报）2018 年第 6 期。

⑦ 李嵩誉：《绿色原则在农村土地流转中的贯彻》，《中州学刊》2019 年第 11 期。

⑧ 马骧聪：《俄罗斯联邦的生态法学研究》，《环球法律评论》1997 年第 2 期。

等方面开展了研究。陈泉生指出，法律生态化是一种法律发展的趋势。① 罗艺提出法律生态化的实质就是要将生态学原理和原则渗入各种法律活动中。② 王继恒分别从法律调整机制、法律保护对象的地位以及法律价值取向三个层次对法律生态化进行了界定。③ 钱俊生、余谋昌在《生态哲学》中论述人类与自然的关系并非纯粹的控制与利用关系，而是要和谐相处，尊重、关注、保护自然是人类可持续生存的基本条件。④ 曹明德认为，人类中心主义伦理观是生态危机的价值根源，生态中心主义环境伦理观的逐渐形成，是法律生态化变革的正当性基础。吕忠梅认为，应当在所有法律共同作用下建立新的运行体制与机制。⑤ 余耀军提出法律制度的生态化首先要在理念方面作出调整，即"生态化"之思想。⑥ 刘惠荣等认为，法律生态化包含两层含义，分别是运用生态学基本原理制定法律，以及通过社会生态系统审视中生态学基本原理的运用来衡量法律，致力于生态环境与人类社会发展的平衡以及法律制度系统的内在平衡。⑦ 除法律生态化的专门界定之外，许多学者在各部门法领域开展了生态化研究。如郑少华提出了社会法的生态化，运用生态学基本原理、基于生态主义的法哲学基础，进行社会法的生态性转型与完善。⑧ 曹红冰提出了物权法的生态化，认为应当将生态环境保护义务融入"物"的概念体系，在物权法中进行规则重构，使物权法在自身领域内强化生态环境的保护功能。⑨

　　3. 生态权与环境权的界定

　　生态权与环境权的界定方面尚未达成共识，尽管生态权的属性与构成问题目前学界还存在争议，但是生态权的重要性与应然权利获得了普遍认

---

①　陈泉生：《论科学发展观与法律的生态化》，《法学杂志》2005 年第 5 期。

②　罗艺：《生态文明建设视域下环境法的生态化转向》，《甘肃政法学院学报》2017 年第 4 期。

③　王继恒：《法律生态化及其矛盾辨思》，《甘肃政法学院学报》2010 年第 4 期。

④　钱俊生、余谋昌：《生态哲学》，中共中央党校出版社 2004 年版，第 2 页。

⑤　吕忠梅：《中国生态法治建设的路线图》，《中国社会科学》2013 年第 5 期。

⑥　余耀军：《侵权行为法应有"生态化"的价值取向》，《法学》2003 年第 9 期。

⑦　刘惠荣、刘玲：《法律生态化的重新界定》，《中国海洋大学学报》（社会科学版）2013 年第 4 期。

⑧　郑少华：《略论社会法生态化》，《华东政法学院学报》2004 年第 4 期。

⑨　曹红冰：《我国〈物权法〉生态化理念的体现与补足》，《求索》2008 年第 9 期。

可。曹明德认为，生态权利是生态法律关系主体依法享有的一定权能和权益。① 张秋华、王开宇认为，生态权就是权利主体站在对生物体生存规律和生态系统客观规律尊重的立场上，对人与生态关系的重新认定，包括四大要素：利益、主体基于自身利益的考量对自己行为的自主选择、社会和国家对于主体利益及其追求利益的行为选择的赞同与认可态度以及国家和法律对于主体在追求自己的利益并作出自主的行为选择而受到他人的干涉和阻碍时所给予的保护。② 李惠斌提出生态权是主体对环境享有的要求优化与改善的权利。③ 崔义中、李维维认为，生态权是人类的一项基本权利，包括平等自由地享有环境与享受环境利益。④ 而李建华、肖毅提出生态权是基于生态学基本规律的一切生物享有的环境基本权利。⑤ 杜金娥等认为，生态权是指生态系统存在和发展的权利。⑥ 纪林繁从权利法律认定与规范的角度提出为回应解决中国生态环境问题的社会需求，必须动态地认识基本权利体系，在宪法中适时引入生态权的概念，且现实中生态权已经具备了得以产生的社会基础和完整的构成要素。⑦ 对于生态权的主体问题主要存在两种观点，一是权利主体只能是人，二是权利主体包括生态系统的一切自然体。曹明德、崔义中与李维维以及李惠斌分别在各自论著中认为生态权的主体只能是人。纪林繁通过从认识论、法理学、实践角度等多方面的分析，也认为生态权利的主体只能是人。而一些学者则坚持生态权的主体不限于人，是指生物或生态系统的权利。如李建华、肖毅在《自然权利存在何以可能》、杜金娥在《游客的生态权利和生态义务刍议》中对生态权主体的阐述。关于生态权的客体问题，部分学者认为应当是生

---

① 曹明德：《生态法新探》，人民出版社 2007 年版，第 315 页。

② 张秋华、王开宇：《生态权界定之惑》，《社会科学战线》2014 年第 12 期。

③ 李惠斌：《生态权利与生态正义——一个马克思主义的研究视角》，《新视野》2008 年第 5 期。

④ 崔义中、李维维：《马克思主义生态文明视角下的生态权利冲突分析》，《河北学刊》2010 年第 5 期。

⑤ 李建华、肖毅：《自然权利存在何以可能》，《科学技术与辩证法》2005 年第 1 期。

⑥ 杜金娥、周青、张光生：《游客的生态权利和生态义务刍议》，《中国农学通报》2007 年第 2 期。

⑦ 纪林繁：《公民生态权入宪的法理省思及路径选择》，《河南财经政法大学学报》2015 年第 2 期。

态系统。① 周珂在《环境法学研究》中提到生态权的唯一客体是环境生态功能。② 纪林繁认为，生态权的客体应当是生态系统所体现的利益。

关于生态权与环境权关系的问题至今学界未达成共识，事实上，目前生态权只是学者探讨的一个学术范畴，并未界定在法律规范之中，而环境权也是从国际条约等规范中抽象出的权利称谓。但在生态权与环境权的关系界定上，多数学者还是支持生态权的涵盖范围更全面，除此之外，许多学者也将生态权与环境权混同处理，认为两者是一致的，只是文字的表达方式不同而已。即目前学者对生态权概念的研究基本呈现两种观点：一是生态权涵盖环境权，二是生态权等于环境权。如曹明德认为，环境权比较狭窄应当重新审视并归之于生态权之中，生态法的诞生是生态时代的社会需要，改变了以人类中心主义为伦理价值观基础的环境法的狭隘性。③ 宁清同认为，环境权的外延缺失了人类的环境保护能动性，④ 通过从内涵、外延、客体、法益、反映规律等多方面比较认为生态权较环境权更能合理地反映人对生态系统之权利和相应义务，且《环境保护法》应当转型为《生态法》，并以生态权为核心构建新的法律体系。⑤ 陈文认为，生态权形式上源于环境权，环境人格权内涵的渗入使环境权升格为生态权，生态法成为独立法律部门具有必要性。⑥ 除明确表明生态权范围更广泛内涵更全面深刻的研究外，部分学者将环境权与生态权二者的概念混同使用，对内涵与外延未做具体区分，如郑少华在《生态主义法哲学》中设立了专门的生态权利章节，并以此命名，然而章节内容论述中却基本为环境权。⑦ 也有学者主张生态权并非一项独立的权利，而是附属于生命健康权。⑧ 部分观点认为环境权可以较为全面地反映主体对生态环境利益的诉

---

① 宁清同：《生态权视野下的〈环境保护法〉修改》，《云南大学学报》（法学版）2012 年第 6 期。

② 周珂：《环境法学研究》，中国人民大学出版社 2008 年版，第 90 页。

③ 曹明德：《论生态法律关系》，《中国法学》2002 年第 6 期。

④ 宁清同：《生态权初探》，《法治研究》2012 年第 9 期。

⑤ 宁清同：《论私权语境下的生态权》，《求索》2017 年第 5 期。

⑥ 陈文：《论生态文明与法治文明共建背景下的生态权与生态法》，《生态经济》2013 年第 11 期。

⑦ 郑少华：《生态主义法哲学》，法律出版社 2002 年版，第 86 页。

⑧ 徐国栋：《绿色民法典草案》，社会科学文献出版社 2004 年版，第 84 页。

求，可以对此权利进行进一步规范，无须考量生态权。① 环境权的界定方面，主要包括享受良好的环境和合理利用资源，②③ 蔡守秋将环境权界定为主体对环境的享有权利与维持义务。④

4. 法律"绿色化"与法律生态化的关系

就目前研究现状而言，主要存在三种情况，第一，学者在生态化与"绿色化"的讨论中基本居于自己的话语体系之中，如部分学者谈论法律生态化未提及"绿色化"问题，部分学者谈论法律"绿色化"而未提及生态化问题。第二，讨论法律生态化的研究中，界定概念时声称"绿化或生态化"，如蔡守秋提出"法律生态化是对传统法律目的、法律价值、法律调整方法、法律关系、法律主体、法律客体、法律原则和法律责任的绿化或生态化"，黄莎提出"法律生态化"又称为法律的"绿化"。⑤ 第三，讨论法律"绿色化"时往往无法绕开生态理论问题，许多学者直接界定为法律的"绿色化"就是生态化。如周小桃提出将环境保护的理念植入民事主体制度使之生态化是民法绿化的关键，⑥ 王子灿认为，部门法的不断绿化就是生态化。⑦

（三）知识产权制度与生态文明、环境保护的关系研究

讨论生态文明建设与知识产权制度之间关系的学术研究较少，已有研究主要集中在知识产权与环境保护关系的探讨上，但总体而言学界认为知识产权与环境保护之间的关系已越来越紧密，知识产权制度应当在一定程度上承担起环境保护的义务，良好的知识产权制度是推进生态文明建设的助推器。2007 年 11 月 14 日发表于《中国知识产权报》的一篇文章《用知识产权制度促进生态文明建设》中提出生态文明建设必须更多地依靠科技进步和自主创新，更好地发展文化、旅游、贸易、金融等以知识、服务为核心的"无烟工业"，把实施知识产权战略放在工业化、现代化发展

---

① 梁琳：《宪法视角下的环境权》，《河套学院学报》2015 年第 2 期。

② 陈泉生：《环境法原理》，法律出版社 1997 年版，第 106 页。

③ 吕忠梅：《环境法新视野》，中国政法大学出版社 2000 年版，第 123 页。

④ 蔡守秋：《环境资源法学教程》，武汉大学出版社 2000 年版，第 27 页。

⑤ 黄莎：《论我国知识产权法生态化的正当性》，《法学评论》2013 年第 6 期。

⑥ 周小桃：《论民事主体制度的生态化拓展》，《湘潭大学学报》（哲学社会科学版）2009 年第 6 期。

⑦ 王子灿：《专利法的"绿化"：风险预防原则的缘起、确立和适用》，《法学评论》2014 年第 4 期。

战略的突出位置。① 贵阳市知识产权局于 2007 年在《贵阳日报》专版发表《实施知识产权战略　推进生态文明建设》，阐述知识产权制度正是鼓励创造、促进创新的有力武器，是城市综合竞争力的集中体现，实施知识产权战略，必将成为贵阳市建设生态文明和创新型城市，实现经济社会全面、协调、可持续发展的重要支撑。② 贾引狮和杨柳薏认为，知识产权制度所保护和推动的现代科学技术及科技文明对人类抵御自然灾害起着至关重要的作用。③ 关于技术创新对生态环境保护的意义，夏少敏、郝凌燕认为，欧盟《用能产品生态设计指令》的出台基于包含服务在内的所有产品在其全生命周期中将会对生态环境产生不同程度影响的基本理念，因此超过 80% 的环境影响跟产品设计有关。④ 徐国栋在《民法哲学》一书中提出如果对产品设计进行干预，则有利于实现环保目标，而且将来的发展是将这一指令扩展适用于非用能产品。⑤ 赵建军在《如何实现美丽中国梦：生态文明开启新时代》中提到生态文明建设要特别强调三大机制，一是干部考核机制，二是生态补偿机制，三是科技创新机制，这三个机制要优先进行制度的安排。⑥

从知识产权与环境保护的实践历程探讨二者关系方面，周长玲在《试论专利保护与环境保护之间的关系》中阐述了专利保护与环境保护的关系，认为在学科分野方面专利保护与环境保护之间是平行关系，但在社会生活与实践方面二者发生重要关联，即环境问题发生在社会生活中的方方面面，当然包含科技创新方面，而调整技术进步与促进经济发展的专利法律制度影响着环保的重要方面。⑦ 从知识产权制度的生态环境保护义务

---

① 评论员：《用知识产权制度促进生态文明建设》，《中国知识产权报》2007 年 11 月 14 日。

② 贵阳市知识产权局：《实施知识产权战略　推进生态文明建设》，《贵阳日报》2009 年 4 月 24 日。

③ 贾引狮、杨柳薏：《知识产权制度与生态环境保护的法经济学研究》，知识产权出版社 2016 年版，第 40 页。

④ 夏少敏、郝凌燕：《欧盟〈生态设计指令〉对完善我国节能减排法律法规体系的借鉴意义》，《法治研究》2008 年第 6 期。

⑤ 徐国栋：《民法哲学》，中国法制出版社 2009 年版，第 437 页。

⑥ 赵建军：《如何实现美丽中国梦：生态文明开启新时代》，知识产权出版社 2013 年版，第 12 页。

⑦ 周长玲：《试论专利保护与环境保护之间的关系》，《环境保护》2012 年第 11 期。

承担的角度分析，徐亚文、童海超阐明知识产权法应当具有保护生态环境的义务，传统的知识产权法律制度在创新激励方面发挥着重要作用，然而并未关注生态环境保护问题，从而导致诸多知识产权产品尤其是技术发明创造有害于生态环境，因此知识产权制度应当承担一定的生态保护功能。① 王太平从知识产权制度发展的角度分析，认为知识产权制度的未来发展模式是多元化的，不仅体现在针对不同知识产品形态的激励与保护模式差异，如著作权制度等知识产权特别法律制度的长期存在，且在具体制度类别中也将进行不断更新与改革。② 从国际条约的角度探讨知识产权与环境保护之间冲突的研究代表是姚新超和张晓微，他们在《知识产权与环境保护在国际规范中的冲突及调和模式》中从国际规范的视角阐述了知识产权与环境保护之间具有的高度关联性。③ 从 TRIPs 的规范看，一旦知识产权与环境保护两者发生冲突，WTO 的基本立场是倾向于环境保护优先于知识产权保护。吕红雷在《环境保护背景下知识产权法义务探究》中认为，知识产权法在促进科技进步与社会经济发展方面发挥着重要的作用，但是在其激励之下产生的诸多创新成果也对环境产生了威胁，影响人类赖以生存的生态环境。④ 尽管在知识产权与环境保护的关系论证中各位学者切入的角度与分析的具体内容不尽相同，但是知识产权制度与生态环境保护之间应当发生耦合是基本共识。

（四）知识产权制度的生态化构建研究

1. 知识产权宏观视角的生态化构建

知识产权制度自建立以来的运行过程中并行带来诸多社会问题，许多学者展开了针对知识产权法律制度的不足及未来转型发展方面的研究，如王先林在《知识产权滥用及其法律规制》与饶明辉在《当代西方知识产权理论的哲学反思》中均提出知识产权法的重构，曹新明则基于公平价值理论考虑将知识产权制度予以废除。⑤ 知识产权制度本身的正当性与否

① 徐亚文、童海超：《论知识产权法的环境保护义务》，《中国地质大学学报》（社会科学版）2012 年第 3 期。

② 王太平：《知识产权制度的未来》，《法学研究》2011 年第 3 期。

③ 姚新超、张晓微：《知识产权与环境保护在国际规范中的冲突及调和模式》，《国际贸易》2015 年第 9 期。

④ 吕红雷：《环境保护背景下知识产权法义务探究》，《改革与开放》2013 年第 2 期。

⑤ 曹新明：《知识产权制度伦理性初探》，《江西社会科学》2005 年第 7 期。

始终受到理性的拷问，在此基础上，越来越多的学者注意到知识产权法的生态性价值考量，并提出了知识产权法的生态化正当性与理论依据。在知识产权法生态化的正当性研究方面，万志前和郑友德以制度构建为目标，认为生态危机的出现和生态文明的倡导使得知识产权与环境保护体系不再各自独立，知识产权制度应注重维护人与自然的和谐，促进生态文明建设。从知识产权生态化的合理性理由层面分析，黄莎认为，环境危机的出现和生态文明的倡导赋予知识产权法保护生态环境的责任，应当考虑环境利益的制度设计，从而全面实现知识产权法的生态化。而周长玲则在《试论专利保护与环境保护之间的关系》中从专利权国际保护的发展趋势探讨了环境保护必将影响知识产权国际保护制度的构建①。

探讨知识产权制度生态化构建路径的研究并不十分丰富，但是角度很灵活，为知识产权制度生态化的构建提供了厚实的研究基础。部分学者从知识产权创造、运用、管理、保护四个方面分别进行了生态化的探讨，如王肃以知识产权制度的创造、运用、保护为例，探讨了知识产权制度的生态化重构思路，在《生态文明优位下的我国知识产权制度重构》中提出生态化重构意味着生态文明理念的融入。② 刘银良在《生物技术的法律问题研究》中提出知识产权制度的生态化重构在创造方面要求以环保内容增加为授权标准，或将其明确为公共利益。③ 金明浩等在《应对气候变化问题的专利制度功能转变与策略》中提出知识产权管理制度的生态化要求社会各部门和领域的共同合作，形成综合性的经济环境政策，且在提供公共管理服务中注重环保性。④ 潘爱叶和侯作前从环境保护一体化的视角探讨了我国知识产权制度生态化的路径，在《从环境保护一体化看我国知识产权制度的完善》中提到环境保护一体化制度反映了当今世界环境政策与法律的发展，也是知识产权制度发展的思想基础。⑤ 姚新超和张晓微则从国际规范的法理视角提出了我国知识产权制度生态化的发展路径。

---

① 周长玲：《试论专利保护与环境保护之间的关系》，《环境保护》2012 年第 11 期。
② 王肃：《生态文明优位下的我国知识产权制度重构》，《学习论坛》2013 年第 10 期。
③ 刘银良：《生物技术的法律问题研究》，科学出版社 2007 年版，第 28 页。
④ 金明浩、闫双双、郑友德：《应对气候变化问题的专利制度功能转变与策略》，《情报杂志》2012 年第 4 期。
⑤ 潘爱叶、侯作前：《从环境保护一体化看我国知识产权制度的完善》，《政法论丛》2016 年第 1 期。

2. 专利法等具体知识产权制度的生态化构建

在知识产权领域制度生态化构建的研究中，探讨主要集中于专利制度的生态化研究。我国专利制度中的绿色因素较少，目前在国内已有一些学者重视相关问题，并就此进行了研究探讨。观点一认为，专利制度的生态化应该包含产品研发、审查、评估、转移等各个环节，是一个系统的工程。齐燕在《专利信息生态相关问题初探》中提出，专利从产生到应用推广均需要利用环境资源，对生态环境造成影响，因此从设计之初至整个环节均需要融入生态理念。[①] 何隽指出，在全球化生态危机的背景下，绿色技术创新与转移转化是应对的关键。[②] 观点二认为，专利制度的生态化主要是对科学技术滥用的环境保护拷问与规制。周长玲在《专利法生态化法律问题研究》中提到促进科技进步是专利制度的重要功能，但并未考虑技术的使用是否会造成环境危害，技术滥用的环境影响也应被纳入专利制度的考量。[③] 汪安娜在《我国专利审查法律生态化问题研究》中提出专利法生态化是未来发展趋势，旨在解决技术滥用造成的生态环境问题。[④] 在专利法生态化的具体路径选择方面研究成果主要集中在专利审查、强制许可、绿色技术转移等方面，其中专利审查改革的主要方式，包括建立绿色通道、增加绿色实用性标准和增加环境信息公开制度。张孜仪在《论专利强制许可制度的生态化》中提到，专利强制许可作为专利实施的一项重要制度，实现其生态化建构对于生态文明建设大有助益。[⑤] 陈琼娣和胡允银认为，在环境考量方面引导促进创新活动主要依赖于专利制度。[⑥] 万志前和郑友德提出专利制度生态化是技术创新生态化的前提，路径方面需要推进技术研发、专利申请和技术应用的生态化，建立绿色专利技术共享机制。[⑦] 虽然专利制度的生态化研究较多，但基本是从技术的视角展开研究，倾向于将涉及的各个环节与领域均融入生态性因素，而对具

---

① 齐燕：《专利信息生态相关问题初探》，《情报理论与实践》2014 年第 12 期。

② 何隽：《从绿色技术到绿色专利是否需要一套因应气候变化的特殊专利制度》，《知识产权》2010 年第 1 期。

③ 周长玲：《专利法生态化法律问题研究》，中国政法大学出版社 2011 年版，第 44 页。

④ 汪安娜：《我国专利审查法律生态化问题研究》，《清华法治论衡》2015 年第 1 期。

⑤ 张孜仪：《论专利强制许可制度的生态化》，《华中科技大学学报》（社会科学版）2011 年第 4 期。

⑥ 陈琼娣、胡允银：《"绿色专利"制度设计》，《中国科技论坛》2009 年第 3 期。

⑦ 万志前、郑友德：《论生态技术创新的专利制度安排》，《科技与法律》2008 年第 5 期。

体生态化措施所承载的价值目标与理念是否统一协调方面较少关注。

关于商标制度的生态化问题鲜有学者研究,零星可见的一些报刊报道也主要集中于生态性商品的商标申请问题,以及商标的商业生态或社会生态问题。如刘琼在《品牌商标纷争背后的商业生态》中称商标作为企业商品的标识,用一个简单直观的图案来代表整个企业,但人们讨论企业的商标价值几何,往往却忽略了支撑商标价值的企业能力。① 梁宏安和管志友在《大力培育原生态农产品商标》中谈到原生态农产品在商标注册方面较为落后,无论种类还是具体数量均相较其他商品甚远,加强原生态农产品的商标注册意义重大。② 我国商标法中商标注册只考察商标本身的显著性,绿色商标是指商标设计本身还是商标所标示的具体商品还不甚明确,而对于商标制度的生态化应着眼于商标设计本身还是涵盖全部所承载商品的专门研究十分缺乏。

著作权制度生态化方面的研究主要集中在社会生态性领域,一般是指公共领域的分配以及著作权系统的有机协调,而从自然生态领域考量的著作权制度完善相关研究仅有郑友德与李雅琴发表的《我国著作权制度的生态化路径》,其中提到随着著作权产业的发展与繁荣,著作权制度面临全球气候变暖、生态环境恶化等现实问题的挑战,尽管目前著作权制度在生态环境保护方面发挥着间接的作用,但与促进绿色作品传播与应用的绿色著作权制度目标还相距甚远。③ 著作权制度的社会生态性研究方面,黄汇在《版权法上公共领域的衰落与兴起》中认为公共领域的外部生态是著作权制度良性发展的基础;④ 董慧娟在《公共领域理论:版权法回归生态和谐之工具》中提到公共领域是版权法的重要组成部分,公共领域的价值在于促进著作权制度的生态平衡;⑤ 姜旭在《优质版权是构建生态链的基石》报道中称版权运行新模式下需要将内容进行全系整合和多次开发,从而使得基于一种优质内容就可以将整个产业链条串联起来,从产业

---

① 刘琼:《品牌商标纷争背后的商业生态》,2012 年 7 月 10 日,http://news. hexun. com/2012-07-10/143371613. html,2020 年 9 月 1 日。

② 梁宏安、管志友:《大力培育原生态农产品商标》,《中华商标》2007 年第 2 期。

③ 郑友德、李雅琴:《我国著作权制度的生态化路径》,《法学》2015 年第 2 期。

④ 黄汇:《版权法上公共领域的衰落与兴起》,《现代法学》2010 年第 4 期。

⑤ 董慧娟:《公共领域理论:版权法回归生态和谐之工具》,《暨南学报》(哲学社会科学版) 2013 年第 7 期。

链的下游步入上游，从内容购买到内容创造，就是要构建的生态型知识产权商业模式。① 总体而言，自然生态方面的著作权法律制度研究较少，已有的著作权生态化研究主要集中于社会生态意义方面。

目前国内尚无知识产权法律制度"绿色化"转型的系统研究，将此论题分解之后观察可发现部分知识产权制度生态正当性的期刊论文、关于生态文明建设背景下的知识产权制度发展完善的著作、关于专利制度生态化的著作和知识产权制度生态化的法经济学分析的著作，以及部分相关外围概念的论述。其中关于知识产权制度"绿色化"转型的理论依据、系统原则等方面的研究十分匮乏。国内研究现状中知识产权法律制度与生态文明建设、生态化构建方面的综合文献评述如下。

关于生态文明与生态权利的问题，生态文明的研究文献较多，对其基本内涵与发展模式的研究基本形成了较为一致的话语体系。而关于生态权的概念则存在较大分歧，国际条约等文件中虽存在多处涉及生态或环境的生存权，却未明确界定为环境权或生态权，而我国宪法中也未确立公民环境权。因此关于生态权的属性与构成问题目前学界还存在争议，但是生态权的重要性与应然权利属性得到了学者们的普遍认可。对于生态权的主体问题主要存在两种观点，一是权利主体只能是人，二是权利主体包括生态系统的一切自然体。而关于生态权与环境权的关系问题上，目前生态权只是学者探讨的一个学术范畴，并未界定在法律规范之中，而环境权也是从国际条约等规范中抽象出的权利称谓。但在生态权与环境权的关系界定上，多数学者还是支持生态权的涵盖范围更全面，除此之外，许多学者也将生态权与环境权混同处理，认为两者是一致的，只是文字的表达方式不同而已。

关于知识产权制度与生态文明建设关系的问题，目前学术研究成果并不多，且主要集中在知识产权与环境保护关系的探讨上，但是已有研究已形成一定共识，即知识产权与环境保护之间的关系已经从淡漠走向紧密，知识产权制度应当在一定程度上承担起环境保护的义务，完善的知识产权制度是推进生态文明建设的助推器。同时，有学者提出了绿色知识产权的概念。关于知识产权是否具有生态功能的问题尚无学者研究，但知识产权制度是否应当承担生态功能已有部分研究提及。理论研究中许多学者从历

---

① 姜旭：《优质版权是构建生态链的基石》，《中国知识产权报》2015 年 10 月 23 日。

史或社会变迁的视角对知识产权法的合理性进行了批判，也有学者基于公平价值论否认了知识产权法的正当性，即知识产权制度本身的正当性与否始终受到理性的拷问，在此基础上，越来越多的学者注意到知识产权法的生态性价值，并提出了知识产权法的生态化正当性与理论依据。

探讨知识产权制度生态化构建路径的研究可谓凤毛麟角，且基本秉持从宏观的层面，如从知识产权创造、运用、管理、保护等方面以生态化构建的思路展开研究，而研究中这些模式在理论证成与实践考察方面还存在深入的空间。在对著作权等具体知识产权制度进行生态化构建的研究中，对专利权制度生态化的研究较多且较为全面，而对著作权和商标权制度生态化的研究则非常缺乏。在绿色知识产权的研究方面，学术成果并不多，从目前的文献情况看对绿色知识产权的概念界定还较为模糊，且在概念运用上随意性较强。

通过总结文献中提出的知识产权制度生态化转型建议，可以概括为专利审查"绿色化"、实用性标准"绿色化"、强制许可制度完善和绿色专利技术转移等。但这些建议之间或建议本身尚存在矛盾之处，如关于专利申请的附加法定许可制度的建议，相当于对申请绿色技术的专利权赋予了更多的义务，那么对绿色知识产权的创造就具有一定的阻碍效果。也有一些建议如加强国家知识产权局和国家生态环境部的沟通和合作，具体在国家生态环境部内部设立与国家知识产权局对接的知识产权司以协助对绿色专利的认定等对专利技术的环境审核具有一定的促进作用。因此，仍然存在如何激励创造有利于环境保护的新技术，但同时又不因过度的权利保护而限制包括环境保护在内的发展的困境。这一困境导致的直接后果是，需要在绿色知识产权成果创造激励与绿色知识产权的权利合理限制范围之间找到一个平衡点，但这个平衡点本身以及其理论基础与制度设计，尚未得到有效的研究，这成为本书欲突破的重点内容。

二　国外研究现状

关于知识产权法律制度的"绿色化"转型问题，国外也没有专门的系统研究，一是未提出知识产权法律制度"绿色化"的专门概念与理论内涵，二是未在生态环境功能方面系统构建与完善绿色的知识产权法律制度。尽管如此，国外在探索气候变化国际环境之下的知识产权制度应对方面却比国内研究早了许多，一些国外学者在 20 世纪初就开始关注清洁技术与知识产权互动的问题，与国内研究的相似之处在于，国外对相关问题的研究也以专利制度的相关研究居多，以绿色技术为切入点与核心展开。通过对目前国外相关研究文献的梳理，可以将主要论题归纳为三类，一是针对知识产权制度属性与平衡机制的研究，从公共利益的视角考虑了生态环境问题；二是基于国际气候变化的绿色战略布局讨论知识产权制度建设；三是讨论知识产权制度在生态环境保护方面，包括专利法方面、著作权法方面等具体作用的发挥与相应机制的构建完善。

　　首先，部分学者讨论了知识产权公共政策属性与利益平衡机制以及基于利益平衡的生态环境考虑。泰特·格拉维（Tait Graves）与亚历山大·麦吉利弗雷（Alexander Macgillivray）等指出，专利、商标与著作权法的制定均是公共政策问题，具有公共政策属性，关注公共利益是基本要求。① 在资源合理利用方面，迈克尔·A. 海勒（Michael A. Heller）认为，财产的公有属性导致了公地悲剧的发生，而解决资源过度使用的有效方式是定义新的产权。② 针对农业安全、生态系统平衡与生物多样性保护，克里斯蒂娜·L. 纳戈尔瓦拉（Christina L. Nargolwala）分析了转基因种子以及在专利法律制度与种子保护法保障之下的转基因种子制造业对有机农业的污染，提出知识产权法律制度的相应规定将影响有机农业的可持续发展。③ 奥普·尚德（Hope Shand）认为，从长远来看，遗传资源多样性的形成与维护是依赖于长期耕作的当地农民，而非生物科技育种者，知识产权制度的育种保护不能过分倾向于育种者，而忽略长期耕作中持续地使作物去适应特殊的农业环境与需要的朴素生产者。④ 即知识产权制度具有公共政策属性，应当充分考量利益平衡，在专有权保护中应当关注以维护生物多样性为基础的生态环境利益。

　　其次，许多学者针对知识产权制度与生态环境保护的关系进行了讨

---

① Tait Graves, Alexander Macgillivray, "Combination Trade Secrets and the Logic of Intellectual Property", *Santa Clara Computer High Technology Law Journal*, 2004, 20（2）: 261-291.

② Michael A. Heller, "The Tragedy of the Anticommons: Property in the Transition from Marx to Markets", *Harvard Law Review*, 1998: 621-675.

③ Christina L. Nargolwala, "Renewable Agriculture: Transgenic Contamination and Patent Enforcement Threats", *Natural Resources & Environment*, 2012, 26（3）: 20.

④ Hope Shand, "Legal and Technological Measures to Prevent Farmers from Saving Seed and Breeding Their Own Plant Varieties", *Perspectives on New Crops and New Uses*, VA: ASHS Press, 1999: 125.

论，部分学者在讨论宏观绿色战略时关注了知识产权制度。如科林·S.
克劳福德（Colin S. Crawford）认为实施广泛的"绿色"战略可以将国家
安全、环境保护和经济增长等不可调和的事项融合，并指出美国应当在政
府修补知识产权框架时简化了绿色专利申请程序的基础上建立一个连贯的
政策网络。例如，充分加强知识产权框架以鼓励对现有技术进行改进并产
生系统性影响的私营部门创新，并对这种激励措施采取合理权衡，以更适
当地鼓励其得到广泛传播。而且在气候变化中采取任何行动真正需要的是
更广泛的文化转变，促使建成一个更环保的社会，绿色技术才会成为主
流，而不仅仅是特殊利益的关注。① 莫林·B. 戈尔曼（Maureen
B. Gorman）提出定义"绿色"并不容易，美国专利商标局在启动的加快
审查绿色技术专利申请中认定"绿色"与节能、减排、环境质量等相关；
商标审判和上诉委员会基于"绿色"意味着任何"环境友好"的概念，
限制了"绿色"一词的独家商标所有权；联邦贸易委员会指出合法的第
三方认证机构说它是"绿色"就是"绿色"，但现实中这些机构的活动引
发了争议。因此，如果能够采取全面、广泛和富有想象力的知识产权执法
方式，知识产权裁决机构非常适合为"绿色"的含义建立一个有效的定
义。② 在知识产权保护与生态环境保护相互作用方面的代表性研究中，彼
得·S. 梅内尔（Peter S. Menell）与莎拉·M. 陈（Sarah M.Tran）探讨了
知识产权保护的经济基础及其与环境保护的相互作用，认为，在迫切需要
技术创新来解决气候变化等重大环境问题的过程中，环境法与知识产权由
相互独立逐渐产生交集，知识产权作为一种环保政策杠杆，具有对技术进
步和环境保护的交互作用。③ 迈克尔·A. 格林（Michael A. Gollin）提出
知识产权法可以限制对环境具有危害的技术从而促进绿色技术的创新，但
需要对现行知识产权法进行改革，例如，增加绿色技术传播促进机制、绿

---

① Colin S. Crawford, "Comment: Green Warfare: An American Grand Strategy for the 21st Century", *Wake Forest Journal of Business and Intellectual Property Law*, 2011, 11: 243-246.

② Maureen B. Gorman, "What does It Mean to be Green: A Short Analysis of Emerging IP Issues in 'Green' Marketing", *John Marshall Review of Intellectual Property Law*, 2010, 9: 774-778.

③ Peter S. Menell, Sarah M. Tran, *Intellectual Property, Innovation and the Environment*, Edward Elgar Publishing, 2014: 6-15.

色技术强制许可等以充分发挥知识产权制度的生态环境功能。①

从知识产权法律制度与绿色技术关系的视角出发，乔纳森·M.W.W.朱（Jonathan M. W. W. Chu）讨论了知识产权在绿色技术的开发与传播方面的影响，认为绿色技术与所有普通的技术一样，其发展需要依赖于公众激励的投资与主动性支持，而知识产权法通过给予知识产品价值以鼓励技术的发展和传播。但是知识产权在减缓气候变化方面应发挥何种作用并未取得共识，或促进绿色技术发展和扩散，或减缓气候变化的全球努力的障碍。在《绿色技术的开发与传播：知识产权的影响与正当性》（*Developing and Diffusing Green Technologies：The Impact of Intellectual Property Rights and Their Justification*）中乔纳森论证了知识产权对绿色技术发展和传播的影响，尽管包括积极和消极两个方面，但知识产权带来的好处远远大于负面影响。且由此产生的任何可察觉的障碍并不一定严重到需要采取任何可能损害这种权利和可能危及积极影响的措施。② 谢林·M.拉什迪（Sherin M. Rashedi）在《知识产权在应对国际气候变化中的作用》（*The Role of Intellectual Property Rights in Addressing International Climate Change*）中提出就促进发达国家向发展中国家转让可再生能源技术的框架进行谈判，是国际社会所承担的最具挑战性的任务之一，其中发达国家被视为掌握着开启发展所需技术资源的关键，而发展中国家则较难实现核心技术自主创新和能源基础设施的建立。为了向前推进并避免《京都议定书》固有的缺陷，所有各方必须合作为环境友好型发展找到可行的解决方案。一项有效的气候变化提案必须包含一个多层次的过程，其中包括向发展中国家实际转让技术、知识和商业秘密。为了清洁技术的转让取得成功，必须实施旨在为各国提供可持续和独立发展能力的培训方案，发达国家和发展中国家必须合作，加快这些技术在全球的动员，签署相应的协议促进创新和加速环境友好技术的传播。③ 即在生态环境保护的绿色技术创新与传播方面，知识

---

① Michael A. Gollin, "Using Intellectual Property to Improve Environmental Protection Introduction", *Harvard Journal of Law & Technology*, 1991, 4：193-195.

② Jonathan M. W. W. Chu, "Developing and Diffusing Green Technologies：The Impact of Intellectual Property Rights and Their Justification", *Washington and Lee Journal of Energy，Climate，and the Environment*, 2013, 4：54-101.

③ Sherin M. Rashedi, "The Role of Intellectual Property Rights in Addressing International Climate Change", *ABA SciTech Lawer*, 2011, 7（3）：16-17.

产权制度是利大于弊的，但是在实践中仍然存在一些阻碍，需要国际社会各方共同合作，建设促进可持续发展的有效方案。

最后，诸多学者将生态环境保护知识产权制度应对的研究角度转向具体的知识产权特别法方面，尤其是专利制度，且主要集中于清洁技术领域的创新与传播过程。在讨论专利制度的绿色技术激励创新效果方面，杰拉米·菲利普（Jeremy Philips）认为，环境友好型专利技术在技术范畴内受到专利制度的激励，专利制度具有促进作用，且绿色技术强制许可制度的适用可以提高环境友好型专利的实施与运用率。① 约书亚·D. 萨尔诺夫（Joshua D. Sarnoff）讨论了专利制度和气候变化之间的一些矛盾，认为应通过法律完善或措施制定以合法地对冲依赖专利制度解决气候变化技术需求带来的创新和获取风险，并提出三方面建议，一是将资金和创造性努力用于最需要它们的地方，同时保护实验、连续创新以及已开发专利技术的操作性创新；二是处理好国家权力与私人所有权关系，以更好地确保专利技术的广泛获得和低成本许可；三是扩大以低成本自愿提供给某些市场的专利技术的获得机会。② 著作权制度方面，埃斯特尔·德克莱依（Estelle Derclaye）提出知识产权制度在激励环境友好型技术、作品等方面可以发挥有益的作用，著作权法律制度在生态环境保护方面可以发挥促进效果，例如版权保护中可以基于生态环境问题设置抗辩事由。③

在具体措施等微观层面如针对各国开启的绿色专利快速审查项目，学者们提出了较多建议，总体上对项目的促进作用均予以肯定但同时也提出了需要改进之处。埃里克·L. 莱恩（Eric L. Lane）提出随着世界各国政府认识到发展和实施清洁技术对减缓气候变化的重要性，纷纷将专利授权程序视为一种促进和加速绿色创新的机制。但是许多国家知识产权局实施的加速审查绿色技术的专利申请项目在规则上差异很大，导致对于申请人及其专利代理人来说，选择要使用的绿色专利快速通道项目、决定是否使用和如何使用这些项目以及为不同的项目准备不同的提交材料，都是昂贵

---

① Jeremy Philips, "People in Greenhouses", *Journal of Intellectual Property Law & Practice*, 2007, 2 (5): 269-270.

② Joshua D. Sarnoff, "The Patent System and Climate Change", *Virginia Journal of Law and Technology*, 2011, 16: 302-360.

③ Estelle Derclaye, "Of Maps, Crown Copyright, Research and the Environment", *European Intellectual Property Review*, 2008, 30 (4): 162-164.

且费时的。因此建议进行相应的协调与完善，促进各通道的资格和程序要求在所有国家的快速通道得以统一，从而更好地促进绿色技术的发展和传播。① 莎拉·M. 王（Sarah M. Wong）认为，改进绿色技术、绿色保护和减少温室气体排放都是需要努力的进步措施，美国专利商标局的目标应该是在工业创造激励中，追求新的绿色技术，创造更多的就业机会，减少美国的能源消耗，通过能源独立来提高国家安全。绿色技术试点项目是提高清洁能源和可持续发展的良好公共政策，但具体内容还需要改进，如将这个程序确认为永久性长期性的项目、删除可申请的名额限制、降低提交成本等。②

目前国外针对知识产权法律制度"绿色化"转型方面的研究主要在以上三个方面具有一定研究基础与参照作用，在知识产权公共政策属性与利益平衡机制以及基于利益平衡的生态环境考虑方面，普遍认同知识产权法具有公共政策属性，知识产权法律制度规范的制定是一个公共政策问题，应当关注公共利益的基本要求，加强公共利益与私人利益的利益权衡。且基于知识产权制度与生态系统平衡与生物多样性保护之间关系密切，在专有权保护中应当关注以生物多样性需求为基础的生态环境利益。尽管尚无针对知识产权法律制度"绿色化"转型理论与实践基础的专门研究，已有的相关研究为知识产权法律制度变革中增加生态环境保护、生态系统维护以及生态环境公共利益考量等要素提供了一定研究基础，推动了理论界与实践部门对相应问题的关注。

在知识产权制度与生态环境保护的关系方面，更多的研究着眼于知识产权法律制度与绿色技术的关系，认同知识产权作为一种环保政策杠杆具有对技术进步和环境保护的交互作用。知识产权法律制度对绿色技术的作用又体现在积极与消极两个方面，目前学术研究中并未达成综合结果为正或负的一致性结论，利大于弊与弊大于利的观点同时存在。知识产权制度究竟是促进绿色技术发展和扩散的宝贵工具，还是减缓气候变化的全球性障碍，意见分歧主要体现在发达国家与发展中国家之间。国家之间社会经

① Eric L. Lane, "Bulding the Global Green Patent Highway: A Proposal for International Harmonization of Green Technology Fast Track Programs", *Berkeley Technology Law Journal*, 2012, 27: 1121-1170.

② Sarah M. Wong, "Environmental Initiatives and the Role of the USPTO's Green Technology Pilot Program", *Marquette Intellectual Property Law Review*, 2012, 16: 234-256.

济发展的差异与知识产权综合能力、知识产权保护环境的不同，导致观念与意见分歧存在的必然性。知识产权制度在全球性生态环境保护方面贡献力的进一步发挥，有待于所有各方的通力合作，以破除实践中的现实阻碍。但无论如何，知识产权法律制度具有发挥生态环境保护功能的可能性，前提是对现行知识产权法进行诸如促进绿色技术传播等制度措施增加与完善的改革。

知识产权制度尤其是专利制度在生态环境保护方面具体机制、措施的构建完善是国外相关论题研究的重点，其中专利法方面的变革主要包括进行法律修改以排除对具有环境危害性的专利授权、增加绿色技术强制许可等，与国内研究现状中针对专利法生态化变革或绿色专利制度构建所建议采取的具体措施具有一致性。绿色专利快速审查机制是讨论最多的绿色技术创新促进措施，在全球多个国家得以推出与运行，是知识产权制度在应对全球生态危机中各国采取的促进绿色技术创新的典型措施，针对此措施的制度基础、效果评价与运行问题等方面，国外研究者在肯定的基础上予以批判，认为其政治或战略意义远高于实际效果，建议在微观层面进一步完善，以充分发挥全球性绿色技术创造与传播的正面促进效应。

第三节　研究思路与研究方法

一　研究思路

围绕"知识产权法律制度'绿色化'转型的概念体系及现实必要性""知识产权法律制度'绿色化'转型的合理性与可行性""知识产权法律制度'绿色化'转型的基本路径与规则构建"的三层次思路渐次展开。首先，提出问题并分析知识产权法律制度"绿色化"转型的现实需求，在厘清与界定知识产权法律制度"绿色化"相关概念的基础上，以生态文明建设进程中知识产权制度存在的功能问题为着眼点探讨生态文明建设与知识产权制度之间的关系。党的十七大以来，我国高度重视生态文明建设的问题，党的十八大报告有专门一章进行阐述，党的十九大报告进一步提出推进生态文明的建设，生态文明将是并且应当是未来发展的必然方向与最高价值评判。进而探讨现行知识产权制度存在的生态功能缺陷问题，将问题归类总结并分析。其次，从伦理、法理与制度视角对知识产权法律制度"绿色化"转型的合理性与可行性进行研究，梳理分析国内外法律依据。再次，对世界其他国家知识产权法律制度"绿色化"转型的实践情况进行比较研究，通过相关资料搜集与数据分析考察世界典型国家的立法情况及确立相关制度取得的现实成效，从而为我国的相关立法与实践提供借鉴。复次，确定知识产权法律制度"绿色化"转型的基本原则遵循与范围边界限定，确保具体规则的构建过程中有边界可守、不产生原则性偏差。最后，提出知识产权法律制度"绿色化"转型后形成的绿色知识产权制度具体构成，建立各知识产权特别法"绿色化"构建基础上的绿色知识产权法律制度体系。

二 研究方法

综合运用规范分析、数理统计分析、案例研究、比较研究与跨学科领域研究的研究方法开展知识产权法律制度"绿色化"转型的研究，在理论分析与实证研究的穿插中、法学分析与综合学科考察的融会中推进研究过程。知识产权法律制度具有科技、文化、市场经济等政策属性，旨在衡平私人专有权利益与社会公共利益之过程中实现激励创新的基本目标，进而促进社会、科技、文化、经济等各方面发展。因而在知识产权法律制度的研究之中很难脱离其他社会科学而单纯进入法学分析视野，且在知识产权法律制度"绿色化"转型方面的研究进程中，问题始于生态环境的反思制度、终于生态环境的保护，始终无法脱离生态学、环境伦理学等学科知识的基础论证与价值参考。

第一，规范分析：对知识产权涉及生态环境问题的法律法规评估时进行规范分析，从是否违反宪法、上位法的分析到条文的文意分析，以及法规内部的协调性研究。第二，数理统计分析：运用数理统计分析的方法进行专利信息分析，讨论世界典型国家绿色专利快速审查机制的运行效果、优缺点及对我国的启示，包括对绿色专利申请、授权、法律状态、有效量等指标进行综合评比，并对绿色技术所涉及的具体领域情况进行论证。第三，案例研究：对国内外的相关案例进行搜集整理，如美国几件典型的绿色专利侵权司法案件，以定性分析的方式研究其意义与价值，揭示知识产权侵权的判断及救济方法与环境保护的关系，为进一步研究做支撑。第四,比较研究:包含纵向比较与横向比较两个层次。通过与我国相关传统思想、规范的比较与分析,探寻理论与制度根源;通过与同时期域外各国的相关制度、政策比较研究,发掘理论分析与制度构建的新思路。第五,跨学科领域研究:论文的研究过程涉及生态学、管理学、统计学、伦理学与法学的学科交叉,以多学科视角研究知识产权法律制度"绿色化"转型的理论与实践基础,以克服单一学科研究视角的局限,推进研究进程与深度。

第四节　研究难点及创新点

一　研究难点

第一,"绿色化"转型标志着把生态文明、绿色发展理念融入知识产权法律制度之中,是一项涉及制度重大变革的系统工程。且知识产权本身是一个不断发展的动态性和包容性概念,种类繁多,环节复杂,制度表现形式多样,与社会科技进步、文化发展等各方面政策密切相关。而目前理论与实践中对绿色知识产权、绿色知识产权制度尚未界定清楚,知识产权法律制度"绿色化"的概念更是尚未被论述过,增大了本体论概念基础确立的难度。

第二,知识产权法律制度进行"绿色化"转型的价值选择与制度安排需要一定理论与实践突破。现行知识产权法律制度重视经济功能,忽视生态功能与对环境的关注,未体现对发明创造、外观设计、植物新品种等知识产品的生态环境性影响。尽管 TRIPs 第七条规定知识产权的保护与行使具有促进社会、经济和技术进步的公共政策目标,但是知识产权法律制度的"绿色化"转型缺乏参照路径与模式,顶层设计需要多方考量。

第三,知识产权法律制度"绿色化"转型的原则遵循与边界限定尚未在学术研究中得以讨论,也是本书研究的重点内容与难点之一。在目前的学术研究中,激励绿色创新的措施中存在诸多冲突之处,如部分措施加强绿色知识产权权利人的权利保护,而部分措施限制绿色知识产权权利人的权利行使,造成绿色创新激励效果的不确定性,其根源就在于没有确立统摄性与基础性的具体原则。而一项综合法律制度转型所依据的基本原则，具有复杂性与综合性，且尚需与生态环境效应相结合，进一步增大了原则确定的难度。

第四，研究过程涉及生态学、管理学、统计学、伦理学与法学的学科交叉，需要认真研习生态学、管理学、统计学、伦理学等学科的系统内容与研究方法，并合理地应用于具体研究内容、推进问题的解决，具有一定挑战性。

二 创新点

第一，创造性地提出知识产权法律制度的"绿色化"概念，目前学术论题集中于知识产权制度的"生态化"或"环境保护义务"方面，尚未有学者提出知识产权制度的"绿色化"论题，与现有"知识产权法律制度生态化"相比其基本定义、核心内容和重点方向具有一定突破性与创新性，在我国社会主义建设新时代具有重要理论意义。且目前学理研究对绿色知识产权、绿色知识产权制度等相关概念尚未厘清，在界定知识产权法律制度"绿色化"概念的同时，将与相关且易混淆的各类概念进行结构性确证与对比辨析，形成概念体系。

第二，从伦理与法理双重视角探讨知识产权法律制度"绿色化"转型的理论依据，提出环境伦理是知识产权法律制度"绿色化"转型的伦理依据与价值遵循，并从中国传统生态观、西方环境伦理观变迁、马克思主义生态伦理观及马克思主义中国化历程方面进行微观阐释。法理方面从知识产权法的阶级本质、价值追求与基本功能三方面进行"绿色化"转型阐释，具有理论创新性。

第三，首次运用专利信息分析的方法论证绿色专利所属具体领域范围与TRIPs条款的相符性，以及对英国、澳大利亚、韩国、日本和美国五个国家近十年的绿色专利申请、授权、法律状态、有效量等指标进行综合评价分析，以检验绿色专利快速审查制度运行的实践效果，为我国的相应制度建设与借鉴提供经验启示。

第四，创造性地提出知识产权法律制度"绿色化"转型应遵循的基本原则与应限定的范围边界，旨在解决现有研究中存在的各种措施或制度冲突问题，并以此为基础论证了知识产权法律制度的"绿色化"转型建设路径与核心内容。其中，提出知识产权法律制度"绿色化"转型应遵循的一般性原则为生态整体性原则、利益平衡原则与权利义务对等原则，特殊性原则为促进绿色技术创新与应用原则、促进绿色商品与服务提供原则以及促进绿色作品创作与传播原则。

第五，系统地构建了知识产权法律制度"绿色化"转型后所形成绿色知识产权法律制度的具体构成，包含绿色专利法律制度、绿色商标法律制度、绿色著作权法律制度、绿色商业秘密法律制度、绿色地理标志法律制度、绿色植物新品种法律制度等传统知识产权保护制度以及生物遗传资源与绿色传统知识保护制度。与现有研究中基于知识产权创造、运用与保护制度"生态化"的构建模式及具体内容相比，在制度系统性与实践操作性方面具有一定突破与提升。

第二章　知识产权法律制度"绿色化"的概念界定

第一节　知识产权法律制度"绿色化"的概念基础

一　"绿色化"概念的提出

"绿色化"由"绿色"和"化"共同构成。在《现代汉语词典》的解释中，"绿色"包含两层含义，一是作为名词以表示事物名称，二是作为形容词以表示事物属性。从《辞海》上看，"绿色"也具有两个解释，一是名词，像草和树叶一般的颜色；二是形容词，无污染的、符合环保要求的。"绿色"的概念提出于世界环境问题日益严重的时代背景下，而这些环境问题的产生均源于现代社会的四种特征：污染、资源的过度或错误使用、生物多样性的降低以及栖息地的破坏。① 在"绿色化"中"绿色"的意思首先取形容词的基本之义即"无污染的、符合环保要求的"，其内涵可以界定为"不会造成污染、改善已污染的生态环境、节约资源和能源、不会造成生物多样性的降低、不会造成栖息地的破坏"，也可以统称为"环境友好的"。同时，"绿色"也象征事物所具有的"符合生态文明理念和要求的"属性，"绿色"在修饰限定"知识产权"时，仅取用其字面形容词之义"无污染的，符合环保要求的"即可，但"绿色"修饰法律制度时，就具有了象征含义甚至更深刻的内涵。作为后缀的"化"，位

---

① ［英］简·汉考克：《环境人权：权力、伦理与法律》，李隼译，重庆出版社 2007 年版，第 1 页。

于名词或形容词之后构成动词，表示转变成某种性质或状态，反映的是事物变化的动态过程，表示由一种属性转变到另一种属性，主要是指一种趋势，是一个渐进的过程，具有运动和变化的特点。毛泽东曾在《反对党八股》一文中对"化"做过解释："化者，彻头彻尾彻里彻外之谓也。"即事物属性发生根本性的改变，进行了全面的覆盖。1938 年 10 月，毛泽东在党的六届六中全会中首次提出了马克思主义中国化，将"化"应用在了具体语义中。具体内涵指马克思主义在所有表现中均并含中国的特性，是马克思主义从不具有中国特性向具有中国特性的转变，且是由部分具有中国特性向全部具有中国特性的转变。即"化"包含从无到有、从浅到深、从局部到全部的转变。

由此可知，从字面意思看，"绿色化"表示"绿色"这一属性发生了变化，或从无到有，或从浅到深，或从部分到全局。即"绿色化"是指由污染的、不符合环保要求向无污染的、符合环保要求的转变，或由部分符合环保要求向全部符合环保要求转变。在象征意义上，指从不符合生态文明理念和要求转变为符合生态文明理念与要求，或从部分符合生态文明建设理念与要求转变为全部符合生态文明建设理念与要求。"绿色化"的内在含义并不限于上述字面解释。"绿色化"概念的最早提出，是在 2015 年 3 月 24 日中共中央政治局会议审议通过的《关于加快推进生态文明建设的意见》中，首次提出了"协同推进新型工业化、城镇化、信息化、农业现代化和绿色化"的战略任务。其中"绿色化"作为首次出现的新概念，集中体现了新时期我国生态文明建设的新任务和新要求。[①] 此文件是中国当前和未来一个时期推动生态文明建设的纲领性文件，突出体现了战略性、综合性、系统性和可操作性。随后在 2015 年 10 月党的十八届五中全会首次提出包含"绿色"在内的五大发展理念，从此，"绿色化"在中国甚至世界逐渐包含了更广泛的象征性含义。

因此，"绿色化"象征意义上的内涵，便在中国生态文明建设与国家发展层面展现出了丰富多彩的内容。首先，"绿色化"为中国现代化提供了生态基础，与传统资源耗竭型、环境破坏型发展方式相比，标志着中国现代化战略的绿色转型。虽与新型工业化、城镇化、信息化、农业现代化"四化"共同提出，但层次上并不是并列的，"绿色化"是一种引领和基

---

① 黎祖交：《准确把握"绿色化"的科学涵义》，《绿色中国》2015 年第 7 期。

础底色,规制着其他"四化"的发展方向和目标。即"四化"的发展过程与结果需要绿色化去衡量。① 其次,"绿色化"是将绿色的理念与价值观内化为人的绿色素养,外化为个人、企业与政府部门的绿色行为、生产与管理方式。再次,"绿色化"是"动静结合"的,"动"指社会、经济、制度的"绿色化"是一个动态过程,"静"指最终呈现的生态文明结果。② 最后,"绿色化"是关于发展思想的绿色发展观,内含着发展为人的向度,包含有生态经济化和经济生态化原则,具有生态保护的内在要求,包含有绿色消费伦理尺度,③ 是一种尊重自然、顺应自然、保护自然、人与自然和谐相处的全新理念。"绿色化"本质上是一种符合生态文明要求的新的经济社会发展方式和过程,其对立面或参照系,是传统的反生态文明的资源耗竭型和环境破坏型发展方式与发展过程。从世界历史发展角度看,发生了浅"绿色化"和深"绿色化"两段历程,其中,浅"绿色化"是被动地治理污染,而深"绿色化"是事先推进制度、机制设计,从源头树立生态环境观,是彻底的、有效的"绿色化"。④ 从目前我国的客观实际出发,应当选择深绿色化道路,实现"绿色化"变革。⑤ 在浅"绿色化"与深"绿色化"语义角度方面,本书所研究的"绿色化"是指深"绿色化"。

与"绿色化"概念最接近的是"生态化"的概念,"生态化"是苏联学者创用的一个词,原意指将生态学原则渗透到人类的全部活动范围之内,用生态环境整体思维去考虑社会发展与制度建设,实现人与自然的和谐发展。⑥ "绿色化"和"生态化"在部分内涵层面及普遍使用中时常进行自由转换。但二者也存在显著区别,第一,概念产生的背景不同,生态化是在可持续发展观念日益深入人心的时代背景下提出的,不仅表达一种原则或观念,也是一种社会实践,⑦ 而"绿色化"的提出具有国家战略背

① 黄婷婷:《绿色化概念新在哪里》,《环境经济》2015 年第 9 期。

② 董光耀:《绿色化:生态文明建设新内涵》,《中国投资》2015 年第 6 期。

③ 李本松:《新常态下绿色化的内涵解析及其实践要求》,《理论与现代化》2016 年第 1 期。

④ 刘文霞:《用"深绿色"导引经济发展》,人民出版社 2011 年版,第 33—52 页。

⑤ 林柏:《探解"绿色化":定位、内涵与基本路径》,《学习与实践》2015 年第 9 期。

⑥ 蔡守秋:《深化环境资源法学研究,促进人与自然和谐发展》,《法学家》2004 年第 1 期。

⑦ 蒋冬梅:《循环经济促进法的生态化路径研究》,《学术论坛》2013 年第 8 期。

景。第二，"绿色化"的象征含义比较明确，而生态化在具体领域或范畴适用时不仅指特定领域与范畴的生态环境方面的建设，有时也指特定领域的内部系统变革，使其具有内在的类比生态的特定秩序。第三，生态化比"绿色化"的提出早且学术研究多。在中国知网网络数据库中进行篇名搜索，发现截至 2019 年 9 月含"生态化"的文献共 72822 篇，而"绿色化"的文献为 2585 篇。在发表时间上，"绿色化"的文献集中于近十年，占比达 78.65%，与国家生态文明建设及政治决策关联性更高。即"绿色化"更具时代性，且内涵虽丰富但象征意义更为明确，这也是本书择用"绿色化"的原因之一。因此，"绿色化"是对马克思、恩格斯等马克思主义经典作家生态思想的继承和发展，是对西方多个生态文明思潮的批判性吸收，是对中国传统文化中绿色观的发扬和升华，是对中国特色生态文明建设的经验总结和理论深化，① 是生态文明建设的新起点，是实现生态文明建设目标的根本保障。

"绿色化"不仅是字面意义上的"资源节约、环境保护、生态安全"化，象征意义上的"生态文明理念与建设"化，更是伦理学、哲学、政治学、经济学等层面的理论变革与实践要求。在我国国家意识形态与发展建设层面的地位自不必质疑，但到具体制度变革领域，还需要具体问题具体分析。法律规范是强制性规范，是道德规范的最低标准，具有引导、教育、惩罚等作用。法律规定中不仅有权利亦有义务，法律义务是对主体的行为约束，违反法律义务时必须承担相应不利后果即法律责任。因此，法律制度与国家全面提倡道德新风尚、培育文化理念、进行行为倡导以及政府公共基础建设相比，具有保守性与相对稳定性。进而，与国家全面的"绿色化"发展不尽相同，法律制度的"绿色化"还需要进行法治角度的进一步证成。

二　绿色发展理论的形成

在人与自然和谐共生的现代化成为新时代社会主义建设主题的时代背景下，② 绿色发展理念应运而生。中国共产党的十八届五中全会首次提出

① 方兰、陈龙:《"绿色化"思想的源流、科学内涵及推进路径》，《陕西师范大学学报》（哲学社会科学版）2015 年第 5 期。
② 习近平:《决胜全面建成小康社会 夺取新时代中国特色社会主义伟大胜利——在中国共产党第十九次代表大会上的报告》，人民出版社 2017 年版，第 19—50 页。

了绿色发展原则，与创新、协调等原则共同构成五大发展理念。并在党的十九大报告等重要文件中得到不断重申，2017 年绿色发展原则在《中华人民共和国民法总则》中得以体现，并构成民事领域的基本原则，2020 年《中华人民共和国民法典》（以下简称《民法典》）颁布，总则编第九条的规定继续为民事活动的基本原则"绿色原则"。"绿色发展"是指在遵循社会、经济与生态规律的基础上，在生态环境容量和资源承载力的约束条件下，实现人类与自然可持续发展的新型发展模式。[1] 坚持与发展马克思主义世界观、方法论的基础上坚持人类价值主体，摒弃狭隘的人类中心主义，主张在尊重生态规律基础之上充分发挥人类认识与改造世界的主观能动性，[2] 其核心是在促进人与自然和谐共生的基本前提下指导人在生产生活中对自然进行改造从而更加符合人生存和发展的需要。[3] 绿色发展是合规律性与目的性统一的发展，涉及社会、经济、政治、生态、文化各个方面，其核心灵魂也将渗透在社会发展与人类进步的各个层面，既符合人类社会的发展规律，又是人类社会可持续发展与实现最终发展的必然途径。

绿色发展理念所蕴含的绿色发展原则是可持续发展原则的继承与发展，是可持续发展观的当代化、具体化和中国化，具有更强的实践性。可持续发展原则是国际投资中解决发展与环境问题的常用原则，其概念可追溯至 1972 年斯德哥尔摩会议之后。斯德哥尔摩会议为人类环境制订了行动计划，《斯德哥尔摩宣言》的三分之一以上都与环境和发展的协调有关。联合国大会第 2849 号（XXVI）决议从《斯德哥尔摩宣言》中获得了强大的推动力，强调了发展的重要性以及在发展过程中考虑环境因素的重要性。1987 年，世界卫生组织在《我们共同的未来》（Our Common Future）中界定了可持续发展的概念，指满足当代人们需求的同时不损害未来后代人满足他们需求能力的发展。1990 年 5 月 15 日，在欧洲经济委员会（ECE）部长级会议和欧洲共同体环境专员的会议上，提出了关于可持续发展问题的卑尔根 ECE 部长级宣言，其中提到"人类可持续发展的挑战"，并编制了《卑尔根行动纲领》，其中包括经济可持续性、

---

[1]　洪向华、杨发庭：《绿色发展理念的哲学意蕴》，《光明日报》2016 年 12 月 3 日。

[2]　罗文东、张曼：《绿色发展：开创社会主义生态文明新时代》，《当代世界与社会主义》2016 年第 2 期。

[3]　庄友刚：《准确把握绿色发展理念的科学规定性》，《中国特色社会主义研究》2016 年第 1 期。

可持续能源利用、可持续工业活动、提高认识和公众参与。它寻求发展"健全的国家可持续发展指标"并寻求鼓励投资者采用他们母国所要求的环境标准。它还设法鼓励环境规划署（UNEP）、工发组织（UNIDO）、开发计划署（UNDP）、国际复兴开发银行（IBRD）、劳工组织（ILO）和适当的国际组织支持成员国确保无害环境的工业投资，并注意到工业和政府应为此目的而合作。无论在多边条约、国际声明、国际组织的基础性文件、国际金融机构的实践、区域申报和规划文件还是国家实践方面，这个观念已经被充分认同。1992年，里约热内卢会议中可持续发展问题成为宣言的中心特点。可持续发展的原则是现代国际法的一部分，其原因不仅是基本逻辑需要，而且被国际社会广泛接受。这一概念在解决环境有关的争端方面具有重要作用，被明确地纳入若干具有约束力和影响深远的国际协定，从而使它在这些协定的范围内具有约束力。它为解决两个既定权利之间的紧张关系提供了一个重要原则。尽管目前明确的裁决与评审标准尚未建立[1]，但是1997年9月25日，国际法院裁决的关于匈牙利和斯洛伐克"Gabcikovo-Nagymaros"项目的案件中就围绕可持续发展原则展开讨论，判决指出国际社会的普遍支持并不意味着国际社会的每一个成员都给予它明确和具体的支持，这也不是建立一个习惯国际法原则的必要条件。[2]

如果说可持续发展理论还是一个裁决与评审标准很难把握的原则，在具体适用中存在现实可操作性的困扰，那么被《民法典》确立为民事领域基本原则的"绿色原则"就在可持续发展原则的继承与发展之上，增强了可实践性，明确规定民事主体在从事民事活动中，应当有利于节约资源、保护生态环境。中国《国民经济和社会发展第十三个五年规划纲要》中重申积极应对全球气候变化，发展绿色环保产业。近年来中国从政府到企业再到组织、个人，都在深入贯彻落实绿色发展理念，并取得了一系列成果，如绿色政府采购政策的确立、绿色技术银行的建立、绿色制造和绿色产业的发展等。人类社会目前所面临的一切生态环境危机，均产生于生

---

① Sumudu A., "Sustainable Development, Myth or Reality: A Survey of Sustainable Development Under International Law and Sri Lankan Law", *Georgetown International Environmental Law Review*, 2001, 14: 279.

② 1997 I. C. J. 7, 1997 WL 1168556. Case concerning the Gabcikovo-Nagymaros project (Hungary/Slovakia).

产力水平的高度提升之后，技术的发达非但没有带来更好的生存环境，反而造成了无数毁灭性环境污染事件。历史发展表明，人类生存环境的改善中生产力的提升和科学技术的进步并非首要因素，关键在于解决引导科学技术发展的人类生态理念和对绿色环境发展的认知问题。从绿色发展理念的提出到绿色发展理论的形成，就是解决了引导科学技术发展的人类生态理念和对生态环境保护的认知问题，无论对技术创新、产品服务创新还是文化创新均具有指导意义，而本质上，却形成了引导、激励与规制技术、商品和文化创新的直接与间接制度的理论基础。

三　法律制度"绿色化"的探研

人类生存环境的改善中生产力的提升和科学技术的进步并非首要因素，关键在于解决引导科学技术发展的人类生态理念与对生态环境保护的认知问题。绿色制度有利于引导绿色意识的加强、促进保护环境与节约资源能源、促进绿色经济的发展，因此，法律制度调整社会生活的方方面面，也在"绿色化"的话语体系下得到关注与讨论。法律制度"绿色化"的概念，结合"绿色化"的界定，顾名思义，为法律制度不断从原来不符合或不完全符合"资源节约、环境友好、生态安全"的要求转变为符合或更符合"资源节约、环境友好、生态安全"的要求，由原来不符合或不完全符合"生态文明的理念和生态文明建设的要求"转变为符合或更符合"生态文明的理念和生态文明建设的要求"。就其内涵方面，因"绿色化"的广泛内涵，法律制度"绿色化"也有着更深刻的内涵。

从形式上看，法律制度"绿色化"是通过法律条文的修改、增删来提升法律制度环境保护的生态功能；从实质内容看，法的"绿色化"是从理念到规则的全面"生态转向"，[①] 即将环境保护的理念融入相应法律制度，使绿色发展理念成为价值引导；从历史发展视角看，法律制度"绿色化"是在环境问题范围和影响日益扩大，在应对、治理与深思过程中人类社会开始由工业文明向生态文明演进，法律制度开始对环境问题作出回应后逐渐形成的。从最初的环境部门法出现到开始关注各个部门法的生态转向，生态文明时代"绿色化"成为法治体系发展演进的要求，绿

---

① 巩固：《民法典物权编"绿色化"构想》，《法律科学》（西北政法大学学报）2018 年第 6 期。

色发展理念的提出更是通过公众利益和日常行为有机对接而彻底改变人们的工作和生活方式，推动了法律制度的"绿色化"。[①] 从功能转向视角看，法律制度"绿色化"就是使得法律制度有利于促进人们生态环境保护理念的形成与提升，引导人们行为方式有利于保护生态环境和节约资源，促进人与自然的和谐发展。[②] 现实中，法律制度的"绿色化"并非一蹴而就，也可以根据社会经济发展实际分阶段进行，第一阶段是法律制度在发展与实践中不断体现出"绿色化"的特点；第二阶段是界定"绿色化"，已初步实现，最终是全面的"绿色化"。

第二节　知识产权法律制度"绿色化"的概念诠释

一　基本内涵

生态危机的出现和生态文明的倡导使得知识产权与环境保护两个互为独立的体系发生耦合，生态环境利益进入了知识产权法律制度的关注范畴。知识产权法律制度"绿色化"，从字面意思看是指知识产权法律制度不断从不符合或不完全符合"资源节约、环境友好、生态安全"的要求转变为符合或更符合"资源节约、环境友好、生态安全"的要求，由原来不符合或不完全符合"生态文明的理念和生态文明建设的要求"转变为符合或更符合"生态文明的理念和生态文明建设的要求"。就其内涵方面，因"绿色化"的广泛含义，知识产权法律制度"绿色化"也有着更深刻的内涵。

从形式上看，知识产权法律制度"绿色化"是通过法律条文的修改、增删，赋予知识产权法环境保护的义务，来提升法律制度环境保护的生态功能；从实质内容看，知识产权法律制度"绿色化"是在价值理念、基本原则、调整范围等方面发生根本性的转向，将环境友好、资源节约、生态文明理念融入法律制度，不局限于权利行使的生态环境保护限制，而是

---

① 魏胜强：《论绿色发展理念对生态文明建设的价值引导——以公众参与制度为例的剖析》，《法律科学》（西北政法大学学报）2019 年第 2 期。

② 邹雄、庄国敏：《论民法典绿化的边界——以民法典对环境权的承载力为视角》，《东南学术》2017 年第 6 期。

指知识产权法律制度全面生态化；从历史发展视角看，知识产权法律制度“绿色化”是在生态危机出现，在应对、治理与深思过程中人类社会开始由工业文明向生态文明演进，法律制度开始对环境问题作出回应后逐渐形成的；从制度功能视角看，知识产权法律制度的“绿色化”关注制度的环保功能、注重维护人与自然的和谐、促进生态文明建设。知识产权法律制度“绿色化”是一种追求实质理性的回应型法律发展模式，视社会压力为认识的来源和自我矫正的机会。[①] 总体而言，知识产权法律制度“绿色化”，就是要反映 21 世纪中国的时代精神和时代特征中蕴含着生态意义甚至文化、哲学意味的绿色精神，以目前民法典中的绿色原则为基础，深度反思作为主体的人在现代社会的生存方式以及如何从根本上缓和越来越紧张的人际关系以及人与自然的关系，用中国视角并带着中国问题意识，走出一条致力生态文明建设、满足人民日益增长的美好生活与美丽环境需求的制度路径，使知识产权法律制度不断从不符合或不完全符合绿色发展要求转变到符合或完全符合绿色发展要求。而知识产权法律制度的“绿色化”转型，则是限定“绿色化”的程度达到较深的层次，使知识产权制度实现了制度的转型而不仅是“型”之内的修饰，即知识产权法律制度实现了从不符合或不完全符合绿色发展要求到完全符合、深度符合绿色发展要求的转变。

二　主要外延

知识产权本身是一个不断发展的动态性和包容性概念，种类繁多，环节复杂，制度表现形式多样，加之“绿色化”的概念属性，知识产权法律制度“绿色化”具有十分丰富的外延。依据不同的标准知识产权法律制度和“绿色化”可以进行不同的分类，因此知识产权法律制度“绿色化”也可以从微观上划分为不同环节或类别的知识产权法律制度“绿色化”。从知识产权类别视角考虑，知识产权法律制度“绿色化”的外延包括专利法律制度“绿色化”、商标法律制度“绿色化”、著作权法律制度“绿色化”以及其他知识产权法律制度“绿色化”。从知识产权动态发展过程考虑，知识产权法律制度“绿色化”的外延包括知识产权创造制度“绿色化”、知识产权运用制度“绿色化”、知识产权管理制度“绿色化”

---

① 万志前、郑友德：《知识产权制度生态化重构初探》，《法学评论》2010 年第 1 期。

以及知识产权保护制度的"绿色化"。从宏观与微观的视角考虑，知识产权法律制度"绿色化"的外延包括知识产权法律制度原则、宗旨、理念的"绿色化"和具体法律规则的"绿色化"。从绿色属性视角考虑，知识产权法律制度"绿色化"的外延包括从不符合绿色发展要求的知识产权法律制度转变为符合绿色发展要求的知识产权法律制度和由不完全符合绿色发展要求的知识产权法律制度转变为更符合或完全符合绿色发展要求的知识产权法律制度。

第三节 知识产权法律制度"绿色化"
的相近概念辨析

一 知识产权法律制度生态化

在气候变化、生物多样性锐减、生态环境不断恶化等全球环境危机产生的背景下，对法律进行生态化回应的理论与实践不断兴起，世界欧洲以及德国、瑞士等大陆法系国家在法律修订过程中已经试图融入绿色保护理念，而国家经济发展到一定瓶颈之后技术方向的调整以及对技术研发的重视与投入，是必行之路。知识产权制度的"绿色化"便是在此背景下应运而生，通过对技术研发与文化导向的引导规制，以达到促进生态文明建设与转向的过程。而知识产权法律制度生态化是法律生态化理论与知识产权法领域立法与实践的具体彰显，法律生态化概念的提出较早，研究也更为广泛，但关于法律生态化的概念界定，目前还未有统一观点。从起源视角看，法律生态化是在全球环境问题的日益严重背景下逐渐发展起来的，从理念视角看，是生态化理念向法律领域延伸、渗透的产物，[1] 从内涵层次视角看，法律生态化包含追求自然环境与人类社会发展之间的生态平衡和追求法律制度系统本身的生态平衡两层含义。[2] 法律制度"绿色化"与生态化之间具有紧密的联系，甚至在很多时刻是同一内容的不同语词转

---

[1] 王继恒：《法律生态化及其矛盾辨思》，《甘肃政法学院学报》2010 年第 4 期。

[2] 刘惠荣、刘玲：《法律生态化的重新界定》，《中国海洋大学学报》（社会科学版）2013 年第 4 期。

换，如有学者提出法律生态化就是对法律的"绿化或生态化"，[①] 有学者认为法律生态化又称为法律的"绿化"，[②] 也有学者界定法律的"绿色化"就是法律的生态化，如"环境保护的理念植入到民事主体制度使之生态化是民法绿化的关键"，[③]"部门法的不断绿化就是生态化"，[④]"法的'绿色化'实质是法秩序的'生态化'"。[⑤] 但实质上，法律制度"绿色化"与生态化应当具有一定界限，法律制度的"绿色化"比法律制度的生态化更符合中国语境。在中国社会主要矛盾转向"人民日益增长的美好生活需要和不平衡不充分的发展之间的矛盾"以及"绿色化"和"绿色发展理念"相继提出与明确的时代背景下，法律制度"绿色化"更容易被界定且含义也更为清晰。

如同法律制度"绿色化"与生态化的关系界定，在生态学语境下知识产权法律制度"绿色化"与知识产权法律制度生态化确实是同一内容的不同语词转换。但同时，二者也存在诸多差异：第一，知识产权法律制度"绿色化"的象征含义比较明确，而知识产权法律制度生态化除指知识产权法律制度对生态环境问题方面的回应外，也可指知识产权法律制度的内部系统变革，从而具有内在的类比生态的特定秩序。第二，知识产权法律制度"绿色化"，强调反映21世纪中国的时代精神和时代特征中蕴含生态意义甚至文化、哲学意味的绿色精神，用中国视角并带着中国问题意识，走出一条致力生态文明建设、满足人民日益增长的美好生活与美丽环境需求的制度路径，而知识产权法律制度生态化主要蕴含生态意义。第三，知识产权法律制度的"绿色化"应当比知识产权法律制度的生态化更符合中国语境，在中国社会主要矛盾转向"人民日益增长的美好生活需要和不平衡不充分的发展之间的矛盾"以及"绿色化"和"绿色发展理念"相继提出与明确的时代背景下，知识产权法律制度"绿色化"在

---

① 曹红冰：《我国〈物权法〉生态化理念的体现与补足》，《求索》2008年第9期。

② 黄莎：《论我国知识产权法生态化的正当性》，《法学评论》2013年第6期。

③ 周小桃：《论民事主体制度的生态化拓展》，《湘潭大学学报》（哲学社会科学版）2009年第6期。

④ 王子灿：《专利法的"绿化"：风险预防原则的缘起、确立和适用》，《法学评论》2014年第4期。

⑤ 巩固：《民法典物权编"绿色化"构想》，《法律科学》（西北政法大学学报）2018年第6期。

原有生态内涵的基础上更增加了特有的中国"绿色化"与绿色发展理论内涵。因此,知识产权法律制度"绿色化"更具时代性,且内涵虽丰富但象征意义更为明确。

二 绿色知识产权

概念是人类语言而非自然的产物,其实质在于将确定的术语与特定的对象对应起来,而事物的不断发展变化并非朴素的语言可以时刻精准地表达,[①] 绿色知识产权概念的提出亦是如此。它的出现,产生于全球生态危机深化、生态环境不断恶化、资源能源日益受限的时代背景下,目前学术研究中尚未对绿色知识产权取得清晰一致的认识,其概念内涵与外延的界定仍充满争议。

(一) 绿色知识产权的基本内涵

知识产权是一个开放的"权利群",知识产权的权利范围随着社会经济与科学技术的不断发展而拓展,[②] 被定语绿色所限定之后的绿色知识产权也是一个开放的"权利群"。随着经济社会与科技创新的推进,绿色知识产权也会不断拓展。在目前的客观物质世界限定之下,绿色知识产权应当包含绿色专利权、绿色商标权、绿色著作权等具体绿色知识产权。在绿色知识产权的具体内涵方面认可度较高的观点为国内郑友德教授从目的、功能和内容三方面所作的认定,即功能上转向"绿化";内容上涵盖绿色设计、绿色发明、绿色品牌、绿色创作等;目的在于激励绿色技术、文化和经营创新,促进绿色产品的创造、运用、保护和管理,提高企业在低碳经济中的竞争力。[③] 此内涵得到了众多学者的引用与认可,部分学者对绿色知识产权概念的界定与郑友德教授观点一致,包括目标、功能、内容三部分,仅在语言表达形式上有所不同。[④] 除此之外,有学者直接从内容上确定绿色知识产权包括绿色专利权、绿色商标权和绿色著作权,但并未对

---

① [美] 博登海默:《法理学:法律哲学与法律方法》,邓正来译,中国政法大学出版社2004年版,第503页。

② 张玉敏:《知识产权法学》,法律出版社2017年版,第4页。

③ 郑友德:《顺应环保要求的绿色知识产权》,《检察日报》2011年3月10日第3版。

④ 吕红雷:《环境保护背景下知识产权法义务探究》,《改革与开放》2013年第2期。

绿色知识产权的内涵进行阐述;① 也有学者概括绿色知识产权是指在环境保护和资源节约方面具有显著优势的知识产权。② 从引用度最高的郑友德教授所作绿色知识产权内涵来看,存在几处质疑,即绿色知识产权是含有绿色属性的知识产权,那么它仍然属于一项或一类权利,而"激励绿色技术、文化和经营创新"等目的是制度所能承载的目标,一项或一类权利本身如何激励创新呢? 在功能视角方面,也更像是对制度的限定。在法学视阈下,权利内容是指所指向的是权利主体作为或不作为的法律保障,"绿色设计、绿色发明、绿色品牌等"应当是权利的客体或对象。而此绿色知识产权内涵的界定发表在 2011 年 3 月刊登于《检察日报》上的文章《顺应环保要求的绿色知识产权》中,在对绿色知识产权内涵进行表述的词句前正是对知识产权制度绿色功能嬗变的讨论,此处对绿色知识产权内涵的阐释未与绿色知识产权制度相廓清。

2019 年,由中国知识产权局主导对埃里克的著作《清洁技术知识产权:生态标记、绿色专利和绿色创新》(*Clean Tech Intellectual Property*:*Eco-marks*,*Green Patents*,*and Green Innovation*)进行了翻译,形成译著。在绿色知识产权概念上提出,绿色知识产权具有三方面独特性,一是技术多样性;二是借鉴并建立在以前的绿色技术研发以及计算机和半导体等其他行业的技术之上;三是其道德基础,即作为一种更好的产品,承诺提供有利于环境和减缓气候变化的解决方案。绿色知识产权问题已经构成了独特的挑战,并由此引发了对创新本质的思考,即促进清洁技术转让和应用的最佳方式是什么,以及如何保护绿色消费者等一系列具有深远影响的法律和道德问题。绿色专利是绿色知识产权最重要的构成要素,除此之外,绿色知识产权还包括商标法概念和其他有关消费者保护、绿色品牌和绿色营销等内容。因此,从目前学术研究中可以看出,绿色知识产权包括绿色专利权、绿色商标权、绿色著作权等具体权利已经取得普遍认同,只是在绿色知识产权的内涵与界定上仁者见仁。

从词语构成的视角看,"绿色知识产权"包括"绿色"与"知识产权"两个部分,对其理解也应当建立在二者互动的基础之上。"绿色"在

---

① 闵惜琳、张启人:《社会经济绿色化低碳化信息化协调发展系统思考》,《科技管理研究》2013 年第 9 期。

② 王珊琪:《安徽省绿色知识产权发展战略研究》,博士学位论文,中国科学技术大学,2017 年。

前文已经做过相应分析和解释，在此作形容词，表示无污染的、符合环保要求的，内含绿色发展属性，包括不会造成污染、改善已污染的生态环境、节约资源和能源、不会造成生物多样性的降低、不会造成栖息地的破坏等。知识产权，英文为"intellectual property"，其原意为知识（财产）所有权或智慧（财产）所有权，也称智力成果权。现代知识产权制度起源于1474年意大利威尼斯共和国颁布的世界上第一部最接近现代专利制度的法律。1967年世界知识产权组织成立，"知识产权"一词被世界大多数国家和国际组织认可。《民法典》"民事权利"章规定，民事主体依法享有知识产权，知识产权是权利人依法就作品、发明、实用新型、外观设计、商标、地理标志、商业秘密、集成电路布图设计、植物新品种等客体享有的专有的权利。这些类别也是TRIPs中明确的知识产权种类。此外，商号权、域名、传统知识、遗传资源、民间文学艺术等也被纳入了相应的保护范围，从发展角度看，其正在成为知识产权的重要类别。知识产权作为法律意义上的权利形态，显然无法从视觉颜色去理解，绿色在作为知识产权的修饰词时特指其"无污染的、符合环保要求的"意思，即环境友好的知识产权。从结构来看，绿色知识产权的范畴为知识产权，绿色是其限定与范围。从术语位阶看，知识产权是上位概念，绿色知识产权是知识产权的下位概念，应当为知识产权的一种现象或一个分支。从实际意义来看，绿色知识产权虽然属于知识产权，但具有特殊意义，一方面，它引入了绿色发展理论和生态学思想，关注了技术、作品等之外的领域生态环境；另一方面，绿色知识产权产品的成本一般较高，即对环境的友好与对消费者成本的友好往往不能两全，现实中许多环境友好型技术开发企业需要靠政府补贴维持运营。

因此，从字面意思看，绿色知识产权并无过多歧义，是指权利人依法就无污染的、符合环保要求的作品、发明创造等客体享有的专有权利。但具体内涵方面却需要进一步考虑，其中无污染、符合环保要求对知识产权的限定范围是关键，是指目的、客观效果、客体内容任何一方面具有绿色属性即可，还是需要三方面或者更多层面均要满足。采取何种标准将对绿色知识产权的获取、应用、推广、权利限制等各方面产生影响。绿色知识产权应当具有广义和狭义之分，广义绿色知识产权是指一切无污染的、符合环保要求的知识产权，狭义绿色知识产权应该符合以下条件：第一，绿色知识产权创造的目的是通过可再生资源能源的产生应用，提高能源效率，减少温室气体排放，从而保护生态环境，缓解气候变化；第二，其客体内容无污染、符合环保要求属性；第三，其应用产生的客观效果是节约能源、资源或改善生态环境。

（二）绿色知识产权的分类

绿色知识产权依据不同标准可以有不同的分类，如依据权利范围不同，可以将绿色知识产权分为广义绿色知识产权和狭义绿色知识产权。依据知识产权对象所形成的知识产品的不同作用，绿色知识产权可以分为绿色文学产权和绿色工业产权。[①] 依据国际工业产权协会（AIPPI）1992 年东京大会对知识产权的划分方法，分为绿色创作性成果权和绿色识别性标记权。[②] 以权利内容为具体的类型化利益还是一般的抽象利益为标准，可以将知识产权分为一般知识产权与具体知识产权。一般知识产权是指权利人基于一般知识财产而享有的知识产权，范围十分广泛，但凡存在于具体知识产权之外的知识产权，均为一般知识产权，具有解释、创造与补充功能；具体知识产权是指权利人基于具体的、类型化的、被法律直接规定的知识财产而享有的知识产权，且具体知识产权都是在知识产权特别法上加以规定，可以分为著作权、专利权、商标权、商业秘密权。[③] 在绿色知识产权的具体类别讨论层面，本书主要分析具体知识产权，依据现行知识产权特别法律的规定，绿色知识产权类型包括绿色专利权、绿色商标权、绿色著作权和其他绿色知识产权。

1. 绿色专利权

虽然绿色专利的概念已经提出并得到国内外学者的重视，但关于绿色专利的含义目前尚无统一的界定。包括对太阳能、风能等新能源方面的绿色技术所授权的专利；[④] 专利权人就属于绿色技术领域的发明创造提出专利申请后被授予的专有权；[⑤] 将清洁性的考量直接纳入专利审查中后这种

---

①　马治国：《知识产权法学》，西安交通大学出版社 2004 年版，第 11—12 页。

②　张玉敏：《知识产权法学》，法律出版社 2017 年版，第 5 页。

③　齐爱民：《知识产权法总论》，北京大学出版社 2010 年版，第 208—211 页。

④　郑友德：《顺应环保要求的绿色知识产权》，《检察日报》2011 年 3 月 10 日第 3 版。

⑤　何隽：《从绿色技术到绿色专利是否需要一套因应气候变化的特殊专利制度》，《知识产权》2010 年第 1 期。

具有价值指向性的制度设计即为绿色专利等。① 关于绿色专利的认定表述各异，但可以总结为"绿色专利"的客体首先是技术或产品，而对这种客体的要求是有利于生态环境。② 尽管如此，绿色专利和绿色专利权的认定仍存在理解分歧，多数情况下，理论与实践应用中所称"绿色专利"就是所谓的绿色专利权，但领域外公众却常理解"绿色专利"为绿色专利权的客体即绿色发明创造本身，或指为绿色技术。因此，语词在具体使用中应当更为严谨，避免笼统地称为"绿色专利"，而是根据具体指代内容表述为"绿色技术""绿色发明创造""绿色专利""绿色专利权"。绿色技术是指有利于节约资源、防治污染的技术，具体包括替代能源、循环利用、污染控制与治理技术等，③ 2010 年 9 月 30 日，欧洲专利局、联合国环境规划署以及国际贸易和可持续发展中心在联合发布的《专利与清洁能源：破除事实与政策之间的障碍》（*Patents and Clean Energy: Bridging the Gap Between Evidence and Policy*）报告中，界定了绿色技术（Clean Energy Technologies，ECTs），也称清洁技术，并分析了专利对绿色技术创新与转化的影响。④ 绿色发明创造是指有利于节约资源能源、防治污染与改善生态环境的与现有技术相比具有进步性的技术或方法创新，绿色专利特指基于绿色发明创造进行专利申请获得国家授权并取得专利号的专利，绿色专利权特指权利主体基于绿色发明创造获得专利授权后就该项专利所享有的专有权。

2. 绿色商标权

随着工业文明向生态文明转向，世界各地的政府、个人、组织越来越重视对环境的保护与改善，在选择服务与产品的时候也会更倾向于选择更为环保的项目，甚至越来越多的主体愿意为环保买单。为此，无论是从经济利益视角，还是企业形象考虑，越来越多的企业或组织关注品牌的绿色

① Hsu M. Y., "Integrating Environmental Regulation and Technology Policy-to Promote Pollution abatement Innovation and Diffusion", Proceedings of Conference on East Asian Environmental and Resource Economics and Policy, March, 1998: 2-3.

② 吴鸣宣：《我国绿色专利制度困境与发展路径研究》，《法制与经济》2019 年第 5 期。

③ 韩瑞：《中国绿色专利拥有量逐年增长》，2018 年 9 月 7 日，http://www.cnipa.gov.cn/zscqgz/1131861.htm，2020 年 9 月 2 日。

④ 科技部：《欧洲专利局和联合国环境规划署等联合发布清洁能源技术专利研究报告》，2010 年 11 月 22 日，http://www.most.gov.cn/gnwkjdt/201011/t20101118_83442.htm，2020 年 9 月 6 日。

环保价值传达，热衷于注册绿色商标或申请绿色标志。在美国，"绿色""清洁""生态"等术语也越来越多地用于描述环境友好的产品和服务，对寻求商标注册的绿色品牌所有者而言，禁止"仅仅是描述性的"商品或服务商标注册的问题也日益突出。绿色商标与标志的问题日益受到重视，但绿色商标权的基本概念尚未得到较为一致的认可，多数研究集中于绿色商标制度的构建及现实中的"漂绿"行为规制。部分学者提出，绿色商标是指具有显著生态环境价值的证明商标，而绿色商标权是主体在具体产品和服务上使用绿色商标的权利，如此界定显然有失偏颇，因此在绿色商标权的认定方面，需要我们拥篲藩篱，科学重构。

如绿色知识产权一样，在讨论绿色商标权的内涵之前，首先要确定什么是商标权，其次要确定绿色的限定范围。商标权是指商标所有人对其商标所享有的独占的、排他的权利，具有专有性、时间性、地域性，并且只包括财产权。中国商标权的取得方式为注册制，经商标局核准注册后自然人、法人或其他组织取得商标专用权。根据《中华人民共和国商标法》的明确规定，注册商标包括商品商标、服务商标、证明商标和集体商标。因此，绿色商标权，就是指主体就无污染、符合环保要求的商品商标、服务商标、证明商标或集体商标所享有的专有权利。其中，绿色商品商标、绿色服务商标和绿色集体商标中的无污染、符合环保要求的限定是针对商标自身的文字、图形、颜色等元素或其组合阐释出的概念，如含"绿色""清洁""生态"等词。绿色证明商标中的无污染、符合环保要求除商标本身的文字符号表达外，还对使用该商标的产品进行考察。如环境标志是我国"绿色证明商标"的典型代表，其附着的商品、服务符合环保要求、具有环境保护特性。从广义上讲，我国的有机产品标志、中国节水标志、中国节能标志等证明商标均属于绿色商标。例如，有机食品在生产过程不使用化肥等具有环境危害性的无机化合物，在保证食品优质安全的同时，对生态环境具有改善效果，属于绿色证明商标。绿色证明商标的权利人并非具体使用人，而是具有一定监管能力的组织，任何符合该绿色证明商标使用条件的主体均可以申请使用，权利人在审查后授予申请者使用的权利，相应生产者或服务者便可获得绿色证明商标的使用权。除此之外，绿色商标权的使用中也应当注意区分"绿色商标"和"绿色商标权"，绿色商标是指商标自身的文字、图形、颜色等元素或其组合具有绿色属性的服务商标、商品商标或集体商标，以及对附着的商标、服务有环保要求的证明商标；绿色商标权则是绿色服务商标、绿色商品商标、绿色集体商标和绿色证明商标的所有权人或合法使用者就商标所享有的专有权利。

3. 绿色著作权

著作权的保护对象是具有独创性的作品，而作品的产生来源于思想与表达的共同作用，因此作品从静态构成上看又包括内容与形式两部分。签署共同国际条约的国家在立法保护上作品范围大致相同，在中国，作品类型主要包括文字作品、口述作品、美术、建筑作品、摄影作品等。著作权的取得方式与专利权、商标权的取得不同，是依作品完成自动取得，鉴定是否构成著作权意义上作品的唯一标准就是独创性。尽管在权利的取得上为自动取得，但是世界上各国普遍规定著作权的行使不得违反宪法和法律，不得损害公共利益。且国家对作品的出版、传播行为进行一定程度的监督管理。

如前所述，绿色著作权就是在传统著作权的基础上扩大绿色限定范围。特指作者或其他相关主体基于绿色作品创作依法享有的专有权利。就绿色著作权而言，环境友好不应只限定于作品本身，如内容是鼓励环保的还是呼吁破坏环境的，是传递了保护环境的具体方式还是教导大家消耗资源的生活理念，在作品内容上，环境友好与否的鉴定是绿色的鉴定标准之一。此外，产生绿色著作权的前提还需要考量绿色创作方式，即创作途径合乎环境要求。若创作途径危害环境或浪费资源，如在文物上涂鸦、随意砍伐树木后在木板上写等，就是作品产生的载体不环保，那么也无法构成绿色著作权。为方便界定，将创作途径与承载作品的材料统称为载体，因此，那些主题与载体的组合方式符合环保要求的作品属于绿色作品。即主题与载体均环保的作品为典型的绿色作品，主题环保但载体未体现不环保性的作品与主题未体现不环保性而载体环保的作品均可构成绿色作品，对于主题环保而载体不环保的作品与主题不环保而载体环保的作品均不构成绿色作品，主题与载体均不环保的作品当然不是绿色作品。

尽管需要通过作品和载体双重标准去界定绿色著作权，但是并不影响著作权的取得，即非绿色作品也是作品，非绿色著作权仍然可能是著作权。在随意砍伐的树木上创作作品无法取得绿色著作权，但是从法律规范上讲若作品具有独创性则其依然取得著作权，只是将自己创作的作品在随意砍伐的树木上复制，则应当受到限制与约束，著作权的行使受到限制。绿色著作权，在原有著作权制度利益平衡的基础上注入了生态环境利益，在界定是否构成绿色著作权时先行考虑载体的问题，法理上具有正当性，实践中省去二次衡量的过程，可以节约资源提升效率。

4. 其他绿色知识产权

除专利权、商标权、著作权之外，知识产权还包括地理标志权、植物新品种权、电子布图设计权、软件著作权，作为知识产权保护中一种特殊无形财产权的商业秘密等。绿色知识产权的外延，除绿色专利权、绿色商标权、绿色著作权之外，也包含绿色植物新品种权、绿色地理标志权、绿色商业秘密权等其他绿色知识产权。第一，绿色商业秘密权。商业秘密是知识产权保护中的一种特殊的无形财产权，绿色商业秘密，指所涉内容属于无污染、生态环境友好的商业秘密。绿色商业秘密权，即相关主体就绿色商业秘密所享有的专有权利。第二，绿色地理标志权。地理标志本身承载着一定的地理空间，良好的生态环境往往孕育的地理标志产品也具有绿色性，而地理标志具有绿色属性同样也反过来促进当地生态环境的改善。绿色地理标志权，即主体就无污染、生态环境友好的地理标志所享有的权利。第三，绿色植物新品种权。植物新品种与专利相似，本身并不关注生态环境，如部分植物新品种对生态环境改善具有良好的作用，而部分植物新品种则会造成基因安全、生物多样性降低、对当地生态系统的破坏等问题，因此绿色植物新品种指对生态环境具有改善作用、有益于环境的植物新品种。绿色植物新品种权，即相关主体就无污染、生态环境友好的植物新品种所享有的专有权利。

（三）绿色知识产权的主要特征

1. 明确的绿色性创造目的

绿色知识产权，首先要求其产生的目的具有明确的资源节约、环境友好性。绿色专利权方面，要求申请专利的发明创造是基于提高能源效率、减少温室气体排放、造福环境、缓解气候变化而产生的。而从普通的专利中划分出绿色专利，在专利创造环节即进行了国家干预和调控，其政策目的在于激励绿色技术创新，促进绿色技术尽快投入市场并取得专有权保护，促进绿色产品的推广普及，更快惠及生态环境。绿色商标权方面，产生绿色商标的基础和目的，要求市场主体具有绿色生产与服务意识，在产品设计、生产、营销与服务提供过程中观照生态环境，增强节约资源能源、保护生态环境的经营意识。绿色著作权的产生也源于绿色作品的创作，且绿色著作权的创造旨在激励绿色文化创新，传递节约资源能源、保护生态环境的绿色文化理念。

2. 合理的绿色性创造方式

绿色性创造方式要求知识产权在创造过程中符合环境保护标准、关怀生态环境。在绿色知识产权应符合的特征中，创造方式的绿色性只要求达到合理程度即可。即不要求必须达到节约资源能源、改善生态环境的客观过程，只需不浪费资源能源，达到合理使用要求，不危害生态环境，不比同时期正常生产过程多排放废水废气和固体废弃物，且对"三废"进行符合环保要求的回收处理。专利方面，要求无论是产品发明创造还是方法发明，其在试验创新过程中不存在环境污染、浪费资源能源的情况，技术创新的实施过程符合环保要求。著作权方面，需要以符合环保要求的方式进行创作，作品产生的载体应当不属于资源能源浪费与环境危害型物质。

3. 客体范围的绿色性限定

绿色知识产权的客体内容必须符合无污染、符合环保要求的属性。绿色专利的发明创造应当是符合环保要求的、环境友好型的绿色技术或产品。绿色商标中，无论是绿色经营性标记还是经认证使用证明商标，商标的设计本身应当合乎环保要求，且绿色证明商标中，认证适用的产品应当符合相应的绿色标准。绿色著作权中要求创作产生的作品具有环境积极效应，即作品本身或作品所传递的文化理念有利于保护生态环境与节约能源资源。若创作产生的作品对环境存在危害，不仅无法构成绿色著作权，还应在权利行使中受到限制。

4. 实施效果的绿色性要求

绿色知识产权的运用所产生的客观效果应当是节约能源资源或改善生态环境。专利技术或产品的应用应当有助于治理改善生态环境的污染问题、节约资源能源或维护生态环境的稳定性。绿色商标的使用应当真正实现环保品牌的产生与推广，溯及产品本身，进而为人民生活持续提供具有生态环境友好性的各类产品与服务，促进绿色消费。绿色著作权方面，若为文字、口述、音乐、戏剧、摄影等作品，则应当传递节约资源能源、保护生态环境的理念，教育或影响公众对生态环境保护的认知与行为方式；若为美术、建筑作品，不仅要求其所传递的美感和文化理念是促进生态文明建设的，还要求所使用的材料不含工业废弃物或有毒有害物质，碳排放符合环保标准，且进行了一定的资源回收再利用、可再生材料的使用或具有其他资源、能源节约行为。

三　绿色知识产权制度

（一）基本内涵

从字面意思看，绿色知识产权制度可以理解为两层含义，第一，绿色作为知识产权的限定，特指绿色知识产权的制度；第二，绿色作为制度的限定，指绿色的知识产权制度。两者存在重大区别，是不同的制度体系，但从目前的研究文献中可以看到，学者并未对二者进行区分，因此在理解使用中引起了混淆。绿色知识产权的制度，特指针对绿色知识产权的激励、创造、运用、管理、服务、保护的专门制度，所规制的对象就是绿色知识产权，普通知识产权与具有环境危害性的知识产权均不在规制之列。而绿色的知识产权制度，是制度本身的属性界定，是知识产权制度的一种形态，具体调整对象则并不限于绿色知识产权本身，也包括普通知识产权，仅要求构成的宏观知识产权制度整体是绿色的，具有生态环境友好性，有利于生态文明建设。本书的主要研究目标在于推动知识产权制度的"绿色化"变革，促进知识产权制度与生态环境保护密切相连。从逻辑关系考察，绿色的知识产权制度与绿色知识产权的制度是包含关系，前者真包含后者，为了简洁表达以及保持与研究现状中话语体系的一致性，对于前者即"绿色的知识产权制度"，简化为"绿色知识产权制度"，而后者仍用原句"绿色知识产权的制度"表达，因此，本书中所提到的"绿色知识产权制度"，均指绿色的知识产权制度。

截至 2019 年 9 月 1 日，利用知网统计检索到提及绿色知识产权制度的文献 13 篇。且无一对绿色知识产权制度的内涵和外延进行讨论，也无对绿色知识产权制度的定义，现有研究主要集中于绿色知识产权制度部分内容构成的讨论。其中，国外对知识产权制度的"绿色化"变革研究起步较早，有学者提出绿色知识产权制度是对现行知识产权制度进行改革的结果，主要在财务上实现对技术创新者的专利帮助，有益于包括可再生能源技术在内的各种环境友好技术的有效分配和传播。中国郑友德教授最先讨论并尝试构建绿色知识产权制度的基本框架，提出内容应涵盖绿色专利、绿色商标和绿色版权，并下定义为"旨在激励绿色技术、文化和经营创新，其权利客体或载体在设计、生产、包装、运用、修理、回收、再造、销毁过程呈环保节能效果的知识产权制度"。[①] 目前，开展绿色知识

---

① 郑友德：《顺应环保要求的绿色知识产权》，《检察日报》2011 年 3 月 10 日第 3 版。

产权制度研究的学术研究中基本引用郑友德教授对绿色知识产权制度的定义。也有学者从制度功能与目标的视角出发,提出正如绿色知识产权创造目标的绿色性,绿色知识产权制度应该最大限度地致力于保护环境和缓解气候变化。① 从国际视角,关于绿色知识产权制度的基本内涵,可从世界知识产权组织(World Intellectual Property Organization,WIPO)的视角探寻。2009 年,"世界知识产权日"主题确立为"绿色创新",WIPO 总干事弗朗西斯·高锐(Francis Gurry)在致辞中论述了绿色创新在技术视角对环境保护的意义,强调了知识产权对于推进绿色环保技术、产品和品牌的重要作用。即 WIPO 旨在建立一套平衡的知识产权制度,从而助力绿色技术的传播与应用,通过推广绿色设计促进产品生命周期的环保性,鼓励创建绿色品牌引导消费者在消费选择上的环境知情与树立企业的绿色品牌优势,② 这一套平衡的知识产权制度所包含的内容也是绿色知识产权制度的重要内容。

目前大部分学术研究中并未提出绿色知识产权制度与知识产权制度属于何种关系,是隶属关系还是并列关系,且从现有研究中看,或作者并未关注此问题,或作者自己心中清明,但在写作中未予明确。绿色知识产权制度的产生方式可以有两种途径:一是在现行的知识产权制度之外创建一套单独的绿色知识产权体系;二是对现行知识产权制度进行变革从而增加生态环境保护功能与促进绿色创新的特殊设计。从现实性与科学性考量,在经历数百年发展的较为成熟的知识产权制度之外重新设计一套并驾齐驱的制度实非易事,也难以调和其与现行知识产权制度之间的运行关系,因此,绿色知识产权制度本质上应当是对现行知识产权制度进行"绿色化"转型后形成的改良制度,以知识产权基本法为核心,以相关法律、行政法规等法律法规为配套,共同构成。在绿色知识产权制度的定义方面,本书认为应在郑友德教授关于绿色知识产权制度定义的基础上进行一定限缩。目前,该定义中对节能效果的表述为其权利客体或载体在设计、生产、运用等过程呈环保节能效果,其中,未考虑权利客体或载体之一在各环节中呈现了环保节能效果,但是与其相对应的载体或客体为不利于节能环保或污染环境的状况。如将大量一次性木筷扎捆后在其上书写并创作了倡议大

---

① 陈琼娣:《清洁技术企业专利策略研究》,博士学位论文,华中科技大学,2012 年。

② [澳] 弗朗西斯·高锐:《WIPO 总干事 2009 年世界知识产权日致辞》,《中华商标》2009 年第 4 期。

家保护环境的作品，是否仍应属于绿色知识产权制度的保护范畴呢？故应在定义中排除权利客体或载体任何一方存在危害生态环境的情形。

（二）制度构成

1. 绿色专利制度

正如绿色专利是绿色知识产权的重要内容，绿色专利制度构成绿色知识产权制度的组成部分。绿色专利制度，即将绿色发展理念注入专利制度中，并通过具体规则构建形成具有绿色属性的专利制度，从而促进绿色专利技术的开发和研究，排除危害环境的发明创造获得专利授权。专利制度的建立提高了创新的私人收益率，激励了技术的不断创新。其核心功能激励功能，推动了新产品推广与运用①。绿色专利制度的建立则将激励绿色技术的不断创新与推广，从而推动绿色经济的繁荣。美国总统奥巴马已经采取措施以推动绿色能源领域的就业，通过绿色技术发展绿色经济，②拥有绿色技术领域的自主知识产权才会掌握未来生态经济社会的话语权。而我国面临着经济转型的压力，发展绿色经济是重要途径。③绿色经济发展的引领需要知识产权制度的支撑，而绿色专利制度将会激励绿色技术的不断创新与应用从而促进绿色经济的发展。但建立一套完整的绿色专利制度是一项复杂而又漫长的工程，包含从申请、审核、公开、授权到运用、保护等各环节的指引与规制。

2. 绿色商标制度

绿色商标制度构成绿色知识产权制度的组成部分，通过将绿色发展理念注入商标制度而形成，对绿色商标具有激励与保护作用，将资源浪费型、环境危害型产品与服务商标排除在商标法保护之外，激励企业提供绿色商品与服务。其中，制度调整对象包括不存在环境危害性的产品商标、服务商标、集体商标与证明商标。对于绿色产品商标、服务商标和集体商标，环保性应溯及商标所代表的产品或服务本身，而非仅限于商标的表达体现了绿色属性。而对于绿色证明商标，因其本身就是对商品与服务的品质考察，应规制绿色证明商标的使用许可规范，真正发挥绿色证明商标的

---

① 冯晓青：《知识产权法哲学》，中国人民公安大学出版社 2006 年版，第 269 页。

② 佚名：《奥巴马：发展清洁能源有利于促进就业》，2010 年 8 月 17 日，https：//www.chinanews.com.cn/ny/2010/08-17/2472031.shtml，2020 年 10 月 1 日。

③ 彭斯震、孙新章：《中国发展绿色经济的主要挑战和战略对策研究》，《中国人口·资源与环境》2014 年第 3 期。

生态社会价值,引导社会绿色消费。为在绿色消费中取得一定优势,现实中出现了部分不符合绿色标准的企业虚假宣传误导消费者的行为,即"漂绿"问题。企业在利益驱动下进行绿色营销,各商业主体用尽方式纷纷为自己披上"绿色"的外衣。绿色商标制度的建立,将全方位对"漂绿"行为进行规制,促进市场环境中的绿色生产、服务诚信化。

3. 绿色著作权制度

绿色著作权制度是绿色知识产权制度的重要构成内容,但与绿色专利制度、绿色商标制度存在显著差异。因专利权与商标权取得的申请授权性质,可以在行政环节对相应领域进行一定审查与设计。而著作权是因创作完成自然取得的,无法从权利产生源头进行分辨。因此,绿色著作权制度更多在于对绿色著作权的认定、绿色著作权激励以及绿色著作权与普通著作权的权利行使方面进行规制。即绿色著作权制度体现了绿色发展理念在著作权制度中的作用发挥,私人利益与涉及生态环境保护中的社会公共利益之间的平衡,绿色作品的创作激励,绿色作品的使用与推广,从而促进形成关注生态环境、节约能源资源的社会文化氛围。

4. 其他绿色知识产权制度

其他绿色知识产权包含绿色商业秘密权、绿色地理标志权、绿色植物新品种权等,其他绿色知识产权制度包含绿色商业秘密权制度、绿色地理标志权制度、绿色植物新品种权制度等。第一,绿色商业秘密权制度。传统商业秘密权制度"绿色化"转型后形成的制度体系。第二,绿色地理标志权制度。传统地理标志权制度"绿色化"转型后形成的制度体系,鼓励无污染、生态环境友好型产品的地理标志形成与规范。第三,绿色植物新品种权制度。传统植物新品种制度"绿色化"转型后形成的制度体系,充分考虑环境公共利益,关注生物多样性问题,鼓励无污染、生态环境友好型植物新品种创造。

(三)与知识产权法律制度"绿色化"的关系

从字义与语词内涵看,知识产权制度"绿色化"与绿色知识产权制度属于两个完全不同的概念,但从实质内容与构造出发,二者之间又存在多重联系。首先,从动静态视角看,知识产权法律制度"绿色化"既是一个动态概念又是一个静态概念,知识产权法律制度"绿色化"指知识产权法律制度由原来不符合或不完全符合"资源节约、环境友好、生态安全"的要求转变到符合或更符合"资源节约、环境友好、生态安全"

的要求，由原来不符合或不完全符合"生态文明的理念和生态文明建设的要求"转变到符合或更符合"生态文明的理念和生态文明建设的要求"，它既是一个动态转化与转向的过程，也指转化与转向后的结果。而绿色知识产权法律制度是静态概念，指被绿色描述与限定之后的知识产权法律制度。其次，从先位顺序视角看，绿色知识产权法律制度是经过知识产权法律制度的"绿色化"变革与转型之后所形成的制度样态。从前文可知，知识产权法律制度"绿色化"包括"从非到是""从局部到全面"以及"从非到较是""从局部到更多"，而绿色知识产权法律制度也包括"初步的""较全面的""全面的"三种程度。因此，知识产权法律制度进行一定程度的"绿色化"之后形成的是初步或局部的绿色知识产权制度，更深程度的"绿色化"之后形成的是较全面的绿色知识产权制度，而全面"绿色化"后形成的是全面的绿色知识产权制度。最后，从独立性视角看，绿色知识产权法律制度有内在的衡量标准，需要知识产权法律制度"绿色化"到一定程度才能构成相应程度的绿色知识产权法律制度。

　　本书所研究的知识产权法律制度"绿色化"，旨在反映 21 世纪中国的时代精神和时代特征中蕴含的生态意义甚至文化、哲学意味的绿色精神，以目前民法典中绿色原则的制度载体为基础，用中国视角并带着中国问题意识，走出一条致力生态文明建设、满足人民日益增长的美好生活与美丽环境需求的制度路径。本书希冀形成的绿色知识产权制度也是全面的绿色知识产权法律制度，是知识产权法律制度实现"绿色化"转型的制度结果，是与生态文明建设深度相融、符合绿色发展理念的知识产权法律制度。

第三章　现行知识产权法律制度存在的问题及"绿色化"转型需求

　　公共政策科学中知识产权制度就是公共政策体系中的知识产权政策，其表现形式包括法律法规、行政规定或命令、国家领导人口头或书面的指示、政府规划等①。法律制度是一个国家或地区的所有法律原则和规则的总称，是运用法律规范来调整各种社会关系时所形成的各种制度。本书所称知识产权法律制度是指由知识产权基本法、行政法规、地方性法规等法律规范调整知识产权相关社会关系所形成的制度，后文中所提到的知识产权制度均指知识产权法律制度。知识产权制度是近代商品经济和科技发展的必然结果。印刷术、造纸术等新技术的发明，蒸汽机的出现，是知识产权制度产生的技术因素；② 欧洲工业革命发生、生产力发展是知识产权制度产生的经济因素；欧洲文艺复兴是知识产权制度产生的文化背景；自由资本主义时期的社会状态，是知识产权制度产生的政治背景。西方哲学理论如洛克的财产权劳动理论、康德的自由意志理论等则为知识产权制度的产生奠定了理论基础。知识产权制度经历了时代发展，完成了从封建特许权（公权）到私权的嬗变，③ 在国际范围内获得了较为稳定的制度地位。但随着新的文明范式的到来，知识产权制度又体现了一定的滞后性，应对现实环境与需求，是未来知识产权制度发展的需要。

---

　　① 柯武刚、史漫飞：《制度经济学——社会秩序与公共政策》，商务印书馆 2002 年版，第 32 页。

　　② 杨发庭：《技术与制度：决定抑或互动》，《理论与现代化》2016 年第 5 期。

　　③ 杨巧：《知识产权法学》，中国政法大学出版社 2016 年版，第 24 页。

第一节　现行知识产权法律制度存在的问题

科学技术渗透在人类生活的各个角落，尤其是人类技术发展形成的现代技术，威慑力更强，相应工业化生产不断产生环境问题，使大自然更显脆弱，导致生态平衡的破坏。2007 年联合国政府间气候变化专门委员会第四次评估报告也表明，带来巨大威胁的全球性气候变化是人为因素导致的。[①] 而工业文明下的知识产权制度对新技术的保护作用，使高新技术产业得到高速发展，也正因为其中的高能耗技术、产生污染性物质技术等，在利用中使得生态文明遭到破坏。不进行生态性划分的技术对环境造成不可预计的生态性影响，或改善生态环境、节约资源能源，或破坏生态环境、浪费资源能源，这构成了环境友好型技术即绿色技术与危害环境型技术的划分。现行知识产权制度也存在双面性，其生态正效应促进生态文明的建设，生态负效应对生态环境保护造成负面影响。尽管我国越来越重视技术生态化变革以及生态经济的发展，但是在制度保障上却依然存在脱节，绿色知识产权制度尚未建立，现行知识产权制度仍以技术中立为基本价值核心，未体现对绿色技术、产品与文化的引导与激励。无直接法律依据，司法实践过程中便难以突破传统科技至上理念的桎梏，绿色的价值衡量很难进入法定裁量的范畴。

一　知识产权立法宗旨与原则未体现绿色发展理念

我国知识产权法是以各知识产权特别法的形式出现的，包含专利法、商标法、著作权法、植物新品种保护条例等，在各具体单行法中，立法宗旨与原则均未体现绿色发展理念，未关注社会发展进程中对人类生存影响重大的生态环境问题，未对急需全球合力解决的生态危机予以回应。专利法方面，《中华人民共和国专利法》（以下简称《专利法》）第一条规定立法宗旨和目标为"保护专利权人的合法权益，鼓励发明创造，推动发明创造的应用，提高创新能力，促进科学技术进步和经济社会发展"，是

---

① 政府间气候变化专门委员会：《2007 气候变化综合报告》，日内瓦：政府间气候变化专门委员会，2008 年。

以科技进步与经济价值为中心的规定，并未体现科技的价值取向与引导，对绿色与非绿色甚至破坏环境的发明创造未区别对待，甚至一视同仁地鼓励与保护，也将不利于未来司法实践中法官环保能动性的充分发挥。从环境保护的角度来看，《专利法》中缺乏与生态环境相关的原则条款，尽管《民法典》总则部分第九条规定了民事主体从事民事活动应当遵循的绿色原则，但概括条款的针对性有限，仍需要各分则以及单行法对本领域的重要事项进行特别规定。《专利法》中未对绿色原则进行明确与具体化将导致专利法领域的绿色原则针对性缺失，无法对专利活动主体进行有效指引，未来的法律适用中法官也很难基于生态利益的需要对有关条文进行灵活解释。

　　商标法方面，《中华人民共和国商标法》（以下简称《商标法》）第一条立法宗旨条款践行了商标管理价值中立的态度，围绕商标管理、商标权保护、商标信誉、消费者与生产、经营者利益阐述，也未体现绿色发展理念。对绿色生产、消费与攀比浪费型消费或消费异化未作区别对待与价值引导，对绿色商标与普通商标甚至不利于生态环境保护与资源节约的商标一视同仁地保护。《商标法》第七条规定了商标的申请注册和使用应当遵循诚实信用原则，商标使用人应当对其使用商标的商品质量负责，也未规定绿色原则。著作权法方面，《中华人民共和国著作权法》（以下简称《著作权法》）立法宗旨条款仍是典型的生态环境价值中立式表述，其中在价值引导方面为鼓励有益于社会主义精神文明、物质文明建设的作品的创作和传播，未涉及绿色发展理念、生态文明建设、生态环境保护等政策性导向内容，基本原则中也未明确绿色原则，导致后文在具体条款设计以及著作权制度内容上忽视了著作权制度对生态文明建设和绿色发展的促进作用。除此之外，其他知识产权立法也未体现绿色发展理念与绿色原则，如《中华人民共和国植物新品种保护条例》（以下简称《植物新品种保护条例》）立法宗旨除鼓励培育和使用植物新品种，还明确指出促进农业、林业的发展，具体条款上，在第十条和第十一条规定了对植物新品种权的限制，即不需经品种权人许可与支付使用费的情况和需要支付使用费的情况，基于强制许可进行的植物新品种实施。这些规定是兼顾公共利益的有效措施，却未关注生态环境利益、未体现绿色发展理念，导致在践行和维系生态系统平衡、保护生物多样性方面存在较多缺憾。

二 知识产权创造规则对绿色创新的激励不足

（一）专利授权标准与绿色专利创造激励问题

1. 专利授权标准缺乏生态环境限制

专利权是知识产权的典型形态之一，是依申请取得的知识产权，但审查中并未将存在危害环境、浪费资源现象的发明创造排除获得专有权保护。我国《专利法》第二十二条规定了获得专利授权的实质性条件，发明与实用新型专利为新颖性、创造性和实用性，外观设计专利是新颖性与区别于现有设计，并未涉及环境评价的问题，而专利法实施细则、专利审查指南等专利审查依据中也未体现生态环境性标准问题，更未涉及相应的环境审查步骤与机关。且纵观《专利法》及实施细则等文件的全部内容，也未提及对生态环境具有危害性的发明创造如何处理，是否可以进行专利申请以获得专利权。尽管《专利法》第五条规定了"违反国家法律、社会公德或者妨害公共利益的发明创造，不授予专利权"，但是此处的社会公德与妨害公共利益并未进行确切的立法与司法解释，生态环境利益是否构成社会公德与公共利益问题，以及生态环境危害性达到何种标准构成社会公德与公共利益问题，尚未确证。这样的专利法律制度，使人们在进行科技创新与发明创造时只关注技术进步性，而不考虑环境因素，难免产生更多的资源能源消耗大、对环境造成危害的技术，从而造成对生态环境的负面效应。即现行专利授予制度主要关注经济效应，以促进技术创新与进步为主要目的，并未顾及发明创造对生态环境与资源约束的影响，缺乏维护生态环境利益的技术创新引导机制和预防环境风险的具体措施。

2. 绿色专利创造激励不足

我国绿色专利申请目前主要集中在技术含量相对较低的领域，[①] 而在绿色技术领先国家纷纷建立激励绿色技术创新的快速审查制度情势下，我国更应当积极建立促进绿色技术创新的制度与机制，以激励绿色技术的产生以及尽快市场化与再创造。然而通过对我国全部法律、行政法规、部门规章以及部门规范性文件的检索，涉及绿色专利快速审查现行有效的规范性文件只有国家知识产权局于 2017 年 8 月 1 日起施行的《专利优先审查

---

① 刘雪凤、谌青青：《我国绿色专利法律调控机制研究》，《科技进步与对策》2013 年第 16 期。

管理办法》（以下简称《办法》），文本共十五条，包括制定背景、适用范围、申请条件及审理期限等。《办法》在生效的同时废止了 2012 年 8 月 1 日起施行的《发明专利申请优先审查管理办法》（以下简称原《办法》），是对原《办法》的全面修改。尽管《办法》在立法技术方面具有显著的进步，但是对具体绿色专利快速审查而言专注性却更低。如果原《办法》可以牵强地认为构成了我国的绿色专利快速审查制度，那么《办法》使这个牵强的存在变得更加模糊。

第一，对绿色专利申请的针对性不强。《办法》第四条规定了适用优先审查程序的范围，其中第一、二项涉及绿色专利的申请，相较原《办法》第四条第二项规定"涉及低碳技术、节约资源等有助于绿色发展的重要专利申请"可以予以优先审查，在发明专利领域明显缩小了享受优先审查待遇的绿色技术的范围。《办法》相较原《办法》淡化了绿色理念和环保性，对绿色技术的针对性变弱。根据我国 2015 年《战略性新兴产业发明分析总报告》，在 2010 年至 2014 年，我国在环保节能、新能源、新能源汽车等与绿色技术密切相关的行业的专利申请量达到 446215 件，绿色技术范围缩小，且又和国家重点发展产业以及地方重点鼓励产业等方面的专利申请一起等待专利审查部门的审查能力结余，最终能够坐上审查"快车"的绿色专利申请可谓少之又少。

第二，具体绿色技术的适用存在不平等之嫌。《办法》第四条第一项和第二项的规定涉及绿色技术专利申请的优先审查，即节能环保、新一代信息技术等国家重点发展产业中属于绿色技术的部分和属于各省级和设区的市级人民政府重点鼓励的产业中的绿色技术，也由此造成了绿色技术在专利申请中存在的不合理之处。一是同样是绿色技术，属于国家重点发展产业的可以申请优先审查，而不属于国家重点发展产业的则不可以申请优先审查，这对于环境公益这个特定领域的技术申请而言是不公平的。二是对于各省级和设区的市级人民政府重点鼓励的产业是存在差异的，地处不同的地市，将会产生绿色技术可否申请优先审查的重大差异。因此，难以有效发挥对绿色专利创造的激励作用。

第三，优先审查数量限制降低申请人的可期待利益。《办法》第六条规定优先审查的数量并不是固定的，而是根据国家知识产权局专业技术领域的审查能力、上一年度专利授权量以及本年度待审案件数量等因素衡量确定，从政府审查机构的服务能力以及确保授权质量方面考量具有合理性，但同时也存在两方面的问题。其一，不确定的数量限制不利于发挥《办法》的激励效应。目前国际上开通绿色专利快速审查通道的国家仅开展试点项目者在绿色技术的相关专利申请方面具有数量上的限制，并不具有长期性。而我国的《办法》是一个长期有效的部门规章，限制数量有碍于《办法》目标宗旨的实现。其二，绿色专利申请进行优先审查的数量具有可变性与随意性，造成了申请人可期待利益的降低，不利于《办法》的权威性和稳定性。

　　第四，前置程序可能造成实质的不公平。《办法》第八条规定了对涉及绿色技术的专利申请优先审查请求书应当由国务院相关部门或者省级知识产权局签署推荐意见，相当于规定了一个前置的程序。第一，尽管相较原《办法》第七条只能由省级知识产权局推荐且必须提交检索报告的程序简化了很多，但又增加了具体寻找哪个部门的不确定性问题。[①] 第二，由于目前各地区知识产权局差异较大，多数不具备审查专利申请的专业能力，进行初审并不能保障专利授予的质量，且省级知识产权局审查这一环节也可能会造成地方保护主义，延长整个流程的时间，降低审查效率。第三，《办法》未规定国务院相关部门或地方知识产权局的审查时间，即使对国家知识产权局的审查时限做出了明确规定，也仍然会造成整个程序期限上的不确定性。此外，《办法》实施后部分省市知识产权局作出了具体签署推荐意见程序的通知，如江苏省《关于办理专利优先审查申请事项的通知》中规定申请主体单位必须是本省注册的企事业单位或机关、社会团体，个人必须是具有本省户籍或居住证的个人，以原《办法》为基础出台相关办理程序的省市也均具有相似的规定；深圳市的要求更为严格，个人除常住人口户籍外还要求在本地工作、学习。[②] 因此，从主体的角度将排除许多不在当地注册的单位以及不具有本地户籍与居住证的个人，例如在国内无经常居所的外国人，将很难获得省级知识产权局的推荐意见，也造成了对申请主体的实质不公平。

----

　　① 国家知识产权局官网政策解读栏目中的《专利优先审查管理办法》解读，认定"国务院相关部门"是指国家科技、经济、产业主管部门，以及国家知识产权战略部际协调成员单位。

　　② 参见《江苏省关于办理专利优先审查申请事项的通知》（2017年11月20日）、《关于黑龙江省发明专利申请优先审查审核规程的通知》（2012年11月26日）、《关于办理发明专利申请优先审查事项的通知》（2016年7月25日）和《深圳市知识产权局关于办理发明专利优先审查的通知》（2012年8月2日）等。

第五，程序设计中缺乏相应救济条款。《办法》第九条规定了优先审查申请的受理以及国家知识产权局的通知义务，但后面的条款并未规定具体的责任以及请求人的救济途径。对于绿色专利优先审查请求人，实际存在两级的审查程序，即推荐意见的签署部门审查和国家知识产权局的审核。当国务院相关部门或地方知识产权局在初审中不予推荐，申请人无法像专利驳回的专利复审申请一样获得相应的救济。如江苏省知识产权局通知对绿色技术专利申请的推荐将根据国家知识产权局当年分配给江苏省的专利优先审查数量进行推荐，具体原则方面只提到根据江苏省专利申请实际，重点推荐发明专利申请，在推选上具有很强的不确定性，申请主体很难把握标准以确定自己是否耗费时间、精力以申报。即便进入国家知识产权局的申请，按照《办法》第十二条规定的内容，如果国家知识产权局审查未通过，技术方案将会转为一般审查程序，而请求人也无相应行政救济途径可以选择。

（二）绿色商标管理与所附着的商品或服务分离

绿色商标向消费者传达产品或服务的生态环境友好性，绿色商标的使用体现了环境友好理念。① 在消费者越来越注重品牌的社会发展进程中，品牌商标"绿色化"转向的增多，不仅有利于刺激消费者的绿色消费，更能不断克服消费异化行为，促进人与社会、自然的和谐发展。我国实行商标注册制，商标注册条件为标志的显著性与非功能性以及标志的合法性等。我国法律法规定的商标类型包括四类，商品商标、服务商标、证明商标和集体商标，除证明商标的使用需要证明该商品或服务达到特定的品质要求外，其余商标只关注商标的标志本身，而不审查商标所代表的商品或服务的具体内容与品质，从而导致只要符合注册条件的商标即可被注册，商标注册中出现的许多绿色、生态、环保等字眼只是为标识而标识，与产品、服务无任何关联，甚至商标背后所承载的商品或者服务存在危害生态环境、浪费资源能源现象，传递过度包装与消费的理念，按照现行法律规定依然可以被注册为含有"绿色、清洁"等字词的商标，即绿色商品商标、绿色服务商标和绿色集体商标。而绿色证明商标方面，在商标的申请与许可使用方面，缺乏有力的监管机制。《商标法》第十条规定的各类不得作为商标使用的标志中，第八项为有害于社会主义道德风尚或者有

---

① 吴安新、高静：《论产品"漂绿"行为的规制》，《生态经济》2015 年第 8 期。

其他不良影响的，但倡导资源浪费、肆意破坏生态环境、引导消费异化等各类型的消费是否属于有其他不良影响的类别依赖于个案的审查，法律法规或司法解释中未进行明确界定使得商标注册与未来司法实践中缺乏直接依据及基本标准，不利于绿色发展。除法律规定的四类商标之外，在我国可以通过司法审查程序认定某商标是否属于驰名商标，驰名商标相较普通商标的社会影响力更大、价值传递力更强，然而驰名商标的认定规则中也并未涉及生态环境考察，错失了引导绿色消费的良好机会。同时，由于法律规定缺失、监管不足等原因，导致社会中出现的大量"漂绿行为"未得到有效规制并逃离应然责任承担。

（三）版权作品的绿色忽视与淡漠

党的十八大报告强调要增强生态产品的生产能力，其中生态产品包括物质形态的产品与非物质形态的产品，而无论是物质形态还是非物质形态均与版权密切相关，如绿色建筑、绿色雕塑作品、绿色模型作品等属于物质形态的生态产品，绿色文字作品、绿色电影作品、绿色音乐作品等属于非物质形态的生态产品，在著作权视阈下，生态产品即生态作品，鉴于文字表达的一致性考虑，本书统一使用绿色作品的表述。而无论是绿色作品的呈现还是生态文明建设的文化理念与生活方式引导，都需要著作权法律制度的作为，以促进文化产业的发展与潮流方向契合生态文明建设。但著作权法中著作权的取得采取自动保护原则，在取得方面对著作权的生态性衡量无法限定。因此只能在权利的行使方面进行引导与限制，而《著作权法》第四条规定的著作权人行使著作权不得损害公共利益，与专利法、商标法的相关规定相似，生态环境利益是否符合本条所称公共利益尚不明确。

三　知识产权运用规则限制绿色技术的转移转化

（一）危害环境型技术得以扩散

环境法中环境评价制度的评价对象限于规划或者建设项目，专利技术的应用与推广如果未构成环境法中的规划或建设项目标准，则无须进行强制性评价，而事实上，专利技术或著作权作品所呈现的技术中很多对生态环境具有负面效应，甚至控制不足可能造成重大环境事故，却属于法律规制的空白状态。且当危害环境、浪费资源型知识创造获得专有权保护，在知识产权越来越得到重视的知识经济时代，披着"专利的外衣"可以更方便地进行推广应用，对生态环境造成不可逆转的损害。在商业谈判与合作过程中，对一个企业或项目的评价往往侧重于考察其知识产权情况，对于有知识产权附加的技术和项目更容易得到投资者与需求者的青睐，进而投产推广应用。而著作权制度作为作品创作完成即自动获得著作权的制度，对作品内容的监管只能依赖于作品出版与传播方面的审查，而根据我国《著作权法》第四条的规定，著作权行使行为被限制的条件为违反宪法、法律或损害公共利益，其中法律当然包含环境保护法，而造成公共利益损害的重大环境危害也涵盖其中。但现实生活中作品类型多种多样，很多作品的影响力巨大，而技术的不断进步更是带来了更多环保性不明的新材料运用，如此笼统的释意并不能促进著作权行使的绿色原则践行。如一些由工业废弃物组成的雕塑作品，由含有毒有害物质的材料做成的实用工艺品，由不符合环保标准的建筑装修材料构成的城市现代建筑，引导公众肆意浪费、无视生态环境和生态系统、营造使用动物真皮制品潮流的影视作品等，单纯引用《著作权法》第四条的规定在行政监管及司法实践中很难把握衡量基准，导致大量危害环境的作品在社会广泛使用、流传，影响力不断扩大与深化。

（二）绿色技术的高效扩散受到限制

绿色技术作为具有资源、能源节约效果，有利于治理环境污染与改善生态环境的技术，对生态文明建设与人类可持续发展具有重要支撑作用。对于已申请授予相应知识产权的绿色技术，转移转化存在特殊的限制，权利主体需要在技术运用中得到应有的知识产权利益，而如果需求主体无法支付巨大的代价去购买绿色技术的知识产权，绿色技术转移转化就很难实现。而国际上绿色技术的专利分布并不均匀，部分发达国家掌握了多数绿色技术专利，在相应知识产权流转中具有绝对的话语权。导致大多数国家在使用具有知识产权的绿色技术之前，需要先通过商业谈判来获得技术转让或取得许可，商业谈判的复杂性往往带来较为漫长的等待期，在一定程度上减缓了绿色技术推广和应用的速度。[①] 且一般情况下，绿色技术的主要拥有者还是私营部门，多数以纯粹营利为目的，应用专利权来使自己获益而排斥竞争对手是他们更为关心的内容，在缺乏有效机制的情况下很难愿意允许其竞争对手使用其绿色专利技术。更可能出现的情况是，为了打

---

① 徐升权：《适应和应对气候变化相关的知识产权制度问题研究》，《知识产权》2010 年第 5 期。

击竞争对手，他们会想方设法地排斥绿色技术的广泛传播，通过各种途径限制竞争者的相应绿色技术使用。而目前促进绿色专利技术转移的有效机制尚未建立，法律法规中未设立具体的激励与促进机制，大量的绿色专利技术难以惠及广大社会群众。对绿色技术、产品、作品等客体的知识产权专有权进行的权利限制中，强制许可、合理使用等特殊运行规则均未列明生态环境公益的情形。如专利强制许可问题分别在《专利法》《专利法实施细则》《专利强制实施许可办法》等法律法规中进行了相应的规定，其中包括基于公共利益目的的强制许可，但由于未确定公共利益的具体内涵与外延，在基于生态环境公共利益的专利强制许可方面实施性不足。

四　知识产权保护规则造成生态安全等环境问题

知识产权与生物多样性保护存在潜在冲突。知识产权的保护激励新物种的研发、创新，促使极少数"精英"品种取代传统品种，而品种必须具有一致性的要求促使培育者减少他们培育的作物品种内部的遗传多样性，对传统品种的淘汰也导致物种种类骤降，进而破坏物种的多样性结构①。以传统中药的知识产权保护为例，一些野生的纯天然药物生长周期长、生长环境恶劣，故其成本较高，很难普遍地适用于社会公众。同时在知识产权专有权利的激励之下，这类药物被大量的人工培育、繁殖和栽种，不断地促进植物性状的一致性，从而淘汰性价比较低的品种，通过推广适用获得市场垄断。在达到一定规模与市场依赖性之后，植物品种权利人会提高授权使用门槛与费用，从而导致种植与购买的成本增加。而与传统医药有关的野生植物和动物品种在品质和药用价值上比人工品种高，又反过来因无知识产权保护人工与技术成本相对较低，形成高性价比，使其被过度开发和盗猎等，如此反复循环，造成生物多样性遭到破坏，甚至影响当地生态系统的平衡。即知识产权只保护即时创新而不重视经过历代农民选种耕种与自然淘汰过程中积累的遗传资源与传统知识的规则，是造成生物多样性减少、生态环境脆弱的制度根源。

根据 TRIPs 第二十七条第三款第二项的规定，WTO 成员在符合一定的条件下，可以排除植物或动物品种本身获得专利保护的条件，但非生物及微生物的主要产生方法则可予以专利保护，且植物品种可使用专利或有

---

① 史学瀛：《生物多样性法律问题研究》，人民出版社 2007 年版，第 213 页。

效的特别法规或两种组合方式予以保护。关于 "非生物及微生物的主要产生方法可予以专利保护"，发展中国家认为，这一规范可能会阻碍成员防止引入或应用基因技术的能力，由此导致破坏环境。非生物及微生物的产生方法主要应用于现代生物技术即基因技术或环境危险技术领域。尽管现代生物技术为人类解决食品、药品及环境等问题开辟了新的途径，其已被广泛应用于农业、林业、药品、水产、食品及环境等行业，但若应用不当可能会对地球物种及生态系统的平衡乃至于人类健康构成威胁。农作物的专利保护，推动新技术尤其是杂交单倍体植物、转基因植物的盛行，这些植物因其本身的不可繁殖性或种质资源种植力较低，以及专利权保护对留种种植的权利排除，品种无法得到自然延续和耕种自由选择，影响生态链上的其他动植物生存，长此以往容易造成生态系统的失衡。

第二节　知识产权法律制度的 "绿色化" 转型需求

现行知识产权法律制度存在的诸多问题，使知识产权制度在生态环境保护与生态文明建设中难以发挥其应有的促进功能，人类文明范式转型与我国社会发展现实的客观需要构成知识产权法律制度 "绿色化" 转型的客观基础。深度与全面的 "绿色化" 带来知识产权法律制度从理念、价值到原则、规则的全面转向，实现知识产权法律制度的 "绿色化" 转型。而知识产权法律制度在生态环境促进效应与生态文明建设保障方面体现出了 "绿色化" 转型的必要性与紧迫性。

一　发挥知识产权制度的生态环境促进效应

自工业文明时代以来，在生产力高度发展的过程中人类数十年如一日地对自然资源进行掠夺式挖掘，导致产生了一系列生态危机。而人类活动造成的问题也应着力找到解决方案。技术是一把 "双刃剑"，既可以引发新的污染及危害形式，也可以用于放缓人类对有限资源的消耗速度、治理已经形成的环境污染。[①] 顺应自然只能在现有基础上减少破坏与消耗，而改善已有的污染最直接的方式还是以技术活动的方式进行。在全球环境问

---

① 世界环境与发展委员会：《我们共同的未来》，吉林人民出版社 1997 年版，第 6 页。

题日益突出的时代背景下，通过绿色创新解决环境问题已成为国际社会的一股潮流。促进技术高速发展的制度激励机制正是知识产权制度。肇始于工业文明时代的知识产权制度，激励时代背景下的技术与作品，高能耗、高污染的技术也属于保护之列，极大地促进了当时的社会发展，然而，随着文明范式的转型、生态文明时代的到来，知识产权制度开始更多地凸显其制度激励的双面性，在技术与作品保护方面具有生态正效应与负效应。只有在现行知识产权法律制度的基础上进行"绿色化"转型，才能充分发挥知识产权制度的生态环境促进效应。

首先，知识产权制度关注的核心在于知识资源的开发与利用，有益于减少对物质产品的追求与消耗。《国家知识产权战略纲要》"序言"中强调，知识产权制度是开发和利用知识资源的基本制度，大力开发和利用知识资源，有利于转变经济发展方式，缓解资源环境约束，满足人民群众日益增长的物质文化生活需要。实质上，知识产权法律制度虽然产生于工业文明时代，以技术中立认知为基础产生，但其本身特有的属性所产生的部分效应对生态环境具有正面促进作用，有利于推动生态文明的建设。知识产权制度是激励创新、保护智力成果的制度，关注核心在于知识资源的开发与利用，在知识产权专有权利的利益驱动下，更多的主体投入知识创造中，减少对物质材料的消耗。促进经济由自然资源依赖向人力知识资源依赖转型。同时版权发展促进产生的大量文字、影视、摄影、美术等作品极大地丰富了人们的精神世界，从而减少对物质产品的过度追求，是生态文明建设的重要表现形式。

其次，知识产权制度激励的普适性也同样促进绿色技术、产品的创新与推广。绿色技术创造方面，通过确立环境友好型技术创新者的专利权，保障专利权人的基本权益，从法律上阻止无代价的抄袭、模仿和制造。通过绿色技术创新专利申请优先审查程序可以激励环境友好技术创新，确保环境友好型技术创造者尽快取得专利权，延长专利权的保护期限，激励环境友好型技术的创新创造。同时，专利制度可以通过不授予危害公共利益的技术获得专利权，不赋予危害环境技术创造者法律专有权，技术创造者无法得到相应权益。绿色产品与服务提供方面，知识产权制度有利于促进市场主体增强对环境保护的关心、激励企业提供更多绿色产品与服务。企业往往根据资本的逻辑进行营利活动，不具有对环境关心的主动性。通过社会公众对企业主体的评价导向与利益关联，市场主体才会将更多的资本投入绿色产品与开发创造。

最后，知识产权制度的保障作用有利于绿色技术的公开与交易。知识产权法律制度对知识产权的专有权保障，促进发明创造主体愿意将自己的发明创造公之于众，从而使得最新的科研成果能够被人们尽快了解，减少重复研究造成的资源浪费。尤其是对于绿色专利而言，市场需求方可以根据公开的专利文件发掘自己的需求技术，根据信息公开联络专利权利人，进而进行技术交易或许可使用授权的洽谈。就技术发明方而言，如无专利保护，技术提供者只能依合同要求技术接受者保密。而依合同进行保密存在多重风险，尤其是对于较易模仿的技术方法更是难以控制。因此，知识产权法在环境友好型技术对传统技术的更新方面具有促进作用，在商业洽谈顺利的情况下可以加快和保障环境友好型技术的转移和成果转化。

生态环境的改变主要受人类生产、生活的影响，知识经济时代，无论是生产还是生活，都离不开技术与文化，而技术与文化的知识产权保护均归于知识产权法的调整。因此，"绿色化"是知识产权法的地位和作用使然。知识产权法律制度的"绿色化"转型对于促进绿色技术的创造与传播利用、预防技术发明可能产生的环境风险、推广绿色作品与设计、创建绿色品牌，从而实现经济社会的可持续发展具有重要意义。例如，传统的专利制度对技术的激励不具有价值导向，绿色与非绿色技术均会得到激励创新与发展，但是实现"绿色化"转型的专利制度，则是促进绿色技术创新的催化剂，可以进一步深度激励绿色技术创新，促使其权利客体在设计、生产、运用、回收等全过程呈现环保节能效果。在此基础上，促进绿色产品生产者与消费者的共同受益，进入良性循环，近年来已经有许多企业将绿色作为一种增值和商业策略。[①] 商标制度的"绿色化"转型方面，可以促进清洁生产、强化生产者与服务者的节能环保意识、引导绿色消费，是将生态环境保护目标转化为市场经济刺激与创新发展的有效方式，促进经济社会的可持续发展，优化人与自然的关系。

二　消除知识产权制度的生态环境负面效应

肇始于工业文明时代的知识产权制度在激励创新与保障交易安全方面

[①]　彭衡、李扬：《知识产权保护与中国绿色全要素生产率》，《经济体制改革》2019 年第 3 期。

未体现生态价值，忽略了生态安全，使生态危机成为不受法律调整的外部问题，公地悲剧就是对人类环境危机的经典隐喻。目前，知识产权法律制度中从立法宗旨与原则，到具体知识产权创造、运用、保护规则，均未融入生态价值与绿色发展理念，在技术中心的价值基础上进行知识激励与相应社会关系调整，导致一些对生态环境具有危害性或负面效应的技术、作品或商品、服务在法律制度的激励保障之下不断得以产生与应用。知识产权制度不能为知识产权的创造、行使、保护设置必要的价值激励与限制，从而协调环境保护公法的外在限制与知识产权私法的内在约束之间的关系，将使得生态文明建设桎梏重重。

在知识产权创造方面，专利授权规则缺乏对危害环境类技术的客体排除，从而导致对环境具有不利影响或对资源能源造成浪费的技术获得专利授权，在专利外衣的障眼之下更易获得融资与技术推广应用，对环境造成危害，而同时在绿色技术激励方面又无稳定有效的制度建设，无法引导人们在进行发明创造的过程中考虑生态环境因素，将发明创造对生态环境的影响置于重要位置。商标注册与管理制度中商标与商品的分离，导致很难通过对商标的注册授权与对商标权的管理获得对商品与服务的监管，绿色商标往往并不代表着绿色产品，反而造成绿色产品市场的混乱，甚至存在"漂绿"行为，对引导形成绿色消费造成阻碍。在知识产权运用方面，专利权的专有权保护，使绿色专利权人具有绝对的排他性权利，往往越是技术核心的绿色专利价格越高，且权利所有人具有绝对定价权，导致社会公众对该绿色技术的使用必须获得专利权人的许可并支付高昂的对价，否则将造成侵权。而现实中，尤其是关键技术领域取得与专利权人的联系并获得许可并非易事，技术垄断与私有权性质决定了绿色专利在许可中遵循绝对的利益控制，使得许多对生态环境具有重要改善效果的专利技术难以在生产生活中被广泛应用。在绿色作品传播方面，也存在同样的问题，不利于生态环境保护的作品与生态环境友好型的绿色作品在应用传播中具有同等地位，造成不利于生态环境保护的作品获得应用传播，影响人们正确生态环境观与环境保护理念的确立。在知识产权保护方面，存在知识产权与生物多样性保护的潜在冲突，知识产权保护制度中绿色原则的缺乏导致知识产权保护对生态系统的自然平衡造成影响。

在技术、产品与作品现实层面，当受知识产权法保护的客体对生态环境、自然资源产生破坏与威胁时，现实需求要求知识产权法律制度适应社会实际的发展，进行"绿色化"变革以排除知识产权客体的环境威胁。法治方面，德国、瑞士、荷兰等国的民法典修订过程中融入环境保护理念，使得民法典逐渐"绿色化"，我国《民法典》总则部分第九条也设立了节约资源与保护环境的绿色原则。知识产权法律制度的"绿色化"转型，就是通过"绿色化"变革形成绿色知识产权制度，对保护客体、调整范围、权利行使原则等各方面进行"绿色化"优化，进而消除现行知识产权制度对生态环境保护的负面效应。在知识产权创造方面排除危害生态安全的技术获得专利权、规制环境商标的应用、限制危害生态安全作品的传播，从源头上遏制具有生态环境危害性与造成资源能源浪费的发明创造、商品标志与版权作品等知识产权客体的产生；在知识产权运用方面，危害生态安全型知识产权客体无法广泛扩散、绿色技术知识产权得到有效转移转化、基于生态环境公共利益可以获得合理使用与强制许可；在知识产权保护方面，传统知识、遗传资源、传统医药资源得到有效保护，知识产权保护对生物多样性的破坏得到有效遏制。

三 深度融入生态文明建设的制度保障体系

生态文明形态的产生是人类对传统尤其是工业文明形态深度反思的结果，从对自然的征服掠夺式发展转向关注人与自然、社会的全面可持续发展，工业文明向生态文明范式的变革是人类可持续发展的必然趋势。"推进生态文明建设"也是中国特色社会主义事业的重要内容，中国共产党的十七大报告首次提出"建设生态文明"，并确立为国家发展战略。党的十八大报告进一步提出"大力推进生态文明建设"，要求置于突出地位，融入经济、政治等其他方面建设的全过程，努力建设美丽中国，实现中华民族永续发展。2015 年 4 月 25 日，中共中央、国务院发布的《关于加快推进生态文明建设的意见》则对生态文明建设做了进一步战略部署，提出培育生态文化是重要支撑，强调要加强重大科学技术问题研究，开展能源节约、资源循环利用、新能源开发、污染治理、生态修复等领域关键技术攻关。党的十九大报告提出中国特色社会主义进入新时代，并明确指出"建设生态文明是中华民族永续发展的千年大计"。在生态文明建设进程中，推动科技创新与培育生态文化是必由之路，激励科技与文化创新的知识产权制度与生态文明建设之间存在密切关联。

（一）知识产权制度的价值追求与生态文明建设契合

生态文明作为 21 世纪的新型文明形态，旨在实现从人与自然失调发展的行为准则向人与自然协调发展的准则变革，最重要的理念是强调人与自然的协调可持续发展。① 随着生产力的不断发展与生态危机的出现，人类生活生产水平不断提高，逐渐认识到生活生产的发展与需求不能破坏原有的生态利益，不能剥夺享受美好生态环境的资格。曾经的工业文明时代人类长期杀鸡取卵式地征服自然的发展，产生了全球性气候变化与生态危机，发生了接二连三的重大环境污染事件，对人类生存造成极大的威胁，至今仍有大量人群饱受环境污染事件带来的折磨，除却影响范围广、强度大的重大环境污染事件，人们日常生活的空间也很少恢复到曾经的碧水蓝天，持续的雾霾对人类生活造成很大的困扰，无论是直接造成的呼吸系统疾病还是间接影响的各类抑郁症状，使人们的生活质量一再降低。走出生态危机的泥淖，必须重新审视人与自然的关系，从根源上改变发展观念，树立全新的生态文明观。生态文明以人与自然的统一为基础，以绿色技术为手段，以人对自然的自觉关怀为准则，以先进的生产方式和合理的社会制度为保障，致力于现代化的生态建设，提升生态环境质量。② 生态文明的建设就是从以人类为中心的纯经济发展向以生态系统为核心的人与自然和谐发展转向。

知识产权法的终极价值目标，是实现个人价值与自然、社会的和谐发展，一方面促使创造者（所有者）、传播者、使用者和社会公众的利益得以协调，另一方面更使人、社会和自然之间保持和谐状态。③ 促进人、自然和社会之间和谐发展的价值就是生态文明建设的基本价值内核。中国共产党的十九大报告中指出，坚持人与自然和谐共生，并将其作为新时代中国特色社会主义发展的基本方略，是建设美丽中国的思想指引和实践遵循。人类的生产活动不仅使得人与自然环境之间产生互动与联系，同时也促使人类自身以及自然环境发生改变，从而使人与自然构成了生命共同体。生态文明建设就是以这种生命共同体为基础，依循自然生态与经济发展、社会民生有机融合的道路。解决我国一切问题的基础和关键要靠发展，而发展理念是发展行动的先导，坚持生态文明建设，就是要坚定不移地走绿色发展之路，就是要坚持践行绿色发展理念指导下的实践，建设人

---

① 高俊涛：《构建海洋环境救助报酬制度的正当性研究——一个法律生态化的视角》，《中国海洋大学学报》（社会科学版）2018 年第 6 期。

② 秦书生：《复杂性技术观》，中国社会科学出版社 2004 年版，第 130 页。

③ 张德芬：《知识产权法之和谐价值的正当性及其实现》，《法学评论》2007 年第 4 期。

与自然和谐共生的现代化,以实现中华民族的永续发展。[①] 因此,知识产权法的终极价值目标与生态文明建设坚持的价值理念、发展目标高度契合。

(二) 知识产权制度的功能符合生态文明建设的需求

中国特色社会主义进入新时代以来,高度重视生态文明的制度建设,其中相关绿色制度建设是重点任务,包含绿色经济制度、绿色文化社会制度建设等。[②] 绿色经济制度方面,发展绿色、低碳与循环经济需要有绿色产权制度做保障,绿色科技创新需要绿色知识产权制度做支撑。而绿色知识产权制度,需要通过知识产权制度的功能发挥促进绿色技术发展与绿色标志完善。[③] 绿色文化制度建设方面,无论弘扬绿色价值理念还是发展绿色文化事业,都离不开版权制度的保障。知识产权制度本身具有的功能与生态文明建设的制度功能需求相一致。

第一,知识产权法律制度具有对科学技术和文化事业的激励功能,不仅激励普通科技与作品创新创造,也能够激励绿色科技的创新与绿色作品的创作,促进绿色产业的发展。知识产权法律制度保护发明创造者的人身权利和财产权利,从精神和物质两个方面鼓励人们积极从事发明创造,从而促进更多的科技成果和文学艺术作品源源不断地涌现,推动国家的科学技术水平迅速提高,既是对知识产品创造者个人价值的承认,也是激励投资的手段。生态文明建设需要在绿色发展理念的践行下,多产生有利于改善生态环境以及节约资源能源的技术与产品,多创作鼓励人们保护生态环境的作品,而这样的激励功能恰恰是知识产权法律制度的基本功能之一。

第二,知识产权法律制度通过对智力成果权确认的功能发挥,可以实现对危害环境或改善环境的特定技术或言论的追溯。智力成果是在物质条件的保障下,创造性智力劳动的成果,归属于为其完成付出智力劳动和物质投入者。而由于智力成果的非物质性、无体性特征,不依据法律规定的

---

① 邓喜道:《人与自然和谐共生的三重意蕴》,2019 年 10 月 14 日,http://theory.people.com.cn/n1/2019/1014/c40531-31397754.html,2020 年 10 月 6 日。

② 黄娟:《新时代社会主要矛盾下我国绿色发展的思考——兼论绿色发展理念下"五位一体"总体布局》,《湖湘论坛》2018 年第 2 期。

③ 王毅、苏利阳:《创建生态文明的制度体系——〈2014 中国可持续发展战略报告〉概述》,《科技促进发展》2014 年第 2 期。

程序和条件，创造者很难取得知识产权并行使其权利，同时，无知识产权法律制度的确认，也很难定位智力成果的归属者。生态文明建设过程中，无论对环境友好型技术、产品或作品产生的激励、鼓励，还是对危害生态安全技术、产品、作品产生的处理、惩治，首先需要确认技术或作品的创造者与权利归属者。对于依申请产生的知识产权，如专利、商标，国家会统一制作发放权利确认证明，而对于著作权、商业秘密等依法自动产生的知识产权，也有相应的权利认定规则，这种对无形智力成果权的确认功能，是知识产权法律制度的基本功能之一。

第三，知识产权法律制度利益调节功能，通过对专有权进行适当限制，以促进社会发展。如对违反法律、社会公德或者妨害公共利益的发明创造，无法取得专利权；在涉及公共健康问题时，可以对药品专利实施强制许可；著作权受到合理使用、法定许可使用、强制许可使用、权利保护期限等限制。生态文明建设，需要通过制度建设调节平衡社会个人与社会公众之间的利益关系，以包括人类在内的生态总系统为基础，调控各方需求与占有。知识产权法律制度的利益调节功能与生态文明建设的制度功能需求相一致。

第四，知识产权法律制度具有对社会、自然资源进行有效配置的功能，增加一些绿色原则和具体规则，可以促使优质资源集中于绿色创新方面。知识产权法律制度使得知识成为知识产权，从而能在市场经济条件下由"看不见的手"进行资源配置，在实现知识资源优化配置的同时，对自然资源和社会资源发挥有效配置的功能。生态文明建设中，需要将更多社会、自然资源向改善、保护生态环境、节约资源能源领域投入，从而在利用同样的社会资源投入、产生同样的生产生活效果的情况下，更少地消耗自然资源、更少地产生废气废水与固体废弃物。知识产权法律制度对社会、自然资源的有效配置功能与生态文明建设的制度资源配置保障功能要求相一致。

最后，知识产权法律制度不仅促进普通知识产权的交流贸易，对于世界范围内产生的绿色技术与作品，同样也具有促进国际贸易的作用。当今世界，一个国家要想自立于世界民族之林，就必须大力发展对外经济技术交流，引进外国的新晋技术和管理经验，发展对外贸易，促进创新能力的提高。生态文明建设，需要更多的绿色技术、绿色作品做支撑，倡导绿色创新创造，而吸收世界先进绿色经验、促进世界绿色技术交流与先进绿色技术应用无疑是经济全球化、构建全球命运共同体背景下的必然选择与要求。知识产权法律制度的促进国际知识产权贸易与交流功能，契合生态文明建设对创造国家与世界绿色经济合作和文化交流条件的需求。因此，知识产权制度具有的对科学技术和文化事业的激励功能，对智力成果权的确认功能，对个人利益和社会公共利益的调节功能，对社会、自然资源进行有效配置的功能以及促进国际合作和知识产权贸易的功能，符合生态文明建设的制度功能需求。

（三）生态文明建设的制度保障体系需要知识产权制度支持

中共中央、国务院印发的《关于加快推进生态文明建设的意见》确定了生态文明建设是党和政府的行动纲领。[①] 生态文明建设要求建设资源节约型与环境友好型社会，基本动力是科技创新与生态文化培育。生态文明建设与知识产权制度的关系可以总结为知识产权制度是生态文明建设的重要制度保障，生态文明建设的可持续发展与绿色发展要求是知识产权制度的发展方向。知识产权制度作为科技创新与文化培育领域的制度保障，也应进行"绿色化"转型，以适应与推动经济与文化的转型。同时，知识产权法律制度在促进科技进步与社会经济发展方式转变中发挥着重要的战略作用，不进行知识产权法律制度的"绿色化"转型也将影响科技进步在生态文明建设中的引导与支撑作用，阻碍绿色经济的形成与发展，影响绿色发展。

在知识经济化、经济全球化的今天，知识产权制度对生态环境保护的促进作用日益凸显，目前国际上已有将生态环境保护作为版权合理使用抗辩的司法判例，[②] 也有将生态环境保护理由作为拒绝颁布专利使用禁令的司法案例，生态环境利益在知识产权领域的全面关注具有适用经验。但我国作为大陆法系国家，只有通过制定法的引导与保障，才能充分发挥知识产权制度的生态环保功能，激励绿色技术创新创造，促进绿色作品的创作与应用，引导绿色消费，从而在未来的国际竞争中处于有利地位。生态文明的建设需要制度保障，生态文明建设中的国家环境保护需要建立健全相适应的技术法规体系，为生态环境保护的管理、监督与执法提供技术与法

---

① 董光耀：《绿色化：生态文明建设新内涵》，《中国投资》2015 年第 6 期。

② Derclaye E., "Of Maps, Crown Copyright, Research and the Environment", *European Intellectual Property Review*, 2008, 30（4）: 162-163.

治保障。① 而生态文明建设中文化、科技甚至商品、服务方面的生态化引导均离不开知识产权法律制度，包括对绿色技术创造与应用、绿色作品创作与传播、绿色商品与服务的提供、绿色植物与食品的开发与提供、绿色地理标志产品的生产等影响生态环境的行为与产品的激励、引导与促进，对不利于生态环境的发明创造、作品、产品等内容的限制等，知识产权法律制度应当是生态文明建设制度保障的重要组成部分，为生态文明建设保驾护航。

　　然而现行知识产权法律制度中因在价值与具体规则体系方面均秉持技术中立的理念，未充分发挥知识产权制度的生态环保功能，难以很好地发挥生态文明建设善法功能。因此亟须进行知识产权法律制度的"绿色化"转型，消除现行知识产权法律制度中对生态环境存在不利影响的内容，进一步强化其对生态环境保护的促进效应，从而通过文化、科技、商品、服务的影响作用促进经济发展方式转变与经济转型，更好地为推动生态文明建设、贯彻可持续发展战略与绿色发展理念提供制度支撑。知识产权法律制度进行"绿色化"转型以融入生态文明建设的制度保障体系，不仅有利于促进国家环境保护领域重大技术与装备创新产业计划，提供环保事业的产业重点技术支撑，提升生态环境科学管理的技术能力，还为改善生态环境、节约能源资源、维护生物多样性与生态系统平衡的实现提供可靠的技术与法治保障。

---

　　① 周生贤：《探索中国环保新道路要着力构建强大坚实的科技支撑体系》，2011 年 2 月 28 日，http://www.gov.cn/gzdt/2011-02-28/content_1812533.htm，2020 年 9 月 10 日。

第四章　知识产权法律制度的
"绿色化"转型基础

第一节　知识产权法律制度"绿色化"
转型的伦理基础

　　从本真意义上讲，法律与伦理、法律与道德是双向需要、内在契合的，伦理道德是法律的底蕴和价值皈依。伦理是法律的条件，也是法律的目标。[①] 随着社会生活的多元化、多样化、复杂化和社会事务的日益繁杂，法律条文也"汗牛充栋"、多如牛毛，然而，一旦人们道德观念缺失，相对于法律的"道高一尺"则可能出现违法犯罪的"魔高一丈"现象，以此为突出特征的法律现实不仅在方法论意义上要求伦理道德外在地支撑法律，而且在本体论意义上要求伦理道德构成法律的内在要素和底蕴。[②] 对知识产权法的伦理审视也是以法律与伦理的本质联系为前提，即法律的发展受伦理观念的影响，任何法律只有反映主体的伦理价值追求才能被社会所普遍接受与认同，成为具有约束性的规范。[③] 科学技术在突飞猛进地发展中，通过人类的控制对自然界的影响日益加深，突破了生态环境的承受范围。进入 20 世纪后，熵的热力学定律即尽管物质不灭，但资源的品位将逐渐失去，最终将无法再利用在环境领域得到广泛认可与深化，地球的资源有限不可能支持人类持续地肆意消费。现实中生态危机的日益加深也进行了确证，但生态危机产生的表象是科学技术过度使用造

---

　　① 施惠玲：《制度伦理研究论纲》，北京师范大学出版社 2003 年版，第 73 页。
　　② 王小锡：《中国伦理学 60 年》，上海人民出版社 2009 年版，第 219—220 页。
　　③ 曹刚：《法律的道德批判》，江西人民出版社 2001 年版，第 22—23 页。

成的负面影响,而根源却是人类环境伦理观念的缺失,如德国神学家莫尔特曼指出:"生态危机背后隐藏的是基本价值危机。"① 从根本上突破生态危机的桎梏,需要文明范式的转型,需要尊重自然、善待环境的伦理观念的确立与深入,进而从价值观念上明确人与自然相处的行为规范与准则,确保人与自然和谐发展。因此,在人类对持续生存的深度反思中,泛指所有对生态环境问题进行的伦理思考,② 即环境伦理应运而生。

现代环境伦理学诞生于 20 世纪中叶西方轰轰烈烈的环保浪潮中,其在我国的发轫则与 20 世纪 80 年代中期以来中国经济社会文化各方面的巨大变化相适应。纵观中外哲学发展史,其中有关环境伦理思想、体现环境伦理关怀的论述、包含生态智慧的观点是丰富而悠久的。③ 尽管环境伦理的内涵尚没有统一的定义,但作为一种正在兴起的新道德观和价值取向的理论,从诞生起就以其鲜明和强烈的实践性呼吁着环境伦理学界在注重道德哲学学理层面的同时,还要注重环境伦理实践,实践是环境伦理学的精华。④ 环境伦理从理论走向实践,正推动着社会的生产方式、生活方式和思维方式的变革,成为改造我们世界观,推动实施可持续发展战略实践的积极力量。⑤ 环境伦理对现代法治的影响与推动变革,正是环境伦理走向实践的核心环节。历史轨迹表明,环境危机与环境运动引起的每次观念更新催生了环境伦理,环境伦理的观念变革为制度变革提供了伦理基础,并最终反映到法律制度中,引发法律生态化与"绿色化"的发展与变革,生态化的社会需要生态化的法律。⑥

传统知识产权法的伦理基础是一种人伦伦理,即只关怀人而不会将关怀对象扩展至人之外的生物与非生物,反映的是人与人之间以及人与社会之间的道德关系,而忽略人与其他生命体、自然界之间的关系。基于人伦伦理价值观念建立发展起来的知识产权法,也忽视了对生态环境的观照,无法发挥对生态环境保护的积极作用与生态功能。知识产权制度的形成是

---

① 刘小枫:《走向十字架上的真》,华东师范大学出版社 2011 年版,第 438—490 页。

② 吕忠梅:《环境资源法论丛》,法律出版社 2006 年版,第 2 页。

③ 王小锡:《中国伦理学 60 年》,上海人民出版社 2009 年版,第 144 页。

④ 于谋昌:《实践性是环境伦理学的精华》,2004 年 6 月 22 日,http://www.people.cn/GB/huanbao/1072/2589941.html,2020 年 9 月 7 日。

⑤ 王小锡:《中国伦理学 60 年》,上海人民出版社 2009 年版,第 155 页。

⑥ 汪劲:《环境法律的理念与价值追求》,法律出版社 2000 年版,第 135 页。

为了给天才之火添上利益之油，促进科技创新、经济发展与文化繁荣，科技直接利用与改造自然、经济发展方式影响自然的消耗形式、文化传播与发展更是人类对自然的态度与认识的载体，即知识产权制度的存在价值正在于培育和实现一种公正与令人向往的文化，① 不仅直接影响着对自然的开发利用方式，更影响着对自然的爱护与尊重意识的培养，与自然生态环境的关系十分密切。因此，在环境伦理的观念价值引导下，可以通过知识产权立法将环境道德观念以普遍有效力的规则推行，从而引导知识产权的参与者在进行科技创新、文化作品创作、商品开发、消费选择等行为时考量环境因素，最终致力于推动人与自然、社会的和谐发展。

一　中国传统环境伦理思想的价值指引

中国古代思想家在思考宇宙生成和变化、地球上人和生命，以及人与自然的关系时，表述了深刻和丰富的环境伦理学思想。《周易》是中国文化的源头之一，被誉为中国哲学第一经典。"生生之谓易""天地之大德曰生"是易学哲学的基本观点，也是生态哲学。"一阴一阳之谓道"体现了中国哲学特有的循环性整体思维。事物存在阴阳且阴阳相抱，阴中有阳阳中有阴，阴阳相互转化相互依存，万事万物均相互作用、联系与转化。这是一种生态学的整体思维，虽然生命有不同的层次，但各层次均是有机整体，共同构成的地球生命体也是一个整体。从小到大的生命体的内在价值与生命力在循环中得到体现和实现。周易八卦每一卦有一个卦体，每个卦体包含三爻，每个爻位有各自的象征意义，分别象征天、地、人，称为"天地人三才"。三才之道是我国哲学"天人合一"的最早说法，天地之性和为贵。

儒学以"仁学"为核心，关于宇宙与人生、人与社会、人与自然关系的系统思考，具有深刻的生态智慧。"天人合一"是人与自然和谐的基本理论。"天人合一"思想起源于《周易》，由儒学最早作为命题明确提出，并从不同的角度论述天人合一思想。其中，"天"指自然界，"人"指人类社会，"合一"指人与自然和谐。孟子以"诚"这一概念阐述天人关系，以"诚"为"天人合一"的理论指向。汉代董仲舒第一次明确提出天与人"合而为一"（《春秋繁露·深察名号》），宋代张载正式提出

① ［美］威廉·费歇尔：《知识产权的理论》，黄海峰译，商务印书馆2002年版，第10页。

"天人合一"命题,"乾称父,坤称母。予兹藐焉,乃混然中处。故天地之塞,吾其体;天地之帅,吾其性,民,吾同胞;物,吾与也"(《西铭》)。人只是天地中一物,分有"天"的本性,因此,人与自然是统一的整体。"儒者则因明致诚,因诚致明,故天人合一。"(《正蒙·乾称》)"仁爱万物"是尊重生命的伦理智慧。儒学继承"生生之谓易,天地之大德曰生"的易学思想,提倡"仁民"而"爱物","仁爱万物"。"仁"是儒学道德体系的核心,"仁者"行"仁",要依"孝""义""礼"等伦理规范,达到"万物安"的伦理目标。孟子说:"仁也者,人也;合而言之,道也。"(《孟子·尽心下》)"君子之于物也,爱之而弗仁;于民也,仁之而弗亲。亲亲而仁民,仁民而爱物。"(《孟子·尽心上》)认为"仁"是人的道德,又是做人的道路,道德的范围应从人扩展到生命和自然界,但爱物是为了人,即"仁民爱物","爱"与"仁"是有区别的。随后,董仲舒把"仁"直接扩展到动物,完成了"仁"从"爱人"到"爱物"的转变。

道学是中国古代哲学的主要流派之一,是一个庞大的思想体系。"道"是道家哲学的核心和精髓。老子第一次明确提出"道"的概念,把"道"作为道家哲学的本体,确立道生万物的宇宙生成论,并从"道"的阐述,确立道学"天人合一"的宇宙观,道法自然的哲学。"尊道贵德"是万物平等的生态智慧。老子认为,万物都是"道生之,德育之","志于道,据于德",因而要"道法自然""厚德载物"。老子说:"天地不仁,以万物为刍狗;圣人不仁,以百姓为刍狗。天地之间,其犹橐籥乎?虚而不屈,动而愈出。多言数穷,不如守中。"(《老子·第五章》)老子以天道论证人道,人道包括在天道内,天道之内,万物自我发展,因而万物是平等的。庄子主张物无贵贱:"物故有所然,物故有所可。无物不然,无物不可。故为是举莛与楹,厉与西施,恢诡谲怪,道通为一。""民湿寝则腰疾偏死……吾恶能知其辩!"(《庄子·齐物论》)即小草与大树、丑女与西施,虽然万物千姿百态,但从"道"的角度,它们是不分彼此的,没有贵贱之分。人住在潮湿的地方会生病,住在树上会害怕,而泥鳅、猿猴则不然。人、麋鹿、蜈蚣与鸦食性皆不同,丽人、鱼、鸟、鹿以不同的事物为美,有不同审美准则。这些不是仁义、是非的区别,而是利害的区别,它们都在趋利避害,追求自己的生存,这是同一的。在生态食物链上,不同物种处于不同的生态位,有不同的生存方式。这不是仁义的问题，而是生存的问题。在生存这一根本问题上，要"齐万物以为道"，尊重所有生命的生存。从"道"来看，天下万物都有自己的位置，虽然各不相同，但并没有贵贱之分。老子要求人护养万物而不是主宰它们，"大道泛兮，其可左右。万物恃之以生而不辞，功成而不有，衣养万物而不为主"（《老子·第三十四章》）。万物依自然规律而生存，养育它们，但不能有私欲，要保护生命和自然界，这是人类崇高的道德境界。万物平等、泛爱万物，是道家的环境伦理智慧。

佛学是佛教论述的汇总，是佛教"三藏"，律藏、经藏和论藏。"一切众生悉有佛性"的佛学生命观是佛学哲学的精华，"众生平等"是佛学的环境伦理观念。佛学生命观认为，地球上不仅人有价值，生命和自然界也有价值，因而也有生存权利，保护生命和自然界是人的责任。《涅槃经》说："以佛性等故，视众生无有差别。"《泥洹经》说："一切众生，皆有佛性，在于身中；无量烦恼，悉除已灭，佛便明显。"佛学把众生分为有情众生和无情众生，但是，众生悉有佛性，众生是平等无差的。"众生平等"的理解包括三层含义，一是生态学规律，人和所有生物都要以消费其他生物为生存条件，这里不是平等的问题，而是生存的问题；二是伦理问题，"平等"不是绝对的，而是指尊重生命，是"关心的平等"；三是包括物种层面的平等，地球上所有物种没有高低贵贱之分，都要受到尊重，人类那些危害物种生存的行为是不道德的。①《法华入疏》说："平等有二，一曰法等，即中道理，二众生等，一切众生，同得佛性。"人人皆有佛性，众生本无判别。生态危机背景下尊重生命、爱护自然、对自然界承担责任，是向"万物平等"思想的复归，佛学"众生平等"思想具有重要现实意义。

除此之外，《周易》古经"既雨既处"的生态道德观，"系于苞桑"的生态爱护观，"鸣鹤在阴"的生态和谐观；墨子"兼相爱、交相利"，"节用、节葬而非攻"的生态伦理智慧；孔子"知命畏天"的生态伦理意识，"弋不射宿"的生态资源节用观；荀子"天行有常"的生态伦理意识，"制用天命"的生态伦理实践观；中国传统诗学"微物亦有天理"的天地伦理观，"恒念物力维艰"的生态消费观等。②尽管中国传统文化中

---

① 余谋昌、雷毅、杨通进：《环境伦理学》，高等教育出版社 2019 年版，第 113 页。

② 任俊华、刘晓华：《环境伦理的文化阐释——中国古代生态智慧探考》，湖南师范大学出版社 2004 年版，第 15—223 页。

没有明确地提出生态伦理的概念，但是无论周易、儒学、道学还是佛学的生态思想中都具有一定程度的环境伦理内涵。从人类发展的历史视角考察，中国传统生态伦理思想产生与发展于生产力水平相对低下、人改造自然的能力也十分有限，生态问题并没有成为一个迫在眉睫的问题的时代背景下，这也决定了这种原始形态的生态伦理主要不是为了解决急迫的生态问题，而是主要作为一种伦理或哲学意义上的思辨得以体现。众多关于环境伦理认识的中华民族传统智慧、哲思、文化渊源为当代知识产权立法提供了绿色价值指引与审思。

二　西方环境伦理思想变迁的价值启示

西方在环境伦理思想方面具有不同的流派，但整体趋势是逐渐深化对自然界的反思，只是在道德境界层次上存在差异。西方环境伦理学思潮中，根据道德关怀的范围不断扩大，可以分为人类中心主义、动物解放论与动物权利论、生物中心主义与生态中心主义。西方传统伦理学的价值基础是人类中心主义价值观，认为人类是整个宇宙的中心、是宇宙的终极目的、对万事万物的解释均以人类的经验为基础，[①] 且只有人的存在与需要才有价值，一切自然资源都属于被人类征服与满足人类需求的存在，无限供人使用，并不存在为人服务之外的独立价值。人类中心主义价值观的本质是反自然性的，且随着社会生产力与科技的不断进步，人类改造自然的能力不断增强，其反自然性恶果不断显现。为此，人们开始探索新的环境伦理范式。20 世纪 60 年代，基督教首先开始了对人类发展问题的探索，产生了一系列与传统人类中心主义价值观相较具有革命性的观点，形成了生态神学，认为地球上的最高权威只有上帝，这个世界的任何成员都不能支配其他成员的命运。[②] 除生态神学的蓬勃发展，人们开始关注动物的保护，例如质疑对动物进行活体解剖、让动物承受痛苦的道德性，考虑动物是否也应当具有生命的权利，在理论推动下，1822 年英国议会曾通过了"马丁法案"，规定了禁止虐待家畜。动物福利主义等新的环境伦理思想不断涌现，道德关怀的范畴不断扩展，现代环境伦理学逐渐形成。

随着动物解放论、动物权利论观念的不断深化与拓展，再次向生物中

---

① ［美］斯图尔特·B. 弗莱克斯纳：《蓝登书屋韦氏英汉大学词典》，《蓝登书屋韦氏英汉大学词典》编译组编译，商务印书馆 1997 年版，第 39 页。

② ［美］纳什：《大自然的权利》，杨通进译，青岛出版社 1999 年版，第 73—120 页。

心主义继而生态中心主义探索。生态中心主义抛却了传统的人类中心主义的狭隘价值观，将人类中心主义视阈下人之外的自然无价值的观念予以扭转，认为自然及其存在物是具有独特价值的，并非人类的附庸，自此，自然万物不再是纯粹的客观存在，而是主观与客观的统一，同人类一样享有一定的权利。从人类中心主义向生态中心主义的转变是一种深刻的、必需的转变，地球上无论人类还是非人类的生物、生命体、自然界均具有幸福繁荣的自身价值。生态中心主义要求人类将伦理道德关怀的范围从狭隘的人类身上外延，扩大至其他自然存在物以及整个世界，确立生态共同体意识。为此，首先，坚持生物平等的基本原则；其次，天赋权利的范围也扩大至整个自然界，所有的生物存在体即整个生态系统享有自然权利；最后，通过感知能力判断行为的道德性。生态中心主义的出现经历过生态神学发展的影响，且与佛教"一切众生悉有佛性"的众生平等观具有异曲同工之处，得到越来越多的人认同。[1]

生态中心主义在纠正人类对待其他生命体、自然界的态度方面具有革命性进展，对保护生态环境具有积极意义，然而，只关注了人类对自然界造成的不可逆转的伤害，忽略了人类的主观能动性在修复与减缓生态危机并重建秩序方面的作用，[2] 即将生态危机解决的路径依赖于自然演化，未关注人类在主观解决生态危机方面的义务。因此，在生态中心主义伦理观的基础之上，发展并形成了可持续发展伦理观，既吸收了生态中心主义伦理观中的关怀自然生态，也借鉴了人类中心主义中人类主观能动性的合理内核，一方面坚持道德关怀范围应扩展至自然万物，坚持人与自然和谐发展；另一方面又强调了人在环境保护中的责任与义务。即人类应当在遵循自然规律、尊重与爱护自然的前提下去利用自然，不同主权国家之间、群落之间、区域之间、个人之间以及当代人与后代人之间要实现生态环境利益的公平分配，当代人不能剥夺后代人获取环境利益的权利，坚持人与自然的可持续发展。西方环境伦理思想的发展史就是一部人类认识自然、认识世界、认识人类如何持续生存的血泪史，道德关怀范围的不断拓展，是环境伦理观的核心，是生态文明建设时期现代立法的导引。生态中心主义

---

① 蔡琳、马治国：《从"生态中心主义"到科技立法的生态价值》，《社会科学研究》2012年第4期。

② 徐嵩龄：《环境伦理学进展——评论与阐释》，社会科学文献出版社1999年版，第162页。

以其超前性的伦理价值观，可持续发展主义以其科学持久的伦理价值观，为知识产权立法的进一步演化和发展提供了法理论的哲学基础。

三　马克思主义环境伦理思想中国化的价值遵循

（一）马克思主义环境伦理思想

马克思和恩格斯早已察觉到资本主义发展过程中出现的人与自然、人与人的不和谐，他们在对资本主义抨击、对未来社会进行科学预见中，阐述了人与自然应有的和谐关系。马克思和恩格斯生态思想主要包括生态自然思想、生态经济思想、生态政治思想、生态文化思想、生态社会思想等。[1] 马克思和恩格斯并没有论述环境伦理的专门作品，他们的环境伦理思想主要是在对人与自然的关系以及对道德等问题的论述中得以表达。首先，自然辩证法中的环境伦理思想。恩格斯指出包括人类在内的自然不是从来就有的，也不是永恒存在的，一切都是物质在一定条件下运动的结果。其次，人类进化进程相关经典论述中的环境伦理思想。恩格斯详细论述了从猿到人的转变过程中，人与自然之间的关系是如何形成的，以人类学为基础、以历史唯物主义为方法，阐释了生态伦理的最初形态。劳动创造了人本身，劳动也最终改变了人与动物之间的关系，使动物成为人类支配利用的对象。恩格斯强调，人与动物之间的差异并不是为人类肆意践踏动物制造合法性理由，而是为了强调人是高于自然界中的其他生物，人能够认识自然规律，因而对自然必须承担道德责任。[2] 再次，人类社会发展相关经典论述中的环境伦理思想。恩格斯认为，从蒙昧时代经过野蛮时代最后达到文明时代的开端，发展过程的根本特征是生产。中介着人类与自然的生产劳动，决定着人与自然的关系。而这种生产劳动发展的程度决定着人类相对于自然界获得自由的程度。随着人类对自然性认识的加深，人性自身也在进一步发展，人类产生了比以往更多的需要，因为生产的发展使人类能够满足这些需要。随着产品的剩余，生产不再仅仅满足生存的需要。人对于自然的要求从生存发展到满足多层次的需要，为了满足这些需要，自然成了商品，牲畜成了最初的货币。人与自然的关系发生分裂，人

---

① 刘海霞：《马克思恩格斯生态思想及其当代价值研究》，中国社会科学出版社 2016 年版，第 57 页。

② 聂长久、韩喜平：《马克思主义生态伦理学导论》，中国环境出版社 2016 年版，第 56—64 页。

性与自然性发生了生态伦理意义上的冲突。在每一次论述人与自然关系的历史性进步时，恩格斯首先强调的均是生产工具的革命，进入野蛮时代高级阶段，对人与自然关系产生革命性影响的技术是铁的使用。野蛮时代高级阶段的时代特征改变了人与自然之间的关系，一是通过劳动获得的自然物成了个人的财富；二是第二次社会大分工使劳动中介自然的方式发生了转变；三是奴隶劳动成了本质性的社会制度；四是出现了商品生产，贵金属成了货币。社会大分工使人化自然的程度进一步加深。在人性发展完善的过程中产生了对财富的贪欲，产生了人性的扭曲，自然物成了贪欲所追求的财富。劳动的异化造成了人与自然关系的异化，自然从人获得解放和发展的条件，逐步和奴隶一起变成了掠夺的对象。资本主义时代的资本主义生产方式严重影响了人类对自然规律的认识，即使认识到了自然规律因为违背资产阶级的利益也不能付诸实施。

马克思主义环境伦理的逻辑起点是人的劳动的开始，因为人的劳动标志着人对自然规律的能动的认识。能够越来越主动地认识自然规律、认识人类自身与自然界的一致性，正体现了人类主动地承担所应该承担的伦理责任。恩格斯指出："但是我们不要过分陶醉于我们人类对自然界的胜利。对于每一次这样的胜利，自然界都对我们进行报复。"[1] 而且人与自然是统一的，将人类与自然对立的观点是反自然的观点，是不应该存在的。马克思主义环境伦理的宗旨是实现人的自由的全面发展。人类最终脱离动物界进入真正的人的生存条件，成为自然的自觉和真正的主人。人类在人性与自然性相统一的前提下，实现对自然界真正的统治。马克思主义环境伦理具有明确的阶级性，实现马克思主义环境伦理是无产阶级的历史使命，而实现这一使命的思想武器是科学社会主义。历史唯物主义是马克思主义环境伦理的基础，生态伦理的实现以及人与自然的解放基于生产方式的革命，恩格斯将生产的发展分为中世纪社会、资本主义社会、社会主义社会三个阶段。不同的阶段表征着人与自然不同的生态伦理关系。无论马克思还是恩格斯，都将人与环境之间的异化归因于阶级剥削和压迫，并明确指出，消除这种异化实现人与自然和谐的生态伦理的唯一途径是以无产阶级取代资产阶级实现生产方式的根本变革。马克思主义最终将生态伦理作为无产阶级革命的有机组成部分，扭曲的生态伦理随着阶级压迫而产

---

① 《马克思恩格斯选集》第3卷，人民出版社2012年版，第998页。

生，最终也将随着阶级压迫的消失而实现和谐。① 因此，马克思主义认为造成环境污染的不是新技术的使用，而是资本主义的生产方式。

（二）马克思主义环境伦理思想的中国化

马克思主义环境伦理的中国化与马克思主义中国化的过程不是同步的，其形成过程就是逐步消除严复改造的进化论伦理学影响的过程。新中国成立之初，中国社会主义建设面临着水患、干旱、风沙等自然灾害频繁、生态系统脆弱的环境。② 当时生态思想的重点是恢复生态。社会上普遍把生态自然当作发展的资源和环境即当作物来对待，对生态和自然以主观意志处置，未将生态看作与自身有同样权利的道德主体。而环境伦理的基本特征是将自然生态看作具有属人特征的与人同等的道德主体，即像对待具有生命特征的人类一样对待生态。因此，马克思主义环境伦理的中国化是在探索中国特色社会主义发展道路的过程中历经曲折探索逐步形成的。中国化马克思主义环境伦理的形成过程与中国特色社会主义发展道路的探索与选择密切相关，它所要回答的是“人与自然之间是怎样的关系，中国在社会主义制度下如何实现这种关系”。③

改革开放之初工业的粗放型经营与之前“文化大革命”十年的无序发展累积，环境污染的速度以史无前例的速度增长。生态开始成为影响生产生活的重要问题，尤其是当广大人民群众的物质生活逐渐丰裕，人民对良好生态环境的需求日渐迫切。邓小平在生态问题上主张生态效益与经济效益相统一，当前发展与长期发展相统一，两个统一已经将生态与人的利益同样关注，尊重生态的价值和利益，以邓小平同志为主要代表的中国共产党人赋予了生态保护更加丰富的内涵。随后，以江泽民同志为主要代表的中国共产党人集体提出生态环境建设的可持续发展核心理念以及多元平衡价值旨归（经济、社会、生态的多元平衡），以胡锦涛同志为代表的中国共产党人集体提出生态环境保护和建设这一体现人民群众根本利益的根本宗旨、生态科技的重要支撑以及经济发展与生态

---

① 聂长久、韩喜平：《马克思主义生态伦理学导论》，中国环境出版社 2016 年版，第 95 页。

② 刘海霞：《马克思恩格斯生态思想及其当代价值研究》，中国社会科学出版社 2016 年版，第 96 页。

③ 聂长久、韩喜平：《马克思主义生态伦理学导论》，中国环境出版社 2016 年版，第 138 页。

环保共赢的经济生态化和生态经济化必然选择,① 进一步推动了马克思主义环境伦理思想中国化的进程。《中国自然保护纲要》(1986) 明确把环境利益划分为环境生态利益、环境经济利益和环境审美利益。中国颁布的环境保护法规的目的不仅在于保护环境本身,而是为了维护劳动者的利益。社会主义的环境法规之中,以劳动者替代了抽象的人,这是社会主义环保思想与资本主义环保思想的本质区别,体现了社会主义环境思想明确的阶级性。环境法规中也明确规定了子孙后代的生态利益,具有明确的代际平等的内涵。②

社会主义发展的目的是实现人的全面发展,而人的全面发展与社会生产力和经济文化的发展都是逐步提高、永无止境、相互结合、相互促进的。可持续发展从环境伦理的角度进行阐释就是消除通过生产的异化,实现人与自然的和谐,继而实现人的本质。党的十八大报告指出,必须树立尊重自然、顺应自然、保护自然的生态文明理念。尊重自然即将自然视为与人类同等的道德主体去尊重,而不仅仅是开发利用甚至掠夺的对象。顺应自然意味着在实现人的全面发展的过程中充分体现自然性,实现人的本质与自然本质的和谐统一。保护自然意味着对自然进行关怀与呵护,促进自然环境的完整性与生态平衡,逐渐削减现代生产环境下人与自然关系的异化。尊重自然、顺应自然、保护自然的环境伦理是生态文明理念的重要内涵。党的十八大报告还指出了实现人与自然和谐的方针是节约和保护优先,以自然恢复为主,给自然留下更多修复空间,不仅仅是为了当代人,而且充分考虑到后代的利益,体现了代际平等的内涵。除此之外,党的十八大报告还明确提出了国家的生态责任,具有明确完整的环境伦理内涵。党的十八大报告之中完整表述的环境伦理,标志着马克思主义环境伦理中国化时代化的初步实现,也标志着中国特色社会主义环境伦理的初步形成。③

---

① 刘海霞:《马克思恩格斯生态思想及其当代价值研究》,中国社会科学出版社 2016 年版,第 114—127 页。

② 聂长久、韩喜平:《马克思主义生态伦理学导论》,中国环境出版社 2016 年版,第 139 页。

③ 聂长久、韩喜平:《马克思主义生态伦理学导论》,中国环境出版社 2016 年版,第 140 页。

（三）中国特色社会主义环境伦理的形成

以习近平同志为核心的党中央集体进一步加强生态环境保护、提出绿色发展，在党的十九大报告中宣布中国特色社会主义进入新时代，社会主要矛盾已经转化为人民日益增长的美好生活需要和不平衡不充分的发展之间的矛盾。在生态文明理念基本内涵"尊重自然、顺应自然、保护自然"的基础上，进一步提出"像对待生命一样对待生态环境，坚持人与自然和谐共生"，即在将自然视为与人类同等的道德主体去尊重以及实现人的全面发展过程中充分体现自然性的基础上，进一步将生态环境视为人类的生命，生命是最深层次的尊重与认同，是血脉相连与生死与共，从根本上消除现代生产环境下人与自然关系的异化。世界上绝大多数地区的文明衰败与退出，均是长期的自然与土地资源过度开发，导致生存环境难以赖以持续，引发生态灾难导致的，① 为大家所熟知的玛雅文明②的消失便是最好的证明。因此，党的十九大报告中指出建设生态文明是中华民族永续发展的千年大计，指出要像对待生命一样对待生态环境。至此，标志着中国特色社会主义环境伦理的形成以及中国特色社会主义环境伦理价值观的确立。

在人类文明发展的进程中，分别经历了原始文明、农业文明和工业文明，每一种文明形态均与特定的环境伦理相对应。在原始文明时代，因为生产力水平低下，人们匍匐在自然脚下，以牺牲主体性为代价实现了人与自然的和解。在农业文明时代，随着生产力水平的提高，人类开始逐步把握自然规律并开始驾驭自然，但是由于生产力水平有限，人类与自然能够和平共处。到工业文明时代，生产力水平迅速提高，自然几乎完全成了人类征服和掠夺的对象，自然资源对人类的掠夺难以为继。马克思将自然理解为一种属人性的存在，自然是人化的自然，人与自然之间的紧张所表征的是人与人之间的畸形的社会关系。人与人之间的不和解从根本上造成了人与自然之间的不和解。资本主义体制下的资本逻

---

① ［美］弗·卡特、汤姆·戴尔：《表土与人类文明》，庄崚、鱼姗玲译，中国环境科学出版社1987年版，第3—5页。

② 玛雅文明大约形成于公元前2050年，是拉丁美洲古代印第安人文明，美洲古代印第安文明的杰出代表，以印第安玛雅人而得名，是世界上唯一一个诞生于热带丛林的古代文明。遗憾的是，被称为人类奇迹的这一古代灿烂文明因人口增长、乱砍滥伐、过度开发而造成环境恶化与资源枯竭，最终导致生态系统失去生命支撑能力而消亡。

辑决定了资本主义不可能在其体制内通过改良实现两个和解，继而实现
人与自然和谐的伦理关系。① 无论马克思还是恩格斯，都将人与环境之间
的异化归因于阶级剥削和压迫，并明确指出，消除这种异化实现人与自然
和谐的环境伦理的唯一途径是以无产阶级取代资产阶级实现生产方式的根
本变革。因此，社会主义为两个和解提供了可能。环境伦理作为一种意识
形态具有明确的阶级性，中国特色社会主义环境伦理的根本宗旨就是保护
最广大人民群众的根本利益。中国作为社会主义初级阶段的人民民主专政
国家，与西方资本主义相比在环境伦理价值的实现与实践方面具有显著的
先进性和先天优势。

　　尽管随着社会主义制度的确立，造成人与生态之间伦理扭曲的异
化因素在制度上已经被消灭，但是社会主义并不必然地能够实现和谐
的环境伦理关系，发展模式的选择决定着马克思主义环境伦理的实现
程度。经过不断的探索与实践，中国共产党提出了生态文明建设，是
实现两个和解并最终实现马克思主义环境伦理的必由之路。生态文明
的核心内涵是以人为本实现人与自然的和谐发展，它超越了狭隘的人
类中心主义与狭隘的生态中心主义，人是价值的中心，而不是自然的
主宰。② 生态文明是社会主义阶段马克思主义环境伦理的最高表现形
式，生态文明建设是中国特色社会主义环境伦理的价值实践。进行生
态文明建设，以不断满足广大人民群众的生态要求，是化解新时代中
国人民日益增长的美好生活需要和不平衡不充分的发展之间的矛盾的
不二之途。生态文明建设是一个复杂的系统工程，不仅仅包括社会主
义生态建设，还包括生态化的生活方式。而中国特色社会主义环境伦
理作为生态文明建设的道德基础，所要实现的正是与生态文明建设高
度一致的生态化的生活方式。社会主义生态建设和生态化生活方式形
成的基本路径是推动绿色科技创新与培育生态文化，推动绿色科技创
新与绿色技术应用，一方面治理已经受到污染的生态环境；另一方面
通过节约资源、能源，保护生态环境免受持续恶化的袭击。培育生态
文化，就是要普及保护生态环境、节约资源能源的意识，一方面通过

---

　　① 聂长久、韩喜平：《马克思主义生态伦理学导论》，中国环境出版社 2016 年版，第
174 页。

　　② 聂长久、韩喜平：《马克思主义生态伦理学导论》，中国环境出版社 2016 年版，第 174—
175 页。

绿色版权事业发展，倡导对环境友好的精神消费，引导保护生态环境的精神内化；另一方面是提倡绿色消费，完善绿色标志制度，促进绿色产品的生产销售与绿色服务发展，形成良好的绿色品牌文化。通过绿色知识产权制度的形成与功能发挥，可以充分保障生态文明的建设与中国特色社会主义环境伦理的践行。

（四）环境伦理基本原则的适用

只有合乎伦理道德的法律才是正当的，[①] 伦理所蕴含的内在价值是法律生成的基石，立法只有体现、反映一定的伦理价值取向和要求，才能获得社会普遍认同，进而成为社会生活中真正起作用的行为规范。[②] 随着生态危机渐深发展，环境伦理价值已经成为伦理发展的必然趋势，构成当今知识产权立法的客观基础。环境伦理学中的理论各有差异，但它们都倾向于把传统伦理学的正当行为概念扩大到尊重所有生命和自然界，这就必然要求用新的道德原则和规范来约束人的行为。在道德规范体系，道德原则是道德规范体系中的最高层次，道德规范则是道德原则的具体演绎。确立环境伦理的基本原则，应该遵循的一个基本前提就是：人与自然的协同发展。这一前提要求人类转变以人为中心的价值取向，它暗含着对生命和自然界的尊重和人对生命和自然界的义务。[③] 结合中国特色社会主义环境伦理的内涵以及有利于人类和有利于生态的环境道德标准，环境伦理的基本原则可以概括为人类持续生存原则、保持地球生命力原则、生态公正原则和集体主义原则。

第一，人类持续生存原则。持续生存是人类能够在自然界中长久地、持续地生存下去。随着时代的发展，人类生产力的不断提高与人类对自然认识的不断加深，持续生存的内涵发生了持续的变化。早在原始时代，人类对自然只有敬畏与神秘，无法正确认识并利用自然，维护族内整体生存就是最高的道德要求。随着人类利用改造自然的能力不断增强，人与自然的矛盾不断加剧，冲突不断加剧，调节人与自然的关系就逐渐成为人类生存和发展的客观需要，成为人类道德发展的必然要求。人类受到的生存威胁也不再是大自然本身，而是人们征服自然的过程。为了人类能够在自然世界生存下去，需要建立统一的伦理原则去约束人们的行为，持续生存的

---

① 胡波：《"法的正当性"语义考辨》，《甘肃政法学院学报》2009 年第 4 期。

② 林灿铃、杜彩云：《环境伦理之于国际环境立法》，《比较法研究》2019 年第 6 期。

③ 余谋昌、雷毅、杨通进：《环境伦理学》，高等教育出版社 2019 年版，第 9 页。

主体已经从部族、国家扩展至整个人类，即在保证人类整体利益的基础上以人类整体的形式长久地生存下去。知识产权法律制度"绿色化"转型所体现与反映的环境伦理价值，应当注重人类整体利益，保证人类在自然中长久地、更好地生存。

第二，保护地球生命力原则。依据有利于人类和有利于生态的环境道德标准，保护地球的生命力是环境伦理的内在要求。而保护地球生命力，离不开生物多样性的保护。在人类对生产性生物资源的需要比以前更大的时刻，我们正目睹着世界的基础资本储备、物种和基因不可替代的损失以及生态系统满足人类需要的能力的衰退。21世纪以来，越来越多的物种濒临灭绝，生物多样性逐渐降低，黄羊消失和甘草资源被破坏就是典型的例子。环境伦理应坚持保护生物多样性，维护生物资源的传承与丰富，维持人类赖以生存的地球家园。知识产权法律制度"绿色化"转型所体现与反映的环境伦理价值，应当体现对生物多样性的保护，尊重传统知识和遗传资源，平衡科技创新与生态平衡的关系。

第三，生态公正原则。在现实生活中，人类的发展与生态环境的保护之间存在冲突在所难免，协调这种冲突的总原则是生态公正原则，也称为环境正义。即认可了自然权利的存在，非人类存在物也获得了要求正义的资格。[1] 但由于动物、植物、生态系统没有行使权利的行为能力和责任能力，可持续发展伦理观中人类是价值中心，具有责任与义务保障自然权利的实现。生态系统由居于其中的生命体与非生命体，即人类、动物、植物、微生物以及山川河流自然风物共同构成，每一个物种都具有其独特的生态位，处于食物链的一端，发挥着与众不同的作用，人类对自然权利的尊重与责任应延及生态系统中的每一个组成部分。知识产权法律制度"绿色化"转型所体现与反映的环境伦理价值，应当对物种安全存在威胁的发明创造免于授予专利权，鼓励改善动物运输条件的发明创造，对破坏生态系统的作品进行流通、出版等方面的限制，践行生态公正原则。

第四，集体主义原则。马克思主义环境伦理属于共产主义道德范畴，共产主义道德是人类道德发展的最高形态，是以公有制为经济基础的道德体系，其根本目的是维护无产阶级和劳动人民的利益。马克思主义环境伦

---

[1]　余谋昌、雷毅、杨通进：《环境伦理学》，高等教育出版社2019年版，第138—140页。

理是共产主义道德在新的历史条件下的新发展，是最终实现人的自由而全面发展的精神武器。社会主义制度确立之后，无产阶级从被剥削、被压迫的阶级成为社会主义社会的领导阶级，造成人与生态之间伦理扭曲的异化因素在制度上被消灭，进行生态文明建设不断满足广大人民群众的生态需求成为重要建设目标。在社会主义制度下，共产主义道德的核心是集体主义，它是共产主义道德区别于其他一切旧道德的根本标志，要求每一个具有共产主义道德的公民全心全意为人民服务，大公无私、先人后己地处理个人与国家和社会的关系。集体主义同样是社会主义制度下马克思主义环境伦理的核心。

马克思主义环境伦理所要解决的根本问题是个人、国家和社会之间生态利益的冲突，集体主义原则要求在处理生态利益的冲突时，反对极端的生态个人主义和小集团主义或本位主义。国家、社会和集体在生态利益的分配方面应该充分考虑个人的生态利益诉求，而个人在实现自身的生态利益时也必须充分考虑他人的生态利益。在个人的生态利益与国家社会和集体利益发生冲突时，有责任优先满足国家社会和集体的利益。个人生态利益的满足受到社会发展程度的限制。中国正处于社会主义初级阶段，高度重视广大人民群众日益增长的生态需求，但是因为生产力水平仍然相对落后，所以在一定程度上不能充分满足人民群众的生态需求。马克思主义环境伦理之中的集体主义原则要求社会成员的生态诉求必须与社会发展程度相适应，充分考虑到国家社会和集体的承受能力；要求社会成员在选择一种生活方式时必须考虑到其他社会成员以及国家社会和集体的生态利益，当个人的生态利益与集体的生态利益相冲突时应该优先考虑集体的生态利益。

马克思主义环境伦理提出了正确处理人与人之间生态利益冲突方面的道德原则和行为规范。马克思主义环境伦理所倡导的人际关系，是在处理生态利益方面体现的平等的同志式的人际关系，倡导社会成员在生态问题上互相关心爱护、互相帮助。在发生生态利益的冲突时能够以批评和自我批评的方式，严于律己、宽以待人，达到团结和谐的目的。在社会主义制度下，国家、集体和个人之间的生态利益从根本上是一致的，国家和集体的生态利益必须通过个人在生产生活中实践生态伦理来实现，而个人生态需求的满足又离不开国家和集体的发展壮大，只有在集体中个人的生态需求才能够得到真正的实现，生态利益才能得到真正保护。① 因此，集体主义原则与承认个人正当的生态权利是一致的。

不同于前文人类持续生存、保持地球生命力和生态公正原则所调整的人与自然生态以及当代人与子孙后代之间的环境道德关系，集体主义原则是仅针对人与人之间环境道德规范的基本原则，且调整的是当代人个体与个体、个体与集体之间的环境利益关系。集体主义原则与生态公正等原则调整范畴不同，在具体适用中不存在相互排斥，共同构成知识产权立法的生态原则，在调整不同法律关系时适用不同的环境伦理原则或同时适用多个环境伦理原则。如在立法列举专利权授权客体范围时，主要考虑人类持续生存原则、保持地球生命力原则和生态公正原则，而在进行不同权利人之间以及权利人与普通公众之间利益调和时，考虑适用集体主义原则。当然，环境伦理原则在知识产权立法适用时，在保持基本内核的基础上，应当进行一定的立法技术性转化。

第二节　知识产权法律制度"绿色化"转型的法理基础

一　知识产权法阶级本质的要求

马克思主义法学总结了无产阶级革命斗争的实际经验，批判地继承了人类历史上法律思想文化中一切积极的因素，第一次科学地揭示了法的本质，阐明了法律现象产生与发展最基本的规律。② 认为就法的阶级、社会本质来看，法是统治阶级意志的体现。中国作为处于社会主义初级阶段的国家，统治阶级是全体无产阶级与劳动人民。知识产权法作为法，阶级本质就是全体无产阶级与劳动人民在知识产权领域立法意志的体现，中国共产党作为代表最广大人民群众根本利益的执政党，党的领导是实现无产阶级与劳动人民当家作主的根本保证。各次中国共产党的代表大会中所阐明的基本思想与思路，正是中国法律与政策法规不断完善与变革的基本动力

---

① 聂长久、韩喜平：《马克思主义生态伦理学导论》，中国环境出版社 2016 年版，第 152—155 页。

② 孙国华、朱景文：《法理学》（第三版），中国人民大学出版社 2010 年版，第 41—43 页。

与基础理念，也是知识产权法发展与完善的方向指引。

在"美丽"成为"社会主义现代化强国"的重要目标，"人与自然和谐共生的现代化"成为新时代社会主义建设主题的时代背景下，"绿色发展理念"在中国共产党的第十八届五中全会中应运而生，在党的十九大中再次得以强调，绿色发展原则成为中国未来发展、美丽中国建设、生态文明建设坚持不动摇的基本发展原则。人类社会目前所面临的一切生态环境危机，均产生于生产力水平的高度提升之后，技术的发达非但没有带来更好的生存环境，反而造成了无数毁灭性环境污染事件。科技和生态环境之间为相互约束关系，科技发展给生态环境带来了各种挑战。① 历史发展表明，人类生存环境的改善中生产力的提升和科学技术的进步并非首要因素，关键在于解决引导科学技术发展的人类生态理念和对生态环境保护的认知问题。② 绿色技术有利于解决目前已经造成的环境恶化问题，也有利于经济与环境协调发展的推进，绿色技术的发展是解决环境生态问题的必经途径。绿色技术革命将带来技术范式的转换，而技术范式的转换同时会伴随人类文明形态的更替，工业文明向生态文明形态的更替是不可逆转的发展。绿色技术范式实现了资源、产品、废物的双向流动和循环使用，符合技术发展规律和人类文明要求，推动着生态文明的转型。技术和制度是文明的两个重要维度，一方面，绿色技术是绿色发展的载体与支撑，绿色技术在保证经济持续发展的同时减少资源耗费、减轻环境污染、治理已经造成的环境问题，实现生态环境的有益发展；另一方面，绿色制度是绿色发展的保障。社会的发展与运行需要制度的保障，实现绿色发展也离不开绿色制度的推动与保障。绿色制度可以激励绿色技术的创造与运用、引导绿色意识的加强、促进绿色经济的发展。因此，绿色发展需要绿色技术的支撑，对绿色技术的创造与推广提出了迫切的要求，而绿色技术需要绿色制度的调整，绿色制度是绿色发展的重要保障。

在经济发展迅速而生态环境问题日益突出的时代背景下，法律制度的价值观变革与立法实践才是破解难题的根本出路。目前知识产权法律制度中存在诸多对生态环境的负面效应，未能很好地体现绿色发展理念的要求，对社会公众科技、文化创新不具有生态引导价值。作为全球经济时代

---

① 邹平林、曾建平：《生态文明：社会主义的制度意蕴》，《东南学术》2015 年第 3 期。

② 王玲玲、张艳国：《"绿色发展"内涵探微》，《马克思主义研究》2012 年第 5 期。

的重要战略工具、以科技创新激励为核心的专利制度，应当是绿色技术创新激励与权利维护的重要制度保障；作为规范市场秩序，关系生产者、消费者等各方利益的商标制度，应当是促进绿色生产与绿色消费生产生活方式变革的重要制度保障；作为激励文学、美术、建筑、影视等各类作品创作，以促进社会主义文化和科学事业发展与繁荣为基本目标的著作权制度，应当是绿色作品创作、绿色理念传播的重要制度保障。在全面依法治国的今天，法律活动离不开法律制度的规范和要求，更需要遵循法治的基本精神和原则。生态文明建设、绿色经济发展时代要求传统专利制度、商标制度、著作权制度进行绿色变革。专利、商标和著作权是狭义知识产权的构成内容，也是广义知识产权的主要组成部分，要求传统专利制度、商标制度、著作权制度进行绿色变革，就是要求传统知识产权制度进行绿色变革。因此，从知识产权法的阶级本质考虑，在进行知识产权法律制度绿色变革时首先需要考虑的就是绿色发展理念的确立和贯彻，凸显绿色发展理念的价值引导作用，使知识产权法律制度的设计和改善方案具有绿色性、长远性与实效性，[①] 培养人们"绿色知识产权法律"的理念。将绿色发展的理念、价值观渗透在知识产权立法中，对社会公众创新创造行为进行法律指引与规范，从根本上改变科技与文化创新为社会发展带来的生态环境不确定影响，促进人与自然的和谐共生。

二　知识产权法价值追求的体现

法价值是法律和法学的核心问题，是法律所追求的目标和所要达到的目的，是法律原则与目标模式的终极根据。[②] 关于法的价值表述一般包含安全、和平、秩序、自由、平等、效率、文明、公共福利和正义等。这些价值互相联系、互相渗透、互相包容，构成一个价值体系。[③] 正义通常又可称公平、公正、正直、合理等，[④] 是社会制度的首要价值和最终价值，是法所追求的终极目标。知识产权法的立法目的在于保护智力创造者的权

① 魏胜强：《论绿色发展理念对生态文明建设的价值引导——以公众参与制度为例的剖析》，《法律科学》（西北政法大学学报）2019 年第 2 期。

② 周安平：《行政程序法的价值、原则与目标模式》，《比较法研究》2004 年第 2 期。

③ 严存生：《法的价值问题研究》，法律出版社 2001 年版，第 25 页。

④ 沈宗灵：《法理学》，北京大学出版社 2003 年版，第 49—51 页。

利与促进知识的广泛传播，以维护社会公平正义与实现智力资源的有效配置①，保护创造者权利与促进知识传播的立法宗旨，其实是正义与效率双重价值目标的体现。② 其中，知识产权法的应然价值内含着极为深刻的公平正义与人本诉求，通过保护权利人利益激励知识的生产与创新，实现正义是知识产权制度的第一目标，即激励创新以维护公平竞争的秩序，保护创造者合法权益；效率目标是最有效地使用社会资源，促进经济增长和社会发展，增强社会福利。因此，知识产权的价值目标体现了二元价值理念，即以权利为核心，兼顾社会公共利益的双重价值取向。TRIPs 第七条关于协议目标的规定既反映了各国知识产权立法和执法的基本目标，是各国法律所寻求的公共政策目标的体现，也反映出知识产权制度的二元价值目标。知识产权制度通过赋予知识产品创造者的各种权利，以实现激励创新，维护公平竞争，促进生产力发展和社会进步的目标。我国三部知识产权单行法《专利法》《商标法》《著作权法》分别从第一条立法宗旨上直观反映了知识产权制度的价值目标。

在知识产权法的二元价值目标基础上，知识产权法价值构造具有的基本内核即利益平衡，知识产权法的中心任务是保护知识产权，但其最终目的却是促进社会经济文化事业的繁荣发展。知识产权法必须在权利人的利益和社会公众利益之间寻找一个平衡点，以实现知识产权法中心任务与最终目标的立法目的。知识产权法具有保护知识产权与维护公共利益的双重目的，③ 而如何实现知识产权的权利人利益和社会公众利益之间的平衡，是知识产权法永恒的课题。④ 因此，在中国语境下解读知识产权法的价值论，应确立人本主义与和谐发展的新价值观。⑤ 知识产权法的终极价值，就是实现个人价值与自然、与社会的和谐发展⑥。个人价值与自然、与社会的和谐发展的内在调和机制也是利益平衡考量。利益平衡是知识产权制

---

① 吴汉东：《知识产权本质的多维度解读》，《中国法学》2006 年第 5 期。

② 吴汉东：《知识产权基本问题研究》，中国人民大学出版社 2005 年版，第 4 页。

③ 冯晓青：《知识产权法的价值构造：知识产权法利益平衡机制研究》，《中国法学》2007 年第 1 期。

④ 张玉敏：《知识产权法学》，法律出版社 2017 年版，第 28—29 页。

⑤ 吴汉东：《知识产权法价值的中国语境解读》，《中国法学》2013 年第 4 期。

⑥ 吴汉东：《中国知识产权理论体系研究》，商务印书馆 2018 年版，第 153 页。

度的基本理念，① 是知识产权法应遵循的基本价值考量，知识产权作为独占性权利应受到一定的限制，如公共领域保留、禁止权利滥用等。② 以公平的理念平衡私主体利益和公共利益，使得知识产权制度越来越表现出国家战略化的发展趋势。③ 党的十九大报告中指出要像对待生命一样对待生态环境，实行最严格的生态环境保护制度，坚持节约资源和保护环境的基本国策。笼罩上空的雾霾朦胧也时刻提醒着我们生态环境的变化直接影响着生存环境的质量，而美丽中国的建设、人民群众对美好生活追求的实现都离不开良好的生态环境，生态利益已经成为最大的公共利益。

以专利制度为例，针对绿色技术或方法专利的快速审查机制缩减了专利授权的时间，使申请人更快地成为法定权利人，对绿色发明创造及其专利申请具有正向激励作用。除绿色专利申请人外此规定还关涉两个群体，一是普通技术的专利申请主体，二是终其一生都不会进行专利申请的公众。对普通技术的申请主体而言，负面效应是对普通技术的专利申请相对时间较长，容易引起被不公平对待的心理反应。然而，换言之，这些被不公平对待的可能心理特征的对价却是享受绿色技术实施带来的环境提升与生态享受。通过让渡不同专利授权时间的心理感受，而换来生态环境利益，是不损害其利益最大化的。对于不申请专利的公众则受益更为明显，可以更早地领略到先进绿色技术的风采，更快地体验绿色技术推广适用带来的生态环境改善。立法的最终目的是实现社会正义，保障人权。④ 通过绿色专利快速审查制度加快绿色专利的授权，从而延长绿色专利权的保护期限，正向激励团体与个人对绿色技术的研发热情、促进绿色技术的应用与推广符合公共利益的需求，能在权利人与公众之间寻找到最佳利益平衡点。

三　知识产权法职能的应有之义

知识产权法律制度内容在不同的国家具有一定差异，显示出明显的地

---

① 吴汉东：《知识产权基本问题研究》（总论），中国人民大学出版社 2009 年版，第146 页。

② 吴汉东：《试论知识产权限制的法理基础》，《法学杂志》2012 年第 6 期。

③ 肖远志：《知识产权权利属性研究——一个政策维度的分析》，北京大学出版社 2009 年版，第 23 页。

④ 沈太霞：《立法合理性问题研究》，《暨南学报》（哲学社会科学版）2012 年第 12 期。

域性特征，且随着时间的推进与时代的变迁显示出不同的特色，但尽管如此，知识产权法律制度具有较为稳定与统一的法职能，保护性职能方面主要体现在促进科技发展和文化艺术事业的繁荣、确认权益归属维护公平竞争、保障经济秩序的正常运行、有利于发展国际贸易和引进外国的先进技术，调整性职能方面主要体现在促进私有利益和公共利益的平衡以及创新资源的有效配置上。

第一，知识产权法律制度具有对科学技术和文化事业的激励功能。知识产权法保护发明创造者的人身权利和财产权利，从精神和物质两个方面鼓励人们积极从事发明创造，只有充分调动起人们发明创造的积极性，才会有尽可能多的科技成果和文学艺术作品源源不断地涌现，推动国家的科学技术水平迅速提高，带动国民经济高质量、可持续发展。在现代科技和经济发展的条件下，知识产权法对科技发展和文化艺术事业发展的促进作用更多的是通过鼓励经营者向技术开发、作品创作和传播以及品牌建设投资实现的。对知识产权的有效保护，能够起到鼓励投资者积极投资的作用，进而促进技术开发和作品创作，促进品牌建设，促进技术转让和作品传播。[1] 知识产权法律制度赋予了知识创造者对其创造成果的垄断权，可以自由选择通过知识许可以获得经济效益与精神鼓励，也具有排除任何人非法使用的权利，能够充分调动创新创造者的积极性，产生更多更好的技术、文化、商业产品，推动科技进步和文化的繁荣。从几个主要的知识产权制度来看，专利制度能够鼓励和推广发明创造，促进科学技术创新，提高生产力；商标制度能够维护商品和服务的正常流通，保护商标权人、商标使用者以及商品或服务消费者的利益，促进商业、市场经济的健康发展；著作权制度能够有效地保护著作权人利益，鼓励优秀作品的创作和传播，促进文化、科学事业的发展。[2]

第二，知识产权法律制度具有对知识产品权益的确认功能。各种知识产品如发明创造、商品标识、文化作品等是知识产权的客体，是在物质条件的保障下进行创造性智力劳动的成果，理应归属于付出智力劳动和物质的投入者。而由于知识产品的非物质性、无体性特征，在无法律制度保障与确权的情形下很难排除他人的非法使用与传播。知识产权法通过具体原

---

① 张玉敏：《知识产权法学》，法律出版社 2017 年版，第 25—26 页。

② 杨巧：《知识产权法学》，中国政法大学出版社 2016 年版，第 42—43 页。

则、规则以确认知识产品的权益归属,确认具体权利人,并由权利人享有专有权益,在明确的权利内容与范围下,为其权利享有和行使提供了依据。具体知识产权方面,专利权、商标权等专有权是通过申请取得,在获得国家相应机构的授权或批准下确认相应的权利归属;著作权是通过作品创作完成自然取得,只需作品具有独创性即可。同时,知识产权法严格禁止任何人未经权利人许可利用其智力成果,对侵犯权利人知识产权的各种行为规定了严格的法律责任,以防范和制裁各种侵权行为,保护权利人的知识产权不受侵犯。

第三,知识产权法律制度具有对个人利益和社会公共利益的调节功能。知识产权法律制度在确认知识产品专有权并赋予垄断性权利的同时,也对专有权利进行了一定的限制,这种限制主要体现在三个方面:一是对权利对象范围的限制,对一些应当由人类共享或者对国家利益重大的智力成果不授予特定主体专有权。二是对权利人专有权行使的限制。例如,著作权受到合理使用、法定许可使用、权利保护期限等限制;专利法对专利权的行使也规定了临时过境、专为科学研究和实验使用不构成侵权的限制,还规定专利实施的强制许可制度,其中包括合理条件下的使用强制许可、为公共利益使用强制许可、从属专利的强制许可等。三是对知识产权专有的负面效应予以防范和限制。例如,专利申请人不得利用其申请权泄露国家秘密,商标权人不得利用商标专用权生产假冒、伪劣产品损害消费者利益等。这些规定均旨在平衡知识产权专有权人和社会公共利益,而且随着科技的发展,知识产权法律制度要不断地通过自身的修改和完善调整这种平衡,以保护知识产权权利人的专有利益,同时维护社会公共利益,促进社会发展。

第四,知识产权法律制度具有对社会与自然资源的有效配置功能。知识属于具有公共产品性质的社会资源,只有当其被产权化,才能在市场经济中实现知识资源的有效配置。知识产权法律制度通过权属确认与激励,使知识资源在产业上的开发和利用更有效率,为知识经济的发展创造了良好的法律环境,在实现知识资源优化配置的同时,对自然资源和社会资源发挥了有效配置的功能。进入知识经济时代,科技与知识的运用发挥着越来越重要的作用,在一定程度上决定着其他要素的发展,也成为国民经济的主要依赖对象。而人们对资源利用的过程受到利益的驱动,在资源流转中更依赖于明确的产权与价值信息,知识产权法律制度通过将知识资源进行产权化，从而确保知识资源尤其是创新资源的开发利用与传播推广。一方面，知识创新资源的蓬勃运用促进人们更多地转向对精神层次的关注，减少对物质资源的过分开发与利用；另一方面，知识产权法律制度对知识创新的垄断权利赋予，激励人们在资源开发过程中加大对知识创新的投入，不断提升生产力，促进提高对自然资源的利用效率，减少自然资源的消耗。因此，知识产权法律制度也直接或间接地发挥着对社会资源与自然资源的有效配置。

第五，知识产权法律制度具有对国际合作与知识产权贸易的促进功能。当今世界，一个国家要自立于世界民族之林，就必须大力发展对外经济技术交流，引进外国的先进技术和管理经验，发展对外贸易，促进我国创新能力的提高。而如果没有知识产权法律制度，不能对知识产权提供有效保护，他人就不会许可我们使用其先进技术，外商尤其是知识产权密集型产业就不愿意到我国来做生意。且当今国际条件下，一个国家不能对外国的知识产权提供有效保护，也会招致其他国家的制裁，其经济发展就会遇到严重的困难。建立完善的知识产权法律制度，参加保护知识产权的国际公约，是我国参与国际贸易的必要条件。[①] 现代知识产权制度的特点之一是全球化、国际化趋势增强，各国国内法与知识产权国际公约接轨，遵守国际公约的国民待遇原则、优先权原则、最低保护限度等原则，履行国际公约的义务。知识产权制度为国家经济合作与文化交流创造了条件，为先进科技和优秀文化成果的传播提供了制度基础，[②] 且有利于一国的知识产品在国外的保护以及国家在对外贸易中保护自己的利益。

从知识产权法律制度的职能可以看出，一方面，知识产权法律制度可以实现对知识产品权益的确认、激励科学技术和文化事业、促进国际合作与知识产权贸易。通过对知识产品权益的确认，激励人们投入对知识产品的创新创造，降低对物质资源的依赖；激励科学技术和文化事业，不仅可以激励科学技术水平的不断提升，提高和改善与治理生态环境的技术能力，促进节约资源、能源的技术问世与进步，而且可以促进文化事业发展，更多传达环保理念的绿色作品问世，丰富人们的精神生活；促进国际合作与知识产权贸易，是绿色技术得以高效与成功跨国转移的重要基础，

---

① 张玉敏：《知识产权法学》，法律出版社 2017 年版，第 26 页。

② 杨巧：《知识产权法学》，中国政法大学出版社 2016 年版，第 44 页。

没有产权机制的绿色技术创新很难被全世界所公知，且容易造成重复研究进而影响绿色技术的创新效率，缺乏产权保障也影响投资人对绿色技术研发投入的热情，降低绿色技术创新、开发、利用、传播的速度与效率。因此，在知识产权法律制度的保护职能方面，体现出了对绿色发展很好的亲和性和基础性，进一步明确对生态环境保护的价值倾向并非难事。另一方面，知识产权法律制度可以调节个人利益和社会公共利益并促进对社会与自然资源的有效配置，可以有效缓解对自然资源的开发压力，环境正义包括人人享有环境权、环境资源在代内之间公平分配以及不能剥夺后代人的环境利益，对自然资源的释放正是增加后代人环境利益的有效措施。从一定角度讲，环境正义是知识产权法律制度调节功能的内在含义。知识产权法是工业文明时代的特定产物，反映着当时的时代背景与需求。而任何立法均最终服务于实践，知识产权法须随其所要反映和维护的社会基本秩序共同进步。在生态文明建设进程中，当环境利益成为人们最大的利益诉求时，知识产权法律制度理应作出回应。因此，知识产权法律制度"绿色化"转型正是知识产权法职能的应有之义与应然担当。

第三节　知识产权法律制度"绿色化"转型的法律基础

一　宪法依据

《中华人民共和国宪法》是国家的根本法，拥有最高法律效力，从本质属性讲属于社会主义宪法，日前施行版本是 2018 年修正版。《宪法》序言中明确指出，要贯彻新发展理念，即创新、协调、绿色、开放、共享的发展理念。其中绿色发展理念旨在解决人与自然和谐的问题，是发展理念的共同底色。《宪法》第五条规定，一切法律、行政法规和地方性法规都不得与宪法相抵触。那么，所有的法律、行政法规、地方性法规均应当贯彻新发展理念的内涵。

中国是人民民主专政的社会主义国家，最高国家权力机关是全国人民代表大会，常设机关是全国人民代表大会常务委员会，最高国家权力机关和常设机关行使国家立法权。从近几年全国人大常委会的立法工作计划可以看出，绿色发展理念始终是应当贯彻落实的重要指导思想。如全国人大常委会 2016 年立法工作计划中列明 2016 年是全面建成小康社会决胜阶段的开局之年，立法工作的总体要求中提到应牢固树立和贯彻落实创新、协调、绿色、开放、共享的新发展理念。2017 年立法工作计划提出的总体要求中再次强调认真落实包括绿色发展在内的新发展理念，其中，立法计划中涉及知识产权法的有初次审议的法律案《反不正当竞争法》（修改），预备及研究论证项目《专利法》和《著作权法》。2018 年立法工作计划中指出，2018 年是贯彻党的十九大精神的开局之年，立法工作的总体要求中仍然包括坚定不移贯彻新发展理念，其中，立法计划中涉及知识产权法的有预备审议项目《著作权法》和初次审议的法律案《专利法》（修改）。

　　《宪法》总纲第九条和第二十六条分别从国家保障角度规定了国家对自然资源的保护和合理利用，以及从公民权利义务角度规定了国家对生活环境和生态环境的保护和改善。即无论从国家责任视角、法律法规视角，还是公民权利义务视角，保护生态环境、防治污染、禁止对自然资源的破坏都是必须行之的义务。那么，法律法规中贯彻对自然资源的节约、生态环境的保护是不与宪法相抵触的应有之义。公民对生态环境的保护与关注义务，是宪法赋予公民的神圣义务，通过全民生态环境关注的提升促进人们生活与生态环境的改善与提升，也是宪法赋予公民的基本权利。

二　《民法典》依据

　　于 2020 年 5 月 28 日公布、自 2021 年 1 月 1 日起施行的《中华人民共和国民法典》总则编第九条条旨是绿色原则，即民事主体从事民事活动，应当有利于节约资源、保护生态环境。民法是保障私权最重要的基本法，民法典总则编是民法典的总纲，所规定的原则适用于平等主体之间的行为规制以及私权纠纷的裁量依据，是对自然环境恶化趋势之时代特征的私法回应。1987 年实施、2009 年修改的《中华人民共和国民法通则》中未规定绿色原则，对重大生态环境的影响问题一般适用于第七条民事活动不得损害公共利益，然而在实践中从未适用过。民法基本原则通常涉及基本的伦理价值或特定社会的基本生活模式与秩序，同时兼具行为规范与裁判规范的功能，对应着民法的强行性规范，民事主体在民事活动中不得约定对该民事基本原则的排除适用。① 将绿色原则单独写入民事基本法中适应了现代社会保护环境、维护生态平衡的需要，② 是民法回应环境问题的有效机制，③ 也是中国社会经济转型升级与步入生态文明新时代的必然发展与要求。

我国《民法典》对知识产权进行了概括性规定，从立法上明确了知识产权法属于民法的组成部分，民法的基本原则和基本制度应当适用于知识产权法，民法是调整知识产权关系、解决知识产权纠纷的基础性法律规范。④ 虽然目前立法并未将知识产权法认定为民法典分编，但是《民法典》总则编第五章民事权利部分的第一百二十三条明确规定了民事主体依法享有知识产权，其中就发明、实用新型和外观设计客体享有的专有权利为专利权，就作品享有的专有权利为著作权，就商标享有的专有权利为商标权。民事主体享有相应知识产权，民事主体行使知识产权属于民事领域范畴、适用民事基本原则，应遵循有利于保护生态环境和节约资源这一绿色原则。因此，知识产权法律制度的"绿色化"是贯彻落实"绿色原则"的客观要求，是科学构建社会主义法律体系的应有之义。知识产权立法有理由和有义务通过规则完善来贯彻绿色理念，提升环保功能，使知识产权的取得和行使需遵循"绿色原则"的一般性条款。

《民法典》中的绿色原则是平衡民事主体与生态环境、社会公众之间利益的限制性原则，承担着平衡与协调多元价值的功能，包括协调经济发展与环境保护的关系、交易安全与生态安全的关系以及代内公平与代际公平的关系。而当前我国《民法典》的一个主要定位是"反映 21 世纪中国的时代精神和时代特征"，诚如王利明教授所言，如果说 1804 年的《法国民法典》是 19 世纪风车磨坊风格的民法典的杰出代表，1900 年的《德国民法典》是 20 世纪工业社会的民法典的杰出代表，那么我们中国的民法典就是 21 世纪民法典的杰出代表。蕴含着生态意义甚至文化、哲学意味的绿色精神是符合 21 世纪时代精神的，民法典中的绿色原则以及各分

---

① 王轶：《民法典的规范类型及其配置关系》，《清华法学》2014 年第 6 期。
② 王利明：《民法总则纳绿色理念》，2017 年 2 月 28 日，http://news.takungpao.com/paper/q/2017/0228/3425502.html? open_source＝weibo_search，2020 年 9 月 7 日。
③ 吕忠梅课题组：《"绿色原则"在民法典中的贯彻论纲》，《中国法学》2018 年第 1 期。
④ 张玉敏：《知识产权法学》，法律出版社 2017 年版，第 25 页。

编中的物权、合同、侵权等制度构造也已经或将日渐成为绿色精神的制度载体。[①] 知识产权法是鼓励创新以及促进创新技术的推广应用的实在法，现实中创新的科技可能是促进环境保护与节能的绿色科技，可能是危害生态环境或浪费资源能源的科技，也可能是既不利于环境保护与资源节约又危害生态环境与浪费资源的科技；可能成为推动社会进步、生态文明建设的第一生产力，也可能是生态文明建设的第一破坏力。通过绿色原则的引导与规制，有利于创造更多生态友好型知识产权，限制危害环境型知识产权的产生与应用。因此对于绿色技术的知识产权创造，一方面，应当对绿色知识产权进行激励。因为对于节约资源和保护生态环境的技术而言，一旦申请授予专利权，其行使便有利于资源节约与环境保护。对于此类技术，国家授权机关适当缩减审查时间以使其更快地被授权，从而进入市场进行许可、转让、实施等，符合绿色发展理念，有利于协调经济发展与环境保护的关系，更好地服务于新时代生态文明建设。另一方面，应当对危害环境型知识产权进行立法排除。如在专利法中规定对生态环境具有危害性的发明创造不能授予专利权，在商标法中规定商标的意思表达为引导公众浪费资源的不予注册等，从而从源头引导公民与组织在创新过程中考虑发明创造与商业标识的生态价值，履行相关的环境保护义务，维护生态环境、节约资源能源。

三　其他基本法依据

绿色发展直接体现在法律的规定中主要有两部法律，分别于 2019 年修正和 2019 年实施，《中华人民共和国土地管理法》2019 年修正版本中增加了一条作为第十八条，规定编制国土空间规划应当坚持生态优先，绿色、可持续发展。2019 年 1 月 1 日起实施的《中华人民共和国电子商务法》第六十五条规定，支持、推动绿色包装、仓储、运输，促进电子商务绿色发展。其中，推动绿色包装、仓储、运输与绿色知识产权制度密切相关，推动绿色包装，包括包装的材料、形式、标志等各方面的"绿色化"。专利权激励是对绿色材质、包装技术创新、进步的有效机制，专利法律制度的"绿色化"转型是推动绿色包装的重要制度保障；绿色标志

---

① 马竞遥：《绿色原则在民法典分则编的体系化实现——以矿业权的民法规制为中心》，《求索》2019 年第 5 期。

的法律调整主要是商标法，商标制度中设立对绿色商标的激励机制将有利于推动绿色包装标志的发展。绿色仓储和运输中同样会涉及技术或方法的发明创造，对相应绿色技术或方法的激励创新需要专利法中绿色发展原则的增加。

国家法律体系中明确提出"保护生态环境"原则或要求的基本法较多，且以近几年制定或修改的法律居多。如《中华人民共和国核安全法》（2018 年 1 月 1 日起实施）第一条立法宗旨中明确列明了保护生态环境和促进经济社会可持续发展。《中华人民共和国城乡规划法》（2019 年修正）第十三条规定，省域城镇体系规划的内容应当包括为保护生态环境、资源等需要严格控制的区域。《中华人民共和国大气污染防治法》（2018 年修正）第八条规定制定大气环境质量标准应当以保障公众健康和保护生态环境为宗旨。《中华人民共和国旅游法》（2018 年修正）第十三条规定，旅游者在旅游活动中应当保护生态环境。《中华人民共和国煤炭法》（2016 年修正）第十一条规定，开发利用煤炭资源，应当防治污染和其他公害，保护生态环境。《中华人民共和国水法》（2016 年修正）第二十六条规定，建设水力发电站，应当保护生态环境。《中华人民共和国航道法》（2016 年修正）第三条规定，规划、建设、养护、保护航道，应当遵循综合利用和保护水资源、保护生态环境的原则。第七条和第十条分别规定航道发展规划技术和新建或因改善而进行的航道工程建设，应关注水资源保护、生态环境保护的要求，遵守生态环境保护的规定。

《中华人民共和国环境保护法》和《中华人民共和国对外贸易法》在公布实施时均提出了保护生态环境的基本原则和适用情形，在后续修订或修正的过程中进一步强化保护生态环境的要求，且进行了具体化解释。1989 年 12 月 26 日发布的《中华人民共和国环境保护法》第十九条规定，开发利用自然资源必须采取措施保护生态环境，2014 年修订时将本条修改为，开发利用自然资源，应当合理开发，保护生物多样性，保障生态安全，依法制定有关生态保护和恢复治理方案并予以实施。将开发利用自然资源中保护生态环境具体解释为合理开发、保护生物多样性、保护生态安全，其中合理开发应当包含有限度地、节约资源能源地、坚持可持续发展地开发利用，即不损害后代人获取环境利益的权利。1994 年 5 月 12 日发布的《中华人民共和国对外贸易法》第十七条规定，国家禁止进口或者出口属于破坏生态环境的货物和技术。第二十四条规定，国家可以为保护生态环境限制国际服务贸易。2004 年修订时对第十七条和第二十四条作了较大修改，2016 年修正版与 2004 年修订版保持一致。其中，国家可以限制或者禁止有关货物、技术的进口或者出口的情形增多，其中涉及生态环境的为两项，第二项"保护人的健康或者安全，保护动物、植物的生命或者健康，保护环境的需要"以及第四项"国内供应短缺或者为有效保护可能用竭的自然资源的需要"。国家可以限制或者禁止的国际服务贸易情形，原来的"保护生态环境"项更改为"保护人的健康或者安全，保护动物、植物的生命或者健康，保护环境"。一方面，修订后的规则是对原规则的深度解析，即从笼统的保护生态环境，细化并增加了保护人的健康或安全，保护动物、植物的生命或健康，以及合理利用自然资源，使得行为依据更为具体。另一方面，也是环境伦理发展的立法体现，保护动植物的生命和健康就是从传统的对人的生命健康关怀扩展至对动植物的生命和健康关怀，表达了对动植物生命健康的尊重，合理利用自然资源关怀后代人对环境资源的利用，是代际公平理念的体现。

第五章　知识产权法律制度"绿色化"转型的国际经验

第一节　绿色知识产权国际保护理念的分歧与调和

世界发达国家普遍科技水平较为先进，掌握着大量最前沿的技术，对知识产权制度具有较强的依赖性，也享受着知识产权制度的福利保障，而多数发展中国家科技发展水平虽然在不断提高，但与世界上掌握大多数最先进技术的发达国家相比，知识产权尤其是高质量知识产权拥有量还较为落后，甚至在部分领域受制于发达国家的知识产权控制。在绿色知识产权的保护理念方面，发达国家与发展中国家存在较大分歧，如何继续激励发明创造以利于全球生态环境保护的新技术研发与应用推广，但又不因过度的权利保护而限制生态环境保护与提升的公共需求，是发达国家与发展中国家从理念分歧走向和谐的主线。

一　绿色技术纳入知识产权保护的争议

（一）发达国家与发展中国家之争

在知识产权保护客体领域，技术发明创造、商业标识、影视、文学、建筑等各类作品均能影响生态环境的保护，而对环境影响最大并可能直接作用于生态环境变动的，非发明创造莫属。在举世震惊的十大公害等各类环境事件中，均由技术直接导致，无论是比利时马斯河谷驻扎的炼油厂、金属厂、玻璃厂等众多工厂烟尘积累造成的人与牲畜丧生，还是洛杉矶汽车汽油燃烧造成的光化学烟雾事件；无论是日本水俣镇一家氮肥公司废水排放引起食物链污染导致的逾千人死亡，还是切尔诺贝利核电站放射物泄漏导致的人员死亡与长期患癌风险，甚至给邻国带来了严重灾难。然而，在生态环境的治理中，技术的应用也同样功不可没，如雾霾治理技术、水源净化技术、节能减排技术等，可谓成也技术败也技术。因此，绿色技术的创新、应用和推广，有助于全球气候变化减缓与生态环境问题解决，是否应纳入知识产权保护的问题在世界上引起了最强烈的争论，也是国际绿色知识产权保护立场选择的核心战场。

部分国家认为，绿色专利通过创造动力和条件来开发和研究商业化可再生能源技术，降低能源消耗，减少温室气体排放，从而实现绿色知识产权最终有助于保护环境和减缓气候变化的目标。例如，美国利用"绿色知识产权"为绿色经济主体的新能源技术、设备和绿色产品贸易市场保驾护航；[①] 韩国曾选定十项绿色产业，包括污水处理、新能源汽车、地下水净化等，作为未来重点扶持与发展的方向，制订"绿色知识产权战略计划"[②]，以强调对绿色技术的知识产权保护。而很多国家和组织对绿色技术知识产权促进创新的看法持有异议，认为知识产权是绿色技术应用的障碍。发达国家掌握着全球近 80% 的绿色技术核心专利，在促进自身不断创新的过程中利用知识产权保护制度限制了其他国家相应领域的技术创新，从总体上看对经济增长和创新能力提升的作用并非正向，尤其在全球化生态环境治理与能源危机缓解方面抑制了有效绿色技术的转移、传播与推广利用。如果气候变化确实是人类排放温室气体导致的，那么应该受到责备的就是发达工业化国家。毕竟直到最近，这些国家一直是世界上最大的温室气体排放国。由于绝大多数的绿色专利是在这些排放废气的发达国家注册的，因此，这些国家在道义上有义务放弃专利权，放下利润动机，与世界其他国家分享绿色技术。在气候变化政策国际论坛上进行辩论的这些观点已超越了法律领域，并扩展至道德和伦理领域。[③] 国际社会对绿色技术是否应当纳入知识产权保护的分歧，根植于国家经济社会发展实际条件下的利益诉求，从唯物主义的视角观察，取决于国家的技术积累与研发

---

① 杨志、张洪国：《气候变化与低碳经济、绿色经济、循环经济之辨析》，《广东社会科学》2009 年第 6 期。

② 孙秋枫、张婷婷、李静雅：《韩国碳排放交易制度的发展及对中国的启示》，《武汉大学学报》（哲学社会科学版）2016 年第 2 期。

③ ［美］埃里克·L. 莱恩：《清洁技术知识产权：生态标记、绿色专利和绿色创新》，《清洁技术知识产权》翻译组译，知识产权出版社 2019 年版，第 11—12 页。

潜力、知识产权制度完善程度以及科技发展与知识产权保护强度之间的现实平衡力。

(二) 基于现实基础的中国立场

中国属于发展中国家,但近年来专利申请量始终位于全球前列,尤其是实施知识产权战略与创新驱动发展战略以来,创新能力和潜力不断提升。在绿色创新方面表现也很突出,国家知识产权局发布的《中国绿色专利统计报告(2014—2017 年)》显示,中国在绿色技术领域的专利申请年均增速高于中国发明专利申请总量年均增速 3.7 个百分点,绿色创新活力与能力不断提升。① 实践中,中国涌现了许多绿色技术领域的领军者,他们在国内市场和国外都取得了创新和成功。例如,来自中国的一些主要太阳能制造商包括晶澳太阳能控股、英利、尚德、中国太阳能和韩华新能源。在风电领域,金风、国电联合动力技术和明阳风电占据着主导地位。中国现在拥有巨大的绿色技术市场,特别是世界上最大的太阳能热能和光伏(PV)市场。②

从知识产权创造视角看,知识产权制度产权确认与专有权归属的利益保护功能促进发明创造的不断产生,激励技术的创新,其中也包括绿色发明创造与绿色技术,因此如果缺乏对绿色知识产权的保护将形成生态创业的重大阻力。③ 从知识产权运用视角看,弱化知识产权的保护可能在短期内有利于绿色专利技术需求方获得相应的技术,但是缺乏利益驱动将致使投资人减少对绿色技术研发的投入,从长期看将抑制绿色技术的创新与进步,无源何来流,因此将更不利于绿色技术的传播。④ 普遍情况下专利保护是优于技术秘密保护的,除非对于十分不易被模仿且侵权认定困难的技术。对于绿色技术的拥有者,一般付出了一定的人力与财力成本去获得该项技术,自然希望通过技术的应用获得报酬与收益,如果不对绿色技术进行专利保护,那么绿色技术拥有者将通过技术秘密等形式予以保护并获得

---

① 韩瑞:《中国绿色专利拥有量逐年增长》,2018 年 9 月 7 日,http://www.cnipa.gov.cn/zscqgz/1131861.htm,2020 年 9 月 2 日。

② [美] 埃里克·L. 莱恩:《清洁技术知识产权:生态标记、绿色专利和绿色创新》,《清洁技术知识产权》翻译组译,知识产权出版社 2019 年版,第 1—2 页。

③ Tandoh-Offin P., "A review of environmental entrepreneurship as an agenda for rural development: The case for Ghana", *Journal of African Studies and Development*, 2010, 2 (2): 27-34.

④ 郑友德:《顺应环保要求的绿色知识产权》,《检察日报》2011 年 3 月 10 日第 3 版。

相应利益。通过专利保护其他技术需求者可以在得到专利权人的许可并向其支付使用费而使用该项绿色技术，并且可以了解相关技术的研究状态与进展。若通过技术秘密的方式，社会公众很难了解到该项环保技术，绿色技术的创新会遭遇信息不充分而较难获取研究状态与技术进展，更加限制绿色技术的传播与广泛应用。

事实上，中国的知识产权保护制度实践无论在技术创新推动还是国际经贸合作中主动性还不够强，这也是导致 2017 年以来中美经贸摩擦持续升级的重要原因之一。知识产权涵盖人类智力创作的成果，承载着技术的进步与创意的展现，新时代掌握更优质、更广泛知识产权的国家，才有主导世界话语体系的资格，[①] 也正因如此，对知识产权依赖度极高的美国不允许国际社会对知识产权保护不济的发生，以免对国家政治经济发展造成阻碍。有恒产者有恒心，自主研发水平受制度因素的影响，知识产权保护不足将导致企业缺乏自主创新动力。[②] 国家创新发展首先需要良好的区域营商环境，而塑造良好区域营商环境的重要方面又是强化知识产权保护。当区域知识产权保护水平足够的环境下，市场主体就愿意投入巨大的成本进行研发与创新，信任发明创造专利能够得到有效保护，便愿意将先进技术公之于众以促进区域与国家的社会科技进步，如此形成良性循环，知识产权不断被创造、运用、保护，科学技术不断进步、创新，区域创新能力不断增强。目前，中国知识产权保护强度并没有达到最优值，[③] 继续并持续提高知识产权保护水平，有助于提高自主研发对区域创新能力的促进作用。[④] 在长期均衡的状态下，加强知识产权保护程度对经济增长具有正向促进作用。[⑤] 为此，我国已经越来越重视知识产权的保护问题，党的十九大报告中明确提出要强化知识产权创造、保护和运用，习近平总书记多次

---

① 余盛峰：《知识产权全球化：现代转向与法理反思》，《政法论丛》2014 年第 6 期。

② 李平、宫旭红、齐丹丹：《中国最优知识产权保护区间研究：基于自主研发及国际技术引进的视角》，《南开经济研究》2013 年第 3 期。

③ 蔡虹、吴凯、蒋仁爱：《中国最优知识产权保护强度的实证研究》，《科学学研究》2014 年第 9 期。

④ 靳巧花、严太华：《自主研发与区域创新能力关系研究——基于知识产权保护的动态门限效应》，《科学学与科学技术管理》2017 年第 2 期。

⑤ 董雪兵、朱慧、康继军等：《转型期知识产权保护制度的增长效应研究》，《经济研究》2012 年第 8 期。

强调知识产权保护的重要性，① 李克强总理承诺中方将严格保护知识产权，决不允许强制转让技术。② 2015 年 12 月 18 日，国务院发布《关于新形势下加快知识产权强国建设的若干意见》，提出全球新一轮科技革命和产业变革之际，应深入实施创新驱动发展战略，加快知识产权强国建设，在知识产权保护方面实行严格保护。

因此，中国作为世界重要的新兴市场和发展中国家，当务之急是继续加强知识产权保护，创造更加公平、秩序的科技创新与知识产权保护环境，以进一步增强知识产权制度保障对科技创新进步与经济发展的推动作用，而绿色技术作为技术的重要部分，在全球环境治理以及国家可持续发展中发挥着无可替代的作用，利用知识产权保护制度激励、推动绿色技术的创新发展是必行之路。尽管中国曾在一段时间内提出过弱化绿色领域专利权的政策，以对权利人的权利限制为主要手段促进绿色技术的转移与传播，但随着国内绿色技术专利的不断增多以及其对中国市场重要性的不断提升，这一情况正以一种清晰而又瞩目的方式发生变化。③ 近年来，中国在强化绿色技术知识产权保护方面开始了探索，2012 年，中国国家知识产权局成为金砖国家中第二个开展专利优先审查工作的组织，其中包括节能环保、新能源技术、新能源汽车以及有利于绿色发展的低碳节能技术等绿色技术领域，优先审查程序的适用显著地缩短了专利申请人获得专利授权的时间，对于绿色专利申请人，尤其是国内绿色技术公司来说，是一个非常有用的工具，2017 年，国家知识产权局又对优先审查程序与内容作了进一步完善，尽管在绿色技术领域方面的规定似有退化。《"十三五"国家知识产权保护和运用规划》明确提出加大污染治理和资源循环利用等生态环保领域的专利保护力度。就省市来说，2019 年河北省发展和改革委员会、河北省科技厅印发的《关于构建市场导向的绿色技术创新体

① 习近平总书记主持召开中央财经领导小组第十六次会议时强调产权保护特别是知识产权保护是塑造良好营商环境的重要方面；在博鳌亚洲论坛 2018 年年会开幕式发表主旨演讲时指出，加强知识产权保护是完善产权保护制度最重要的内容，也是提高中国经济竞争力最大的激励；在 2018 年 G20 峰会上发表讲话时再次强调中国将继续深化市场化改革，保护产权和知识产权，鼓励公平竞争，主动扩大进口。

② 王远、王迪：《李克强与法国总理共同出席中法企业家座谈会》，《人民日报》2018 年 6 月 27 日第 1 版。

③ ［美］埃里克·L. 莱恩：《清洁技术知识产权：生态标记、绿色专利和绿色创新》，《清洁技术知识产权》翻译组译，知识产权出版社 2019 年版，第 3 页。

系的若干措施》中明确提出优化绿色技术创新环境、打造绿色驱动发展生态的重要途径之一就是加强绿色技术知识产权保护，还提出加强对重点领域绿色技术创新的支持，推动研制一批具有自主知识产权、达到国内外领先水平的关键核心绿色技术。[①] 然而在具体行动上，中国对绿色技术的研发、推广与应用实践还十分不足，相形之下，发达国家尤其以美国、日本和德国为代表，则大力投入绿色技术的研发与绿色专利的申请中，目前已拥有众多绿色技术和专利。至 2009 年，美日德三国获得授权的绿色专利之和已经占太阳能、先进交通工具和建筑节能等相关技术领域全球国际专利申请总量的 61.2%。生态经济时代，部分发达国家又一次紧握主动权，在绿色技术领域依旧进行深度专利布局，抢占知识产权制高点。因此，中国在新一轮的国际社会变革中，要充分把握主动权，加强绿色技术自主知识产权的创造、运用与保护。

二 绿色知识产权激励与限制之间的平衡

正如绿色知识产权的基本特征要求有利于环境的基本目标，绿色知识产权最终应该有助于保护环境和减缓气候变化。绿色专利通过创造动力和条件来开发和商业化可再生能源技术，降低能源消耗，减少温室气体排放，从而实现这一目的。因而，世界范围内许多国家施行绿色专利快速审查制度对绿色技术专利权人进行激励。然而现实中绿色专利保护强度过高容易造成绿色技术的转移与应用障碍，使得知识产权保护与国际环境保护两者之间出现冲突，如何处理这两者之间的关联性及冲突逐渐引起国际社会的极大关注。[②] 而无论强制许可还是侵权人继续使用的司法判决，均是对绿色专利权人的权利限制，激励与限制是天平的两端，心向何方是选择的基点。

（一）绿色专利快速审查的国家行动

许多国家实施了特别程序，以加速审查和授予与绿色技术相关的专利。通过更早地授予绿色技术发明的专利权，企业家可以获得资金和就业机会、提升商业价值，并更快地将技术推向市场。以针对绿色技术的试点

---

① 云山：《河北加强绿色技术知识产权保护》，2019 年 10 月 23 日，http：//www.cnipa.gov.cn/dtxx/1143218.htm，2020 年 10 月 7 日。

② 姚新超、张晓微：《知识产权与环境保护在国际规范中的冲突及调和模式》，《国际贸易》2015 年第 9 期。

项目形式实施特别程序的代表国是美国，美国专利商标局（USPTO）在2009 年 12 月推行了绿色专利加速审查的试点项目，该项目经过两次分别延期至 2011 年 12 月 31 日，① 2012 年 3 月 30 日或直至 3500 项申请获得项目资格，② 以及一次为促进绿色技术的发展而扩大项目适用主体③，加速了绿色技术的开发和部署并创造了更多绿色就业机会。并且项目关闭后申请者可以根据条件适用优先审查项目或加速审查项目，这两个项目不仅使审查得以提升，而且还设定了一个在 12 个月内完成最终程序的目标。

　　除此之外，实施绿色专利快速审查程序的国家主要有英国、澳大利亚、韩国、日本、以色列、加拿大、巴西和中国（按实施时间排序），各国的快速审查程序各具特色。其中日本的专利快速审查程序具有五种适用情形，绿色技术属于重要的一部分。日本专利局（JPO）允许可通过低能耗或降低二氧化碳排放等而对环境产生有益影响的绿色发明通过加速审查项目申请专利。④ 加拿大在专利规则（*Parent Rules*）第 28（1）条中明确规定了绿色技术的加速审查适用。加拿大知识产权局（Canadian Intellectual Property Office）的快速审查程序中，绿色技术包括所有涉及帮助解决或减轻环境影响或保护自然环境和资源的技术，专利申请人通过提交声明请求加速审查且无须承担额外费用，实施目的是帮助缩短专利清洁技术发明所需要的时间，使企业能够更快地将其推向市场。⑤ 澳大利亚知识产权局（IP Australia）公布的环境友好技术专利申请适用的快速审查，使一般情

---

① "USPTO Extends Deadline to Participate in Green Technology Pilot Program by One Year", 2010-11-10, https：//www. uspto. gov/about-us/news-updates/uspto-extends-deadline-participate-green-technology-pilot-program-one-year.

② "USPTO Extends Deadline to Participate in Green Technology Pilot Program", 2011-12-15, https：//www. uspto. gov/about-us/news-updates/uspto-extends-deadline-participate-green-technology-pilot-program.

③ "USPTO Expands Green Technology Pilot Program to More Inventions", 2010-05-21, https：//www. uspto. gov/about-us/news-updates/uspto-expands-green-technology-pilot-program-more-inventions.

④ JPO, "The JPO Implemented a Pilot Program for Green Accelerated Examination Effective November 1, 2009", 2009-11-30, https：//www. ondatechno. com/English/ip/patent/report/20091130. html.

⑤ "Speed up Your Patent Applications for Clean Technology Inventions", 2015-06-01, http：//www. ic. gc. ca/eic/site/cipointernet-internetopic. nsf/eng/wr02462. html.

况下从专利申请提交至审查程序开始需要一年以上的时间缩短为四至八周，且不必额外支付费用①。（见表 1）

表 1　　　　　　　全球绿色专利快速审查项目的基本情况②

国家	开始时间	技术范围
英国	2009 年 5 月	所有的环境友好发明
澳大利亚	2009 年 11 月	所有的环境友好发明
韩国	2009 年 10 月	韩国政府资助或鉴定合格的技术、相关环境法中提到的技术
日本	2009 年 11 月	节约能源或减少二氧化碳排放的技术
美国	2009 年 12 月	与环境质量、节约能源、可再生能源资源开发或减少温室气体排放相关的技术
以色列	2009 年 12 月	所有的环境友好发明
加拿大	2011 年 3 月	所有的环境友好发明
巴西	2012 年 4 月	替代能源、交通、节约能源、废弃物管理或农业相关的技术
中国	2012 年 8 月（2017 年 8 月修改）	涉及节能环保、新能源、新材料、新能源汽车等国家重点发展产业的发明；属于各省级和设区的市级人民政府重点鼓励产业的环境友好发明

（二）绿色专利强制许可的实施

绿色专利强制许可是根据相关法律及生态环境公共利益的需求与平衡，不经绿色专利权人同意，由知识产权行政管理部门直接允许其他单位或个人对该绿色发明创造进行实施的许可方式，是对绿色专利权的权利限制。绿色专利强制许可的精神内核与普通专利强制许可是一样的，为了促进公共利益与私人利益的平衡，避免实用性技术"躺在抽屉"里不被利用，只是绿色专利强制许可相较普通专利强制许可强调了生态环境利益，除具有传统的平衡公共利益与私人利益调控器作用的基础上促进对生态环境的关注与保护，旨在缓解全球气候变化与生态危机，促进可持续发展与

---

① "Expedited Examination for Standard Patents", 2018－01－11, https：//www.ipaustralia.gov.au/patents/applying－patent/standard－patent－application－process/examination－standard－patent/expedited-examination-standard-patents.

② Dechezleprêtre A., *Fast-tracking Green Patent Applications：An Empirical Analysis*, Geneva, Switzerland：International Centre for Trade and Sustainable Development International Environment House 2, 2013：6.

绿色发展，实现环境正义。但目前无论国际条约还是我国的法律规范，实施强制许可的条件均为较宏观的基于公共利益需要，未说明可以基于生态环境需求，虽然重大生态环境利益当然属于公共利益，但普通情况下具有生态环境效益的事由是否属于公共利益，法律中未给出明确的回答，而学术研究中也存在争议。

美国联邦巡回上诉法院在形成持续使用费问题相关判例时，对强制许可进行了对比讨论。美国联邦巡回上诉法院认为在某些情况下对于专利侵权以判予持续使用费来代替禁令可能是适当的，但只有在必要的情况下才能提供这样的救济手段，而非用在 "永久禁令不被法院采用" 时，并且建议地方法院应该允许当事人自己谈判预期许可，只有在双方未能达成一致时才介入评估合理的使用费率。持续使用费问题与强制许可似有关联，但也存在本质差异。强制许可允许任何符合某些标准的人使用被许可的作品或技术，而持续使用费仅限于特定的一组被告，并且其他汽车制造商无法使用该许可。强制许可与持续使用费的区别并非限于语义学的区别，即将强制许可称为持续使用费并不会使其不成为强制许可，将支付持续使用费称为强制许可并不会使其成为真正的强制许可，而是开放的强制许可供所有人使用，受限的强制许可只有诉讼的侵权当事人才能使用，即持续使用费可以称为受限的强制许可。①

因此，绿色专利的强制许可不同于持续使用费支付，适用于不特定的主体，且标准也存在差异。绿色专利强制许可可以总结为以下特征：绿色专利权人的非自愿性、许可范围的非确定性、许可主体为国家相应行政管理机关以及许可事由为环境公益。至此，实践操作中最难的应当是许可事由为环境公益，具体标准究竟为何？目前国际上尚无成熟的经验可供借鉴，但与强制许可具有一定相似性的持续使用费问题在美国判例中得到很详尽的解说，绿色专利强制许可的制度设计就可以参考支付持续使用费情况，例如也经过类似四因素检验标准的程序，然后确定合理的使用费标准。其中，四因素检验可以转化为 "三要素"：该绿色专利的实施效果是否在该领域具有不可替代性、权衡强制许可对绿色专利权人的利害得失、如果不进行强制许可是否会损害公众利益。

---

① ［美］埃里克·L. 莱恩：《清洁技术知识产权：生态标记、绿色专利和绿色创新》，《清洁技术知识产权》翻译组译译，知识产权出版社 2019 年版，第 122—123 页。

（三）绿色知识产权开放共享机制的探索

为更大范围地充分发挥绿色技术的环保作用，促进商业可持续发展与绿色技术的交流、传播、利用和共享，以便任何有能力实施这些技术的人都能够获取与应用，国际上产生了很多企业或组织自发成立相应的项目或计划以进行绿色共享。如 2008 年 1 月，几家公司发起了绿色专利共享计划，以共享使用保护地球环境的专利技术。IBM、Sony、Pitney Bowes 以及 Nokia 分别向共享计划捐赠了一项以上专利，并由位于日内瓦的组织世界可持续发展工商理事会（WBCSD）管理。入选绿色专利共享计划中的专利必须能够提供直接或间接环境效益，目前共享计划已拥有一百余项专利，包括美国专利"地下水污染物去除方法""塑料生物降解方法"等。在 WBCSD 托管的搜索网站中可以查到共享计划中的任何专利，供包括成员（即提供专利的公司）和非成员在内的任何人使用。绿色专利共享计划的专利池具有跨行业性质，有助于跨行业使用该技术。然而现实中，共享计划也面临一些阻碍，影响其作为技术转让机制的有效性，一是专利固有的局限性，一项单独的专利并不传达使用某项特定技术的权利。即使未来的实施者在共同体中确定了一项可行的专利，在自由实施该技术之前，可能还需要进一步的调查，以评估其计划的环境产品或服务是否可能侵犯其他非共同体领域的专利，确定该技术是否被多个非共同体专利所覆盖。通常而言，复杂技术往往受到多个专利保护，且这些专利可能由不同的实体拥有，一项共同体专利不一定能为未来的实施者提供所使用技术的权利或必要的保护。二是专利地域性导致的区域限制，可供使用的捐赠专利主要来自美国、德国、日本和由欧洲专利公约成员国组成的四个司法管辖区，专利法具有地域性，在一国内获得专利权并不能获得其他国的权利保护，可利用的共享专利仅在少数发达国家的管辖区内颁发，任何发展中国家或最贫穷国家并不能自由使用这些专利技术，进而不能成为从发达国家到新兴市场和发展中国家的技术转让渠道。[①] 尽管共享计划存在一定缺陷，但在促进创新并使得某些环境有益的产品和服务尽早商业化方面仍可以发挥一定作用。

在促进绿色技术、作品应用与转移的过程中，为改善传播效应，产生

---

① ［美］埃里克·L. 莱恩：《清洁技术知识产权：生态标记、绿色专利和绿色创新》，《清洁技术知识产权》翻译组译，知识产权出版社 2019 年版，第 202—206 页。

了新的促进项目，即绿色交流项目。绿色交流项目由耐克、百思买和非营利创意共同体共同努力创建，旨在向用户提供绿色专利技术，同时使专利权人保留认为对其竞争优势至关重要的权利。该项目在耐克孵化，耐克已经在其网站上发布了一些绿色发明，供公众使用。绿色交流项目的基石是创意共同体的在线共享系统，允许知识产权创建者共享他们的创作，同时允许他们保持对保留权利和共享权利的控制。非营利组织已经设计了许可协议，允许参与者对他们的知识产权拥有这种灵活性和控制权。绿色交流借鉴了创意共同体的经验，为艺术家、音乐家、科学家和教育工作者创建了"保留一些权利"的制度，同时也借鉴了诸如 Linux 专利共同体、BIOS 项目、在线免费专利和绿色专利共享计划等共享项目来之不易的成功经验。① 绿色交流项目设置了专门的商业许可平台与功能，进而能够吸引拥有绿色作品或技术的更多知识产权所有人加入项目，② 不断扩大项目规模而惠益使用人与生态环境。绿色专利共享计划和绿色交流项目，是迄今为止绿色技术转让倡议的两个最重要的例子。它们分享了一种通过社区、协作和共享促进创新和促进绿色技术传播的理念，尽管这种态度与许多希望从专有技术中获得最大利润的企业和专利持有人截然相反，但绿色交流平台提供的对权利和许可条款的控制，可以在一定程度上缓解他们的担忧。③ 致力于在保护权利人利益和促进绿色技术、作品与理念传播之间取得平衡，才能使共享或交流项目长久地繁荣发展，发挥其应有的效应，调和国际社会在知识产权制度对绿色技术、作品传播发挥的根本作用方面的理念矛盾。

三　知识产权与生物多样性保护之间的博弈

国际社会在生物多样性保护与知识产权保护方面同样存在争议与分歧，仍主要体现为发达国家与发展中国家的立场。为此，国际社会从国际公约、条约、协定等各方面有过探索和调和。1993 年联合国颁布和生效了《生物多样性公约》，是一项保护地球生物资源的国际性公约，旨在保护地球生物

---

① ［美］埃里克·L. 莱恩：《清洁技术知识产权：生态标记、绿色专利和绿色创新》，《清洁技术知识产权》翻译组译，知识产权出版社 2019 年版，第 207—208 页。

② 陈琼娣：《共享经济视角下的专利开放许可实践及制度价值》，《中国科技论坛》2018 年第 11 期。

③ ［美］埃里克·L. 莱恩：《清洁技术知识产权：生态标记、绿色专利和绿色创新》，《清洁技术知识产权》翻译组译，知识产权出版社 2019 年版，第 211 页。

多样性，维持可持续发展，并首次提出了遗传资源的主权国论点，社区或所属国具有遗传资源知情同意与惠益分享的权利。建立在发展中国家保护生物资源方面付出了巨大努力且费用日益增加的基本观点之上，要求在生物资源保护方面发达国家向发展中国家提供或补偿一定的资金，并为向发展中国家转让相应技术提供便捷与实惠。2010 年在日本名古屋召开了 CBD 缔约国大会，并签署通过了《名古屋议定书》，进一步明确与细化了遗传资源的知情同意与惠益分享机制，但在具体义务履行方面仍需要各主权国家自行进行立法规定或出台相应行政措施。在国际条约方面，TRIPs 的相关规定则可能与 CBD 公约条款产生潜在冲突。依据 TRIPs 第 27（3）条的规定，WTO 成员在符合一定的条件下，可以特别排除某些动植物及微生物本身作为专利保护的对象，但非生物及微生物的主要产生方法则可予以专利保护。非生物及微生物的产生方法主要应用于现代生物技术即基因技术或具有环境风险性的技术领域，若应用不当可能会对地球物种及生态系统的平衡乃至人类健康构成重大威胁。为此，《联合国关于生物技术生物安全的国际技术准则》等国际公约均对此类技术应用予以了严格限制。除此之外，TRIPs 并不限制主权国家以专利的形式保护植物新品种，如此在受保护品种强大的专有权利益激励之下促使植物品种不断趋于同种性，从而导致基因资源的损失、生物多样性的降低。因此，部分国家认为 TRIPs 上述关于对植物品种可使用专利予以保护的规范不利于生态环境的保护。

上述不同国际规范导致的结果是，如何在专利保护与自然资源保护及其利益分享之间取得平衡。针对这些争议，发达国家与发展中国家之间存在极大分歧。世界上存在大量生物多样性的区域及发展中国家坚持认为，若允许发达国家的跨国企业独占某些植物专利则等于对传统农业知识的公然窃取。因为发达国家的跨国企业有可能将基因资源与传统知识进一步专利化为药物或新植物品种，而不愿与发展中国家分享其利益。因此，发展中国家认为 WTO 的 TRIPs 与联合国 CBD 公约存在冲突，呼吁必须修改现行的 TRIPs。但这一呼吁遭到以欧盟为代表的发达国家的抵制。在 WTO 领域内，许多发展中国家提出共同的议案，要求在 TRIPs 的专利规范中，增加关于生物信息或传统知识的信息披露义务，即 WTO 成员有义务要求专利申请人披露物质的来源，并提供证据证明专利申请已符合披露义务及利益共享的要求，以此为批准或撤销专利申请的主要依据之一。WIPO 为此专门成立了"知识产权与传统知识跨政府委员会"（IGC），近年来在针对发展中国家的修改议案谈判中，也要求对专利申请案中的基因资源、传统知识及传统文化的信息履行披露义务和提高透明化程度。同时对该信息披露义务所涉及的现行专利合作公约和专利法条约予以修正，即允许未来的授权签字国可以在其国内法中要求专利申请人承担相关信息披露的义务。基于各国发展阶段和发展水平的不同，国际社会针对知识产权与生物多样性、基因资源、传统知识及民俗创新的保护并没有达成具体共识。但随着谈判的深入及发展中国家和发达国家的不断博弈，知识产权保护与生物多样性、基因资源之间的冲突会日渐走向调和，知情同意权与获益分享权的产生与适用就是博弈的重要成果。

第二节　国际规则与世界其他国家的立法经验

一　相关国际规则的制定与基本理念

目前，受自然、社会、政治、技术以及其他错综复杂因素的影响，人类生存的自然环境日益严峻，面临着气候变化及环境污染等多种挑战。为此，国际社会自 20 世纪 80 年代以来不断加大对环境的国际保护力度，致力于发展绿色经济及包括环境保护在内的高附加值的知识型服务产业。尤其是通过了一系列促进环境保护、减缓全球气候变化的国际公约、条约，主要以生态环境领域的专门条约为主，但也不乏在知识产权领域主要国际条约中为生态环境保护预留的空间。

（一）与贸易有关的知识产权协定

为鼓励包括绿色技术在内的技术转移，TRIPs 第 7 条规定了知识产权的保护及实施应有助于促进技术创新及技术转让和传播，为落实该项义务，又在第 66（2）条明确其具体方式为："发达国家成员应促进和鼓励其领土内的企业和组织，向最不发达国家成员转让技术，以使这些成员建立一个良好及可行的技术基础。"第 8（1）条规定各成员国制定或修改国内法律法规时，在不违反协议规定的情况下可以采取必要的措施，以保障公共健康或提升经济发展与技术发展中至关重要领域的公共利益。生态环境的改善对公共健康影响巨大，近年来持续高密度的雾霾使得每一位生活在这片大地上的人都无法逃离不良空气的影响，而对绿色技术的激励有利于产生更多的改善环境的技术或使公众减少不适的设备，促进绿色技术的专利创造与传播应用符合公众健康需求与公共利益。

TRIPs 第 27（1）条提出了在符合特定条款的情况下可获得专利的发明范围以及专利权的获得与享有不能因发明的具体地点、发明所属的技术领域以及产品是否属本地制造而给予差别对待或称"歧视"（Discrimination）。此条款为绿色技术专利获得特殊审查程序的优待提供了标准依据，只有符合此条款的规定绿色技术专利的激励措施加速审查才具有国际法正当性。关于绿色专利快速审查的建立是否构成 TRIPs 第 27（1）条所称的"歧视"，早在 2000 年的加拿大药品案①中，WTO 争端解决机构作了相应解释，认为"歧视"一词涉及的问题范围十分广泛，不能直接定义其内涵，而应在解决具体问题的必要范围内加以界定。② 就绿色技术快速审查而言，从保护的实际效果看延长了时间，属于区别对待。但是就区别对待的原因而言，并不属于 TRIPs 第 27（1）条所列的具体事项。尽管从语义解析的角度看绿色技术属于特定的领域，实际上绿色技术可以涵盖的领域众多，不具有特定性。如在 Derwent 专利数据库搜索栏输入"TS =（green technology OR clean Technology）"的检索式，得出 PCT 绿色专利的分布领域，共分别属于 24 个具体的学科领域，如工程、化学、交通等（见图 1）。

除此之外，第 27（2）条明确规定了为维护公共秩序或道德，不能对某些发明授予专利的情形，其中包括关于环境的部分，即该技术将造成对环境的严重损害。该条款也同时为绿色专利制度中非环境友好专利的授权排除提供了国际法依据。第 31（b）条构成了专利强制许可的国际法依

---

① 1997 年 12 月 19 日，欧共体及其成员国要求与加拿大进行磋商，认为加拿大立法对获得专利的药品发明没有提供在 TRIPs 第 27 条第 1 款、第 28 条和第 33 条预期的整个保护期限内的充分保护，与 TRIPs 确定的义务不相符，指控加拿大的专利法缺乏对药品的保护。因双方磋商未达成解决办法，1998 年 11 月 11 日，欧共体要求设立专家组，对争议事项进行审查。争端解决机构于 1999 年 2 月 1 日设立由 Robert Hudec、Mihaly Ficso 和 Jaime Sepulveda 组成的专家组。专家组报告于 2000 年 3 月 17 日发布。专家组裁定，加拿大专利法中所谓的管理审查例外［55.2（1）］与 TRIPs 第 27 条第 1 款没有不符，因而属于第 30 条的例外，没有违反第 28 条第 1 款。专家组裁定，加拿大专利法中的所谓存储例外［55.2（2）］没有为第 30 条的例外所包括，违反了 TRIPs 第 28 条第 1 款。争端双方没有对专家组报告提出上诉。争端解决机构于 2000 年 4 月 7 日通过了专家组报告。

② Panel Report. Canada-Patent Protection of Pharmaceutical Products. WT/DS114/R（March17, 2000）.

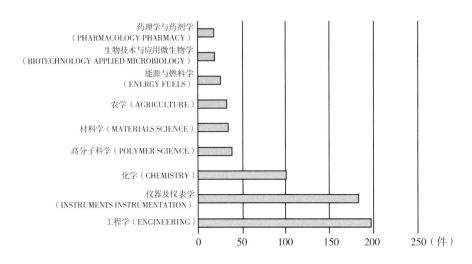

图1　绿色专利占比较高的学科领域分布

据，其中公共的非商业性目的应当包括重大环境紧急情况。《多哈宣言》（*Doha Declaration*）对 TRIPs 规定强制许可的条件作了解释，认为在医药和公众健康技术领域，政府可以实施强制许可。目前许多环境问题已经造成了公众健康问题，如持续严重雾霾造成的普遍呼吸道问题，影响了公众健康，因此重大环境问题应成为政府强制许可的理由。TRIPs 的规范对知识产权保护在促进可持续发展、环保技术转让、创新技术分享及全球平衡发展等方面的相互融合起到了一定的积极作用。

（二）国际环境条约与环保理念

随着工业化发展的逐步深化，全球气候变化与生态危机日益突出，在此背景下，国际社会开始关注生态环境问题并讨论签署了一系列致力于全球生态环境保护的国际条约，在国际环境保护中发挥着重要的作用。从1972 年的《联合国人类环境宣言》到 1985 年《保护臭氧层维也纳公约》，从 1992 年的《气候变化框架公约》到《生物多样性公约》，从 2000 年的《卡塔赫纳生物安全议定书》再到 2001 年《粮食和农业植物遗传资源国际条约》，无不彰显着整个国际社会对人类赖以生存的地球家园的重视与关注，是人类充分认识到地球资源的有限性以及考虑环境正义的觉醒。《联合国人类环境宣言》首次以条约的形式对人类享有良好生活环境与生活条件的权利以及保护与改善现世与未来生活环境空间的责任予以确认，从权利与义务的视角确立了人类保护与享受生态环境的基调。而 CBD 则内含生态环境保护与技术转让的条款，是对生物资源进行全面保护的全球性公约，① 第一目标为保护生物多样性，除此还包括对生物多样性内容的可持续利用以及对遗传资源的公平利用，是在人类环境权利与义务确认基础上对资源利用进行原则规定的具体实践。随后 2010 年其缔约国大会签署的《名古屋议定书》则进一步明确了遗传资源获取与惠益分享的具体实现方式。国际环境条约的逐渐出台，使环境权利的观念逐步深化，为环境权或生态权的系统研究与立法化提供了基础。

1987 年世界环境与发展委员会（WCED）在《我们共同的未来》中再一次强调了人类对生存环境享有的基本权利，1992 年地球高峰会议中联合国发表的《里约环境与发展宣言》则首次明确提出了"可持续发展"的理念。这一理念涵盖了经济、社会、环境等各个方面之间的平衡发展，强调了人类在环境资源利用中不能剥夺后代人开发利用资源的权利，促进人类社会长久地可持续发展。1993 年联合国又成立了"可持续发展委员会"，协助各国推动可持续发展工作。2012 年联合国再次举办里约高峰会议，明确地将"可持续发展"作为环境保护的重要国际条约内容及原则。在生态环境保护的国际条约与宣言的不断推进中，知识产权在致力于生态环境保护的绿色技术转移方面的作用得到了相应的关注，2001 年，WTO 多哈部长级会议即授权 TRIPs 理事会和贸易与环境委员会（CTE）共同考察 TRIPs 与 CBD 的关系，尤其在传统知识与遗传资源保护方面的冲突协调。为促进知识产权对绿色技术、作品、产品创造、运用、传播的正面作用，WIPO 致力于推动构建一套绿色的体系，2009 年，WIPO 将世界知识产权日的主题确定为"绿色创新"，2020 年世界知识产权日的主题再次与绿色联系，确立为"为绿色未来创新"，强调创新对绿色世界建设的作用以及以绿色为主导的创新呼吁。即随着时代的发展，国际社会对全球性生态环境保护问题日益重视，并在环境条约中提出促进绿色技术从发达国家向发展中国家转移的论题，而由于知识产权制度对绿色技术传播的独特作用，生态环境国际条约与知识产权国际条约逐渐由分离走向耦合，在冲突调和中开辟一条致力于共同目标的道路。

二　世界其他国家的立法经验与借鉴

目前国际上尚无国家进行系统的知识产权法律制度"绿色化"转型，

① 蔡守秋：《国际环境法学》，法律出版社 2004 年版，第 192 页。

但从世界其他国家的法律法规与政策措施来看，出台了一些关注生态环境保护的知识产权立法或政策，尤其是许多发达国家，如德国、加拿大、美国、日本、澳大利亚、芬兰、挪威、法国、瑞士等已先后实施了环境标志制度，一些发展中国家和地区，如新加坡、马来西亚及中国台湾地区也开始实施相关政策法规，这种环境标志由国家和地区专门的审定机构签发，标志着绿色消费由民间自发的活动发展为国家和地区的一项环境政策。① 部分国家在专利制度中排除了危害环境型发明创造获得专利授权的机会，一些国家在专利强制许可中将生态环境的保护明确为公共利益范畴，欧盟出台了《用能产品生态设计框架指令》，要求对用能产品的设计进行生态环保性考察。② 这些零散的知识产权制度"绿色化"规定，为我国知识产权法律制度"绿色化"转型提供了实践基础，具有参考价值。

就具体国家而言，美国、加拿大、英国、日本、韩国、新加坡等均制定了法律法规或出台相关政策以划定重点保护与支持的绿色技术范围，促进绿色知识产权的创造、保护与运用。美国主要从以下三方面开展促进生态环境保护的知识产权工作，第一，以专门针对绿色技术的试点项目形式实施特别程序，美国专利商标局在 2009 年 12 月推行了绿色专利加速审查的试点项目，关于减少温室气体排放、关注环境质量、节约能源以及可再生能源资源开发的绿色技术的专利申请有资格获得特殊地位以进行加速审查，与正常专利申请时间相比平均可以减少一年时间，③ 具体需要专利申请人阐明该发明创造对绿色技术发展的具体作用，④ 以加速绿色技术的开发和部署并创造更多绿色就业机会。第二，存在长期可替代程序以促进绿色技术专利的加速审查与授权。即使专门项目结束后申请者还可以根据条件适用优先审查项目（Track I）或加速审查项目，这两个项目不仅使审查得以提升，而且还设定了一个在 12 个月内完成最终程序的目标。通用电气公司（General Electric）的首席知识产权顾问卡尔·霍顿（Carl

① 余谋昌、雷毅、杨通进：《环境伦理学》，高等教育出版社 2019 年版，第 159 页。

② 万志前：《知识产权制度生态化研究》，博士学位论文，华中科技大学，2009 年。

③ "Green Technology Pilot Program-closed"，2012-05-7，https：//www.uspto.gov/patent/initiatives/green-technology-pilot-program-closed#.

④ "USPTO Issues 500th Patent Through Successful Green Technology Pilot Program"，2011-10-05，https：//www.uspto.gov/about-us/news-updates/uspto-issues-500th-patent-through-successful-green-technology-pilot-program.

Horton）认为，绿色技术快速审查项目是推动清洁技术进一步创新的动力，也是加速世界范围内绿色专利技术传播的极好机制。① 第三，绿色技术领域强制许可制度的运用。美国是普通法系国家，以司法先例的形式认可了美国绿色专利强制许可制度的实施，如 1976 年美国费城法院受理的一件关于垃圾处理系统发明的专利权侵权案，最终上诉法院确认了专利侵权行为，但是并未颁发专利禁令，相当于基于保护生态环境的目的以司法判决的形式对此项专利给予了强制性使用许可。当时法院的判决结果仍然影响着专利制度的不断完善和发展。

加拿大《专利法》（Patent Act）规定有害于公序良俗或卫生的发明应排除在专利授权之外。② 同时，加拿大知识产权局先后对专利申请进行改革，缩短了绿色专利的申请审查时间，通过措施促进绿色技术的研发与发展。③ 加拿大在专利规则（Parent Rules）第 28（1）条中明确规定了绿色技术的加速审查适用。快速审查程序中，绿色技术包括所有涉及帮助解决或减轻环境影响或保护自然环境和资源的技术，专利申请人通过提交声明请求加速审查且无须承担额外费用，但在提交加速审查申请时需要证明该技术属于环境友好型技术，可以解决目前的环境问题，或具有节能减排等效果。申请一旦递交加拿大知识产权局将在两个月内做出实质性的行动，④ 旨在帮助企业缩短绿色技术专利申请所需的时间，使企业能够更快地将其推向市场。

日本分别从消极预防与正面激励促进两个方面进行了知识产权法的绿色回应。首先，从消极层面上排除了有害环境的技术获得专利授权，日本《专利法》（Patent Act）第 32 条规定，妨害公共秩序、善良风俗或公共卫生

---

① "The U. S. Commerce Department's Patent and Trademark Office will Pilot a Program to Accelerate the Examination of Certain Green Technology Patent Applications", 2009 - 12 - 07, https：//www. uspto. gov/about-us/news - updates/us - commerce - departments - patent - and - trademark - office - uspto-will-pilot-program.

② "Patent Act（R. S. C.，1985，c. P-4）", 2016-06-24, http：//laws-lois. justice. gc. ca/eng/acts/P-4/page-16. html.

③ CIPO，"Changes to IP Regulations：Rules Amending the Patent Rules，Expedited Examination of Patent Applications Relating to Green Technology", 2015-06-01, http：//www. cipo. ic. gc. ca/eic/site/cipointernet-internetopic. nsf/eng/wr02991. html.

④ 中华人民共和国国家知识产权局：《加拿大知识产权局缩短专利授权时间》，2016 年 8 月 5 日，http：//www. sipo. gov. cn/wqyz/gwdt/201611/t20161116_1301776. html，2020 年 9 月 7 日。

的发明不授予专利权。① 其次，从积极层面为绿色专利申请提供便捷，2009年11月，日本专利局将"绿色专利申请"纳入专利申请优先审查的范围。其中日本的专利快速审查程序具有五种适用情形，绿色技术属于重要的部分。日本专利局允许可通过低能耗或降低二氧化碳排放等对环境产生有益影响的绿色发明通过加速审查项目申请专利。绿色专利申请的实质审查时间将大幅降低，从原来的近29个月缩短至2个月左右。② 对于申请优先实质审查或优先复审的绿色专利，申请人需提交关于该技术的有益环境效果情况。③ 且提交与相关实施关联的申请时，需在申请文件中说明申请专利自确立申请日之后两年的时间内是否进行过相应的投产活动，并记录具体产业情况。

除此之外，韩国《专利法》（Patent Act）也对绿色技术的专利申请进行了相应规定，一般将在一个月内完成审查并于四个月内公布审查结果，相较法律修改前的三个月与六个月期限缩短了1.5至3倍。④ 英国知识产权局于2009年5月12日建立了绿色技术的快速通道，属于应对环境变化或环境友好型的绿色技术均可以申请加速审查。具体程序为申请人在递交专利授权申请时注明所申请专利技术属于绿色技术并申请加速审查，专利审查员对申请人的申请进行审查与判断，核准为绿色专利申请的将进入绿色通道，判断为非绿色专利申请的则进入普通专利申请程序。绿色通道从专利申请递交到授权最快为九个月，而传统的专利申请一般需历时两到三年的时间。⑤ 为应对气候变化和环境问题，各国越来越重视对绿色创新技术的研发与推广应用，涉及绿色技术的专利申请增长迅速。国际上绿色专利逐渐增多，绿色专利申请也呈快速增长之势，许多发达国家均在立法与行政上积极行动，如对相关绿色专利申请设立快速通道、对绿色专利的申

---

① "Patent Law（Amendment：Act No.109 of 2006）"，2009 - 04 - 01，http：//www.japane-selawtranslation.go.jp/law/detail/? id = 42&vm = 04&re = 01.

② 夏佩娟：《日本"绿色申请"可优先进行专利实审和复审》，2009年11月19日，http：//ip. people. com. cn/GB/10410605. html，2020年10月7日。

③ 中国人民大学气候变化与低碳研究所：《低碳经济——中国用行动告诉哥本哈根》，石油出版社2010年版，第191页。

④ "Patent Law（Reproduced from Statutes of the Republic of Korea and copyright by the Korea Legislation Research Institute，Seoul，Korea）"，2013 - 03 - 23，http：//www. kipo. go. kr/upload/en/download/PATENT%20ACT_201308. pdf.

⑤ UKIPO，"UK Green Inventions to Get Fast - tracked through Patent System"，2009 - 05 - 13，http：//www. ipwatchdog. com/2009/05/13/uk-green-inventions-fast-tracked-to-patent/id = 3405/.

请授权提供优惠措施以及加强绿色技术的推广与应用等，已经取得了积极效果。同时，也有许多国家采取防范措施，对于具有公共环境危害性的技术不授予专利权。

第三节　域外绿色知识产权激励制度运行效果评析与启示

一　运行效果的实证分析

世界其他国家开展绿色专利快速审查后，许多单位或个人开始通过申请快速审查方式获得绿色专利授权，如利用了美国绿色技术加速审查项目的卡利拉公司（Calera Corporation），开发了一种将煤气厂二氧化碳排放转化为水泥的技术，其产品取代了传统碳排放主要来源的"硅酸盐水泥"，[①] 不仅对减少二氧化碳排放具有积极效应，同时也节约了资源。为了进一步从实证角度检验开通绿色专利快速审查通道国家的绿色技术创新效应，需对各国的绿色专利与普通专利申请、授权、有效性等情况进行对比研究。依据具体审查标准和程序严格程度划分，英国和澳大利亚是宽松型审查制度代表，日本和韩国分别是适度型和严格型代表，[②] 而美国则是通过试点项目的方式开展专门针对绿色技术的专利审查，因此以此五国为代表性国家进行分析。如前所述各国的绿色专利快速审查项目适用的绿色技术范围具有差异，为评判技术范围要求差异对绿色专利创造产生的影响，在全球专利数据库中进行信息检索时保持检索式一致，统一使用标题或主题中含清洁技术或绿色技术或节约能源或节约资源的方式，即〔TA：（save resource）OR TTL_ENTRANS：（save resource）OR ABST_ENTRANS：（save resource）〕OR〔TA：（save energy）OR TTL_ENTRANS：（save energy）OR ABST_ENTRANS：（save energy）〕OR〔TA：（clean

---

① Chu J. M. W. W. ，"Developing and Diffusing Green Technologies：The Impact of Intellectual Property Rights and Their Justification"，*Washington and Lee Journal of Energy，Climate，and the Environment*，2013，4：82.

② 杨宇静：《论绿色专利加速审查制度及其对中国的启示》，《中国科技论坛》2014 年第5 期。

technology）OR TTL_ENTRANS：（clean technology）OR ABST_ENTRANS：（clean technology）］OR［TA：（green technology）OR TTL_ENTRANS：（green technology）OR ABST_ENTRANS：（green technology）］。① 为了避免同一优先权专利多种申请带来的重复计算，所有数据均以简单同族代表专利为统计基础，检索截止时间均为 2018 年 5 月 15 日。鉴于五个国家均于 2009 年开启绿色专利快速审查项目，在对专利申请趋势进行分析时选取近十年的具体数据，以考察快速审查项目的实施效应。通过具体检索与分析，形成各国全部专利和绿色专利的法律状态对比图和近十年五国专利申请趋势对比图（见图 2 至图 11）。

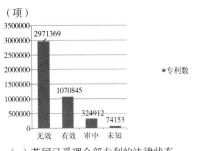

（a）英国已受理全部专利的法律状态

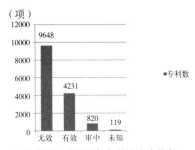

（b）英国已受理绿色专利的法律状态

图 2　英国已受理全部专利和绿色专利的法律状态情况对比

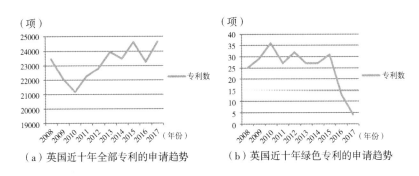

（a）英国近十年全部专利的申请趋势　　（b）英国近十年绿色专利的申请趋势

图 3　英国近十年全部专利和绿色专利的申请趋势对比

---

①　由于各国绿色专利分类号不同以及绿色技术涵盖领域广泛，目前通过任何检索方法均较难检索出与各个国家实际绿色专利申请授权情况完全一致的结果。通过此检索式得出的专利结果与实际绿色专利情况之间具有比例关系，因此其所表现的具有时间性的申请趋势、申请人国家排列情况、专利法律状态比例、整体与局部的申请趋势关系等具有代表性。

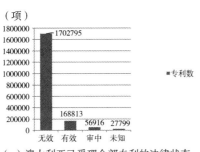
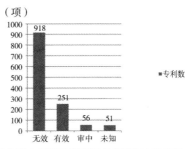

（a）澳大利亚已受理全部专利的法律状态　　（b）澳大利亚已受理绿色专利的法律状态

图4　澳大利亚已受理全部专利和绿色专利的法律状态情况对比

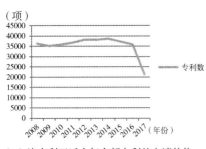
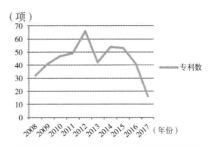

（b）澳大利亚近十年全部专利的申请趋势　　（b）澳大利亚近十年绿色专利的申请趋势

图5　澳大利亚近十年全部专利和绿色专利的申请趋势对比

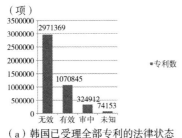
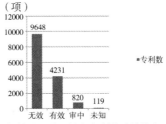

（a）韩国已受理全部专利的法律状态　　（b）韩国已受理绿色专利的法律状态

图6　韩国已受理全部专利和绿色专利的法律状态情况对比

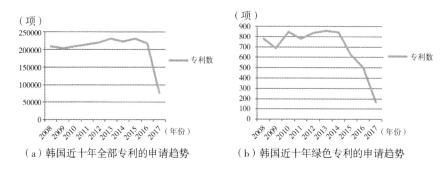

（a）韩国近十年全部专利的申请趋势　　　（b）韩国近十年绿色专利的申请趋势

图7　韩国近十年全部专利和绿色专利的申请趋势对比

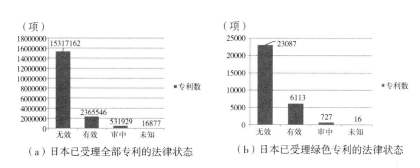

（a）日本已受理全部专利的法律状态　　　（b）日本已受理绿色专利的法律状态

图8　日本已受理全部专利和绿色专利的法律状态情况对比

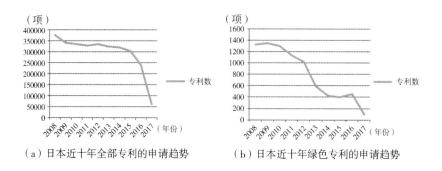

（a）日本近十年全部专利的申请趋势　　　（b）日本近十年绿色专利的申请趋势

图9　日本近十年全部专利和绿色专利的申请趋势对比

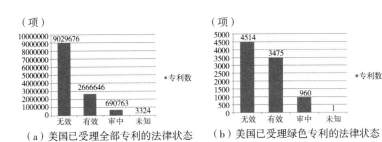

图 10　美国已受理全部专利和绿色专利的法律状态情况对比

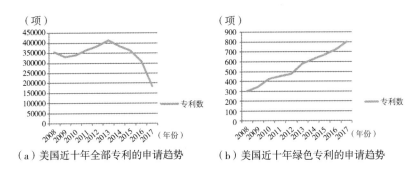

图 11　美国近十年全部专利和绿色专利的申请趋势对比

二　运行效果的评价与启示

从图 2 至图 11 可知，英国共受理专利申请 2973389 项，其中有效专利 59508 项，无效专利 2787995 项，有效占比 2%；共受理绿色专利 661项，目前有效专利 88 项，无效专利 529 项，有效占比 13%。从两者近十年的专利申请趋势可以看出，整体专利申请在 2009 年至 2011 年呈现急剧下降的趋势，且在 2010 年处于波谷，相反，绿色专利的申请却在 2009 年至 2011 年呈整体上升趋势，且在 2010 年升至波峰。澳大利亚共受理专利申请 2033847 项，其中有效专利 168813 项，无效专利 1702795 项，有效占比 9%；共受理绿色专利 1302 项，目前有效专利 251 项，无效专利 918项，有效占比 20%。从两者近十年的专利申请趋势可以看出，整体专利申请 2009 年至 2014 年在呈现基本平缓的基础上略有增长，年增长率是1.99%，绿色专利的申请从 2009 年至 2014 年增幅较大，年增长率是5.66%，其中 2012 年出现波峰，当年的增长率达到 34.7%。韩国共受理专利申请 4997813 项，其中有效专利 1070845 项，无效专利 2971369 项，有效占比 24%；共受理绿色专利 14963 项，目前有效专利 4231 项，无效专利 9648 项，有效占比 29%。从两者近十年的专利申请趋势可以看出，整体专利申请 2009 年至 2014 年基本呈持续上升的趋势，年增长率是 1.75%，绿色专利的申请从 2009 年至 2010 年增幅最大，2011 年略有回落后继续持续增长，整体从 2009 年至 2014 年的年增长率是 4.20%。日本共受理专利申请 18480496 项，其中有效专利 2365546 项，无效专利 15317162 项，有效占比 13%；共受理绿色专利 30295 项，目前有效专利 6113 项，无效专利 23087 项，有效占比 20%。从两者近十年的专利申请趋势可以看出，整体专利申请自 2009 年基本呈现下降趋势，绿色专利的申请在 2009 年略有上升，之后呈持续下降状态。美国共受理专利申请 12390628 项，其中有效专利 2666646 项，无效专利 9029676 项，有效占比 21%；共受理绿色专利 8950 项，目前有效专利 3475 项，无效专利 4514 项，有效占比 39%。从两者近十年的专利申请趋势可以看出，整体专利申请 2009 年至 2013 年呈上升趋势，2013 年之后呈逐渐下降趋势，绿色专利的申请近十年始终呈持续上升状态。

可以发现，绿色专利申请增速普遍高于普通专利，且宽松型国家表现更突出。英国政策制定初期全国整体专利申请下降而绿色专利申请呈直线上升之势，美国近五年整体专利申请开始下降而绿色专利连续十年始终呈上升状态，澳大利亚绿色专利在 2009 年至 2014 年增长率达全部专利申请的近三倍，而韩国同期值仅为两倍。同时，五国绿色专利的有效率①全部高于普通专利，且制度越宽松开放，有效率越高，英国、澳大利亚、韩国、日本和美国绿色专利与普通专利有效率的差值分别是 11%、11%、5%、7% 和 18%。除此之外，无论是申请趋势还是有效率方面，美国的绿色专利表现均最突出，在不考虑其他干扰因素的情况下针对性越强的项目政策效应越明显。因此，绿色专利快速审查制度的实施，在激励绿色技术创新与绿色专利申请方面具有显著的正效应，是对绿色专利权人进行激励的有效措施，绿色专利快速审查通道的适用缩短了绿色专利申请授权时间，相当于客观延长了绿色专利的保护时限，赋予绿色专利权人一定的特权。

———————————

① 特指处于有效状态的专利占全部专利的比值。

第四节　域外绿色知识产权激励与限制的司法实践经验

一　绿色专利维权之诉

绿色技术的专利申请通常涉及前沿技术并与早期开发相吻合，但是发生绿色专利诉讼主要针对绝对成熟和已成熟的技术，以及大型和利润丰厚的产品市场。专利诉讼往往成本较高，在相关产品已经扩大规模、广泛商业化和盈利之后，专利诉讼才能成为财务上合理的商业策略。而且由于绿色技术的许多领域涉及前沿研究和新兴技术，即使会发生诉讼，大多数绿色专利距离提起诉讼也需要数年时间。因此，专利诉讼的商业、财务和时间等现实因素，导致绿色技术的专利维权一般局限在最为成熟的细分领域。风能是最为成熟并且最为广泛商业化的绿色技术细分领域之一，20世纪末21世纪初期发生了一波又一波涉及关键变速技术专利的重大专利诉讼。与发光二极管（LED）技术有关的专利即被提起很多诉讼，这种节能照明技术广泛用于各种消费类电子产品，作为白炽灯泡的低能耗替代品可以越来越多地从市场上获得。丰田普锐斯以及其他几款丰田混合动力车型是商业上成功的绿色技术标杆产品，这些标杆产品已成为多个专利持有人的专利诉讼目标。另一个相对成熟的绿色技术细分领域是第一代生物燃料，目前市场上的所有生物燃料都是第一代生物燃料，特别是由玉米或糖作物制成的乙醇和来自油菜籽、大豆或棕榈油的生物柴油，专利诉讼维权也主要集中于拥有加工这些第一代生物燃料技术的公司之中。风能、节能照明、气电混合动力车和第一代生物燃料代表了成熟的绿色技术细分领域和利润丰厚的市场，国际大型知识产权诉讼也主要围绕这些领域展开，[①] 即无论绿色专利对生态环境保护具有怎样的作用以及绿色专利在申请之时或维持专利权的过程中是否享受到特别的优待，作为利益主体的专利权人尤其是商业领域以利润为核心的企业，在发生侵权行为时都会拿起

---

① ［美］埃里克·L. 莱恩：《清洁技术知识产权：生态标记、绿色专利和绿色创新》，《清洁技术知识产权》翻译组译，知识产权出版社2019年版，第79—80页。

法律的武器去获取自己的最大垄断利益。当然,维护自己的专有权是权利人的权利,而平衡社会综合利益则是法律与司法运用的责任,因此该类案件在司法审判中是否会与普通专利侵权案同等对待与审判,是绿色专利维权之诉的内在精神。

二 专利禁令的四因素检验

日本 LED 制造商日亚公司(Nichia Corporation)与其韩国竞争对手首尔半导体(Seoul Semiconductor)之间的一系列诉讼是迄今影响最大的 LED 专利战。这两个激烈的竞争对手之间遍布全球的诉讼先后在德国、日本、韩国和多个美国司法管辖区进行。诉讼涉及发明专利和外观设计专利,并且诉讼的主张超出了专利侵权范围,包括关于虚假广告和违反反垄断法的指控等。作为某种类型 LED 销售市场的领导者,日亚公司有很多方面需要通过起诉首尔公司侵犯其专利权来进行保护。2006 年 1 月日亚公司在旧金山联邦法院起诉首尔公司侵犯四项 LED 外观设计专利。[1] 其所主张的专利涉及 LED 器件的特定配置,并主张"发光二极管的装饰性外观设计"的权利。被控设备是首尔公司的 902 系列 LED,其用于各种消费电子设备的液晶显示器(LCD)背光。2008 年,被告在关于引诱侵权问题的简易判决中获胜,只剩下日亚公司基于被告在美国仅有的两次被控产品销售的直接侵权主张仍在审理中。直接侵权问题由陪审团审判,陪审团认为首尔公司的 LED 设备侵权日亚公司的所有四项外观设计专利并且侵权行为是恶意的。但 2008 年 2 月,法院驳回了日亚公司的永久禁令动议,拒绝命令首尔公司停止生产和销售侵权的 LED 产品。法院对永久性禁令进行了四因素检验,即专利权人遭受的损害是不可挽回的、法律上的补救方式(如金钱赔偿)是否足以弥补损害、权衡原告和被告双方的利害得失后对原告进行公平补救的必要性以及禁令是否会损害公众利益,但是法院发现第一个因素被有效否定,因为缺乏损害而无须考虑其他因素,导致不能批准禁令。[2]

2008 年 8 月,日亚公司在密歇根东区法院提起诉讼,开辟了公司专

---

① Compl., Nichia Corp. v. Seoul Semiconductor Ltd., Case No 06-cv-162 (N. D. Cal. Jan. 10, 2006).

② [美]埃里克·L. 莱恩:《清洁技术知识产权:生态标记、绿色专利和绿色创新》,《清洁技术知识产权》翻译组译,知识产权出版社 2019 年版,第 96 页。

利战的新战线。① 该诉讼指控首尔公司的 Acriche 品牌光源包含了侵权日亚公司的美国专利第 6870191 号的 LED。在纷至沓来的关于专利侵权和虚假广告的诉状、法院判决、陪审团裁决以及指控的期间，首尔公司基于反垄断提起反诉，其诉讼请求试图将纠纷的各个方面联系起来。最后，在 2009 年 2 月，日亚公司和首尔公司宣布它们已经解决了几乎所有的诉讼，并签订了涵盖它们的 LED 和激光二极管技术的交叉许可协议。随后，日亚公司继续积极依据其 LED 专利进行维权，2009 年年底，日亚公司指控中国太阳能产品公司珈伟北美公司（Jiawei North America）侵犯四项与 LED 技术有关的专利。② 所指控的专利中有三件来自 1997 年申请的同一专利族，描述了一种发光二极管，其通过在覆盖发光部件的涂层树脂中加入特定类型的荧光粉，最大限度地减缓发光强度的退化。该案于 2010 年春季达成和解，协议条款仍然保密。

绿色技术不仅客观上具有对环境的有益效果，技术成熟后更具有强大的市场渗透率和商业意义，绿色技术专利权人选择通过昂贵的专利诉讼来积极保护其绿色技术市场地位。随着全球环境问题的日益突出以及对绿色技术的强大市场需求，绿色专利的获取将具有更大的商业价值与市场地位。无论是发达国家还是发展中国家，都对这块巨大"蛋糕"的争夺乐此不疲。与此同时，绿色专利权人的权利也不会被无限放大，在其权益主张与社会公共利益之间的博弈平衡始终是专利制度产生的初衷与主旨，因此即使在发达国家，绿色技术专利权人的权利也会受到公共利益衡量的限制，只是在不同国度、不同国家政治经济结构之下，限制的程度与标准会存在差异。作为在众多绿色技术细分领域具有世界领先水平、对知识产权制度依赖度极高的美国，也是最先开展绿色专利诉讼的主战场，在绿色专利诉讼方面积累了丰富的经验，其中，四因素检验就是对永久禁令动议的基本权衡标准。

三　支付持续使用费规则

技术领域日趋成熟的一个明确迹象是非实施专利权人（NPP）的出

---

① Compl., Nichia Corp. v. Seoul Semiconductor Company, Case No. 08 - cv - 13553 (E. D. Mich. Aug. 18, 2008).

② Compl., Nichia Corp. v. Jiawei North America Inc., Case No. 09-cv-346 (E. D. Tex. Nov. 5, 2009).

现，针对侵权行为进行维权诉讼。这些个人、专利控股公司和其他非实施专利持有人并不直接将其专利技术商业化，而是通过许可获得收入。寻找那些他们认为正在制造或销售其专利技术实施方案的公司进行谈判，并且通常在谈判中使用侵权诉讼作为威胁手段。绿色技术领域实施者已经感受到绿色技术 NPP 的出现，特别是在混合动力汽车、发光二极管和其他节能照明产品等广泛的商业化产业中，并且开发和推出智能电网技术的大型电力单位和公司最近也感受到他们的存在。① 美国最高法院在 eBay 诉MercExchange 案的意见书中达成了重要共识，其中安东尼·肯尼迪（Anthony Kennedy）大法官指出，在已经获得发展的行业中，某些公司的专利不是用来作为生产和销售产品的基础，而主要是为了获得许可费。②

NPP 在绿色技术领域兴起的同时正逢人们迫切需要绿色技术应对气候变化之时，提出了专利在绿色技术创新和实施中扮演何种角色的问题以及知识产权制度如何能够维护以被用于解决全球变暖问题的绿色技术。目前的专利制度允许没有实体业务的空壳公司购买并实施专利，有利于那些无论是否将其专利商业化都能够进行购买的大公司。而正在研发、商业化和实施绿色技术的公司，往往担心高昂的许可费、诉讼支出以及后果严重的禁令。如此，专利制度是否促进绿色创新？绿色技术能否在此制度中得到有效开发和部署？然而，如果不具有实施其技术所必需物力、财力的真正创新者无法起诉侵权者从而为其发明获得公平报酬，那么绿色技术创新同样会遭到扼杀。且这些创新者选择专利维权手段也是促使有效地将绿色技术转让或许可给那些实施者的重要方式。③ 在美国联邦法院的专利侵权诉讼中，eBay 诉 MercExchange 案专利禁令法律中的程序纠正，以及在Paice 诉丰田案④中法院所判予的支付持续使用费，表明专利法正在调和削弱绿色技术 NPP 的影响。

2006 年 eBay 诉 MercExchange 案的判决，推翻了长期以来联邦巡回上诉法院专利侵权判决之后自动执行禁令的先前案例。最初地方法院认为

---

① ［美］埃里克·L. 莱恩：《清洁技术知识产权：生态标记、绿色专利和绿色创新》，《清洁技术知识产权》翻译组译，知识产权出版社 2019 年版，第 100—113 页。

② eBay, Inc. v. MercExchange, L. L. C., 547 U. S. 388（2006）.

③ ［美］埃里克·L. 莱恩：《清洁技术知识产权：生态标记、绿色专利和绿色创新》，《清洁技术知识产权》翻译组译，知识产权出版社 2019 年版，第 114 页。

④ Paice LLC v. Toyota Motor Corp., 504 F. 3d（Fed. Cir. 2007）.

eBay 应该承担侵犯 MercExchange 专利的责任，但是未强制执行禁令，联邦巡回上诉法院驳回了地方法院的判决，并指示地方法院实施永久禁令，因为存在法院如没有特殊情况将签发针对专利侵权的永久禁令的先前案例。最高法院撤销了联邦巡回上诉法院的裁决并认为在专利案中必须适用永久禁令的四因素公平测试。肯尼迪大法官撰写的一份重要意见书中指出 NPP 诉讼的最近趋势，并推断该趋势可能会改变永久禁令分析的计算方法。在涉及 NPP 的诉讼案中，对于专利持有人的经济职责的考虑与先前案例是不同的，依法赔偿可能已经足够，禁令的威胁手段仅仅用于在谈判中起到加大杠杆的作用。在 eBay 案之后，出现了一些涉及 NPP 的重大绿色专利诉讼，这些案件的庭内和庭外结果均被 eBay 案中提出的新要求所影响。[①] 不仅在 NPP 诉讼方面，绿色技术实施专利权人之间的专利侵权诉讼也受到了此先例的影响，如上文日亚公司与首尔公司之间专利诉讼案中法院就采取了永久性禁令的四因素检验。eBay 案使专利法的适用产生了改变，允许重要的绿色技术留在市场而有助于应对气候变化。

Paice 诉丰田案则是在采取永久性禁令的四因素检验之后，开创了支付持续使用费的先例。丰田是汽车行业公认的混合动力车领导者，并且丰田销售的普锐斯比所有其他混合动力车的总和还要多，根据美国环境保护局 2008 年的一份报告，2009 款普锐斯是市场上可获得的最省油的汽车。但是丰田并非最先研发混合气电汽车技术，之前进行研发的是 Dr. Alex J. Severinsky 的创业公司 Paice，在 20 世纪 90 年代初期开始研发混合气电汽车技术，并于 1992 年提交了第一件专利申请。该发明解决了混合动力车中气源和电源相结合的问题，于 1994 年被授权为第 5343970 号美国专利，第二年，丰田启动将混合动力车投入大规模生产的项目，并分别于 1997 年和 2003 年推出第一代与第二代普锐斯。2004 年，Paice 在得克萨斯州东区起诉丰田，指控第二代普锐斯、丰田汉兰达和雷克萨斯 RX400h 运动型车侵犯三件 Paice 专利，包括 5343970 专利。2005 年 12 月，陪审团裁决被控车辆没有在字面上侵权 Paice 专利，但根据等同原则确实侵犯 5343970 专利的两项权利要求。

在侵权案取得胜诉后，Paice 提出了永久性禁令的动议，在最高法院

---

① ［美］埃里克·L. 莱恩：《清洁技术知识产权：生态标记、绿色专利和绿色创新》，《清洁技术知识产权》翻译组译，知识产权出版社 2019 年版，第 116 页。

宣布 eBay 案判决的影响下，地方法院必须进行传统的四因素分析，其中在第三项权衡原告和被告双方的利害得失后对原告进行公平补救的必要性和第四项禁令是否会损害公众利益部分提出，由于可能对汽车制造商的业务和相关业务造成损害，所以权衡双方的利害得失的结果倾向于不禁止丰田。禁令可能会阻断丰田的业务以及经销商和供应商等相关业务，"新兴的混合动力市场"可能会受到禁令的扼杀，将这些新的产品线推向市场的研究和费用方面将遭到挫败。公共利益权衡方面，法院认为公共利益不倾向于任何一方当事人。尽管长期以来公认维护专利权是有利于公共利益的，但法院注意到，这种利益是通过非禁令的救济方式来实现的，如金钱损害赔偿。对于丰田提出的禁令将违背减少美国对外国石油依赖的公共利益，法院指出，丰田的混合动力车不是市场上唯一的，并且没有证据显示美国对混合动力车的需求是不能通过由其他汽车制造商生产的混合动力替代品来满足的，但并没有完全拒绝丰田的论点，即减少美国对外国石油依赖构成了令人信服的公共利益，这与授予禁令相抵触。即如果市场上可获得的替代产品是有限的，则减少对外国石油的依赖或减少碳排放可能是在公共利益因素方面占上风的充足理由。因此，最终法院拒绝了这一禁令，且不再要求各方继续谈判许可问题，而是直接下令对每辆侵权车征收持续使用费。①

随后，双方都对侵权判决提起上诉，联邦巡回上诉法院维持了陪审团的没有任何字面侵权但构成等同原则下侵权行为的裁决，并认为在某些情况下对于专利侵权以判予持续使用费来代替禁令是适当的。尽管该案又被退还到地方法院以重新评估持续使用费率，地方法院根据有关损害赔偿的新证据提升了使用费率。但最终的结果仍然是拒绝永久性禁令动议并且在 5343970 专利到期之前由丰田公司支付持续使用费。这对于汽车制造商和绿色技术来说是一个好的结果，防止了丰田的业务可能被严重中断的情况，并允许当前流行的混合动力车继续在道路上川流不息，以及减少碳排放。同时，它使 Paice 获得可靠的收入来源，作为对其创新的奖励。该技术公司可以利用这笔收入为其混合动力车系统的研发提供资金。这些持续创新有可能被丰田和其他混合动力车实施者通过

---

① [美]埃里克·L. 莱恩：《清洁技术知识产权：生态标记、绿色专利和绿色创新》，《清洁技术知识产权》翻译组译，知识产权出版社 2019 年版，第 119—121 页。

许可而使用。①

　　普锐斯的市场渗透,使在减排技术的商业化和普及化方面取得了重要的早期成功。如果 eBay 案没有发生,那么针对丰田的这套地方法院专利侵权诉讼,会严重威胁到普锐斯对环境保护产生的积极影响。美国最高法院关于专利禁令的判决,为法院提供了必要的灵活性,用以平衡 NPP 的利益与公共利益。绿色技术的实施者有理由让法院听取他们所关注的问题,并且至少提出与气候变化有关的公共利益论点。② 法院可以权衡更多的信息并且能够更好地获得正确的结果,例如维持事实上的技术转让安排,在当事人可能不愿意或无法达成协议的情况下,通过设定合理的价格条款,允许有益的绿色技术的调配等,从而在平衡各方当事人利益的基础上促进绿色技术对生态环境保护的有益效果实施。

---

　　① ［美］埃里克·L. 莱恩:《清洁技术知识产权:生态标记、绿色专利和绿色创新》,《清洁技术知识产权》翻译组译,知识产权出版社 2019 年版,第 123—124 页。

　　② ［美］埃里克·L. 莱恩:《清洁技术知识产权:生态标记、绿色专利和绿色创新》,《清洁技术知识产权》翻译组译,知识产权出版社 2019 年版,第 127—128 页。

第六章　知识产权法律制度"绿色化"转型的原则与边界

第一节　知识产权法律制度"绿色化"转型的一般性原则

一　生态整体性原则

整体性是由生态学提供论证、替代机械论哲学的一种新范式，[①] 在本体论意义上是指事物成为自身的一种内在的限度或界限，包含生命个体的完整性、人类作为一个物种的整体性和自然的整体性三层含义。[②] 中国传统文化也强调人与自然的整体性，如儒家认为人和自然具有统一性和和谐性，即"天人合一"，人和自然在本质上是一致的，只有遵循"自然之道"、不违背自然的整体性才能得到辩护；道家认为人的活动不能破坏自然的整体性原则，即不能违背"道"，道家"阴阳平衡"所强调的也正是整体性原则。整体性原则还是系统科学方法论的首要原则，[③] 在维护自然（生态系统）的整体性和人类作为一个物种的完整性时强调两者之间的和谐统一。[④] 在法律解释方面，美国著名新自然法学家德沃金以整体论哲学

---

① 刘希刚：《习近平生态文明思想整体性探析》，《学术论坛》2018 年第 4 期。

② 毛新志：《生命伦理学的整体性原则》，《哲学研究》2006 年第 10 期。

③ 陆勇、童鹰：《从系统观整体性原则看科学技术学建设》，《系统科学学报》2008 年第 4 期。

④ Leopold A，"The Land Ethic"，*Revista Chilena De Historia Natural*，2007，80（4）：388-398.

为基础,提出了"作为整体性的法"的思想,使法律原则、规则、政策等诸因素整合而成为一个"融贯的整体",不仅不会加剧法的随意性,还保证了法律适用的唯一性和确定性。① 即整体性原则包含生态整体性原则与法律整体性原则,其中生态整体性原则,是知识产权法律制度"绿色化"转型中首当遵循的基本原则,是根基与宗旨所在。即在知识产权法律制度的"绿色化"转型中具体原则与规则的构建应坚持生命个体整体性、人类物种整体性和生态系统整体性的基本原则。

生态整体性原则是生态文明建设新时代知识产权法律制度"绿色化"转型应遵循的首要原则。世间万物的运动变化都无法脱离周围事物的存在而孤立地运动,这种相互关联的规律就是生态整体性。在这个整体中,所有有情与无情生命都是世界的存在者,而自然便是构成微观意义的生命个体、人类与生态系统的宏观尺度。② 每一个生命个体均有其成为自身的限度或界限,一旦跨越便会破坏其完整性导致其不再是此生命个体;人类作为一个物种的整体性,也具有与其他物种相区别的界限,即人类基因组,其完整性是人作为地球上一个独特物种存在的标志;而生态系统虽然尺度可大可小,不断发展变化,边界也并非易于区分,但其总是作为一个相对独立的生命整体存在,系统中多种生物与非生物统一共存,有着自己特有的组成、结构和功能,是人与自然的协调统一。③ 经过亿万年发展进化、物种更替、物竞天择的过程,才形成了目前从整体性的视角相对稳定平衡的自然,以整体的形式承载世界的变化与生命的更替,整体的构成离不开生物多样性的配合、生态系统的平衡,而生产力的高度进步使科学技术改造自然的能力变得十分强大,不合理使用将造成重大环境污染与自然不能承受之重,当自然不复成为自然,人类也将失去生存的基础。尽管普遍情况下人类对自然的干预总是局部的,但并非所有的局部影响均不会造成自然整体性的破坏,如有机氯杀虫剂过量使用对自然整体性的影响,一开始只是鸟类的减少,随后通过生态食物链不断扩大影响,破坏了整个自然界的生态平衡,以至于最终自然整体性受到影响。因此整体性原则的遵循不仅需要即时的直观观测,更要关注人类行为一定时空的累积效应对自然整

---

① [美] 德沃金:《法律帝国》,李长青译,中国大百科全书出版社 2000 年版,第 120 页。
② 袁茵:《绿色政治的生态整体性特征阐释》,《理论探讨》2018 年第 2 期。
③ 马增旺、赵广智、邢存旺等:《论生态系统管理中的生态整体性》,《河北林业科技》2009 年第 6 期。

体性的影响。

　　知识产权法律制度"绿色化"转型中制定完善具体规则时，对生态整体性原则的遵循应当包含以下方面。首先，对于科学上已经明确的生态技术规律，可以直接确立有利于生态环境的知识产权规则。例如，科学上已经明确有机氯杀虫剂、氟利昂对地球生态系统的严重危害性，专利法可以禁止对此类危害物质产品或制造方法授予专利权，著作权法中可以限制大量使用此类危害物质形成的工艺品、雕塑、建筑等作品或大力宣扬使用此类物质的文字、影视作品的著作权行使。传统的经济增长理念下对资源进行无节制的使用与浪费，资源开发遵循分析性线性思维，如"矿产资源—产品—废弃物"的生产模式，以排放大量废物为特征，造成了资源开发利用不可持续的情势。生态文明时代，遵循生态学整体性思维以超越线性非循环模式，使得废弃物进行资源再生，形成循环生产模式，从而实现地球资源可持续的开发、利用和保护，① 因此从环境保护的角度出发应当鼓励再生能源的生产，关注能源资源的循环利用，发展循环经济②。那么在专利法律制度的"绿色化"转型中，可以针对再生能源生产的相关发明专利进行激励，例如专利快速授权、专利费用减免等，而著作权法对利用可再生能源、环保材料创作的各类作品，可以在著作权人权利行使过程中受到优待，促进绿色作品的传播与应用。其次，对于科学尚未明确但国家经典典籍记载或民族、社群中世代流传的有利于生态环境保护的传统知识，应得到知识产权法的尊重与保护。经典典籍记载尤其是在与大自然共存中世代流传的适应自然的文字或口耳相传的知识，是将人融入生态系统整体性过程中与当地生态系统的融合与和谐。例如，我国藏族口耳相传的戒条"猎人触犯微灵山，山神的冰雹降下来"，即朴素地认为打猎会受到山神的惩罚，③ 各地社群居民在应对气候变化、管理生态系统和可持续利用自然资源等方面积累的传统知识为现代科学技术与方法研究提供了很好的研究基础。知识产权法律制度"绿色化"转型形成的绿色制度中，应当保护这类习俗、习惯、传统知识，避免这些知识被申请为专利获得垄

---

　　① 余谋昌：《以生态整体性思维思考矿产资源开发利用战略》，《上海师范大学学报》（哲学社会科学版）2014 年第 3 期。

　　② 柯伟、毕家豪：《绿色发展理念的生态内涵与实践路径》，《行政论坛》2017 年第 3 期。

　　③ 张继宗：《乡土社会中的传统与现代——藏区民间宗教、文化习俗背景下的生态法》，《青海社会科学》2005 年第 4 期。

断性授权，促进有利于生态环境整体性的传统知识持续利用、传承和发展。最后，科学尚未明确且无地方习俗习惯、传统知识支持的，在知识产权法律规则的制定中只作原则性规定，客观实际中根据生命个体、人类整体以及生态系统整体性的一般科学去进行判定和法律适用。如人类基因组的完整性是人作为地球上的一个独特物种存在的标志，生命科学技术已经发展到可以用人工的方法合成人与动物的杂合体，若这种技术得到合法性支持与推广，人类作为一个独特物种的完整性将会不复存在，那么，对于对人类的基因进行改组或者人兽杂交类技术的发明创造，不应当获得专利授权，以这些字眼设计的商标，不应当获得注册。生态系统具有自己的边界、等级和尺度，具有完整性的评价指标，且转基因作物的生产、农药化肥的使用、污染物的排放等对生态和自然整体性的危害并非即时爆发而往往具有累积效应，这个过程也具有一定的量化标准与生态系统承载力指标。根据生态系统完整性原则对知识产权法律制度进行评判时，可以结合生态系统科学知识如生态系统的威胁达到什么程度、何种级别的指标发生变化需要对知识产权人的权利进行限制等，以确立基于生态环境利益的专利强制许可、著作权法定许可与合理使用等知识产权限制制度的范围尺度。

在坚持生态整体性原则的基础上，应始终考虑知识产权法律制度的内在整体性，即无论作为转型根基的现行知识产权法还是"绿色化"转型后的绿色知识产权法均坚持整体性的知识产权法，包括知识产权特别法如专利法、著作权法、商标法等，以及反不正当竞争法与民法。[①] 民法是知识产权与知识利益的最终兜底保护法。即使最终兜底是民法，也应当考虑知识产权创设的宗旨，为促进社会总体福祉而法定知识产权，但不能因为整体性原则中的民法便将知识产权无形产权与物权同等对待。知识产权作为私权，理应受到民法的调整，知识产权的权利行使应受到民法基本原则的约束。但同时，知识产权各特别法又保持各自的独特性，如专利法的促进科技进步功能、著作权法的促进文化事业与精神文明建设功能、商标法的促进市场经济发展等，且反不正当竞争法构成知识产权各特别法的第一层次兜底适用法，即知识产权法律制度"绿色化"转型，应当坚持知识产权法律制度的整体性，从专利法、商标法、著作权法、植物新品种保护

---

① 李扬：《重塑以民法为核心的整体性知识产权法》，《法商研究》2006 年第 6 期。

等特别法到反不正当竞争法中的知识产权相关条款，如商标"漂绿"行为的法律规制就需要反不正当竞争法相应条款的"绿色化"完善。民法的基本原则是各知识产权特别法中的原则基础，应得以具体化转换。因此知识产权法律制度的"绿色化"转型中遵循的法律整体性原则就是坚持民法的基本原则与精神、坚持各知识产权特别法与反不正当竞争法的相互独立与彼此观照。

二　利益平衡原则

知识产权法律制度的"绿色化"转型过程首要坚持的生态整体性原则是对人类与自然的观照，也是对知识产权法的整体性的考量，是知识产权法律制度"绿色化"转型的世界观根基，主要解决的是人与自然的关系以及知识产权法律制度基础与范围的问题。接下来，需要考量的便是知识产权权利人、利益相关者的个人利益与社会公共利益的关系，即利益平衡原则。因为知识产品的创造具有首效性，最先的知识产品创造者或授权者拥有此项知识产权，而后创造者或先创造但未申请获得授权者无法再获得相应的权利，甚至自由使用也将受到限制或构成侵权。知识产品是人类智力的成果创造，本身具有公共物品特征，以及非独占性与非绝对控制性，不能也不可能完全剥夺其他主体的自由创作与研究开发，制定法在确定首创者权利的基础上，需要考虑公共领域保留以在知识产权保护范围、期限等方面作出一定限制，也需要通过一些特殊制度设计以协调知识产权权利人和利益相关者之间的利益关系。因此，利益平衡是知识产权制度的基本理念，[①] 知识产权作为独占性权利应受到一定的限制，[②] 从而对私主体利益和公共利益进行平衡。党的十九大报告中提出要像对待生命一样对待生态环境，坚持节约资源和保护环境的基本国策。笼罩上空的雾霾朦胧、越来越多的极端天气也时刻提醒着我们生态环境的变化直接影响着生存环境的质量，而美丽中国的建设、人民群众对美好生活追求的实现都离不开好的生态环境，生态利益已经成为最大的公共利益。因此，知识产权法律制度"绿色化"转型过程中具体规范的建立与完善需要考量的利益平衡发生在知识产权权利人、利益相关者以及社会公众之间。

---

① 吴汉东：《知识产权基本问题研究》（总论），中国人民大学出版社 2009 年版，第146 页。

② 吴汉东：《试论知识产权限制的法理基础》，《法学杂志》2012 年第 6 期。

　　基于生态环境保护进行知识产权利益平衡中，生态环境利益并不当然优先于所有专利权人的私益，应当以多种灵活的方式实现对知识产权的合理、有效干预，[①] 以平等正义地确定各种利益的归属，使利益主体各得其所。[②] 知识产权私主体利益与生态环境公共利益之间的利益平衡主要发生在以下三种情境。首先，鼓励绿色创新方面，对绿色知识产权的获得予以优待以激励绿色技术、作品、标识的创新创造。以专利制度为例，针对绿色技术或方法专利的快速审查机制缩短了专利授权的时间，使申请人更快地成为法定权利人，对绿色发明创造及其专利申请具有正向激励作用。除绿色专利申请人外此规定还关涉两个群体，一是普通技术的专利申请主体，二是终其一生都不会进行专利申请的公众。对普通技术的申请主体而言，负面效应是对普通技术的专利申请相对时间较长，容易引起被不公平对待的心理反应。然而换言之，这些被不公平对待的可能心理特征的对价却是享受绿色技术实施带来的环境提升与生态享受。通过让渡不同专利授权时间的心理感受，而换来生态环境利益，是不损害其利益最大化的。对于不申请专利的公众则受益更为明显，可以更早地领略到先进绿色技术的优势，更快地体验绿色技术推广适用带来的生态环境改善。通过绿色专利快速审查制度加快绿色专利的授权，从而延长绿色专利权的保护期限，正向激励单位与个人对绿色技术的研发热情、促进绿色技术的应用与推广符合公共利益的需求，能在权利人与公众之间寻到最佳利益平衡点。

　　其次，促进绿色知识产权的实施和转移方面，优先在不侵害知识产权人权利的条件下采取正向措施鼓励绿色技术的实施与绿色作品的运用。绿色技术的大规模应用与部署有利于改善生态环境、遏制全球变暖，按照爱护环境人人有责的宪法义务，每一位公民都应承担一定的环境保护义务，知识产权权利人也具有在知识产权创造、运用、保护中承担环境保护的义务，但不能因为权利人手中握有对环境有益的知识产品就向其强加明显大于普通公民的义务，这些义务在承担的过程中必然会损害自己基于知识产权享有的基本权益。知识产权所有人独占享有的对生态环境具有裨益的知识产品，以自主自愿的方式实施推广或以全民共同负担的方式实现对生态环境的积极作用，更能体现权利人、利益相关人及社会公众之间的利益平

---

　　① 曹炜、张舒：《绿色技术专利强制许可法律问题研究》，《中国环境管理》2019 年第 1 期。

　　② 冯晓青：《知识产权法的利益平衡原则：法理学考察》，《南都学坛》2008 年第 2 期。

衡。绿色知识产权成果的转移转化可以借助其他法律政策、国家补贴扶持等方式进行，鼓励绿色专利共享等有利于绿色技术转移转化的实践。在绿色技术跨国转移中，还可以采取积极实施科学的分层定价机制、降低与消除关税和非关税壁垒等措施，目前国际上的环境保护基金众多，如全球环境基金（GEF）、野生生物基金会（Wildlife Foundation）、自然之友（Friend of Nature）、生物多样性基金会等，在跨国绿色技术转移或作品应用中诉诸相应基金会的支持，也是促进绿色知识产权发挥国际生态环境保护作用的重要途径。

最后，基于生态环境利益对知识产权进行权利限制方面，仅在市场失灵的特殊条件下才能以强制手段限制知识产权的保护，且对绿色知识产权的限制应当始终保持在合理的程度和范围内。以专利强制许可为例，目前有三种许可形式，即存在滥用专利权的强制许可、从属专利的强制许可以及为公共利益目的的强制许可，基于生态环境利益的专利实施在符合此条件时，当然可以正常应用强制许可，但是在无法判入此三类条件时，是否应当基于生态环境利益进行权利限制？以及如何在权利限制过程中保持权利人、利益相关人与社会公众的利益平衡？专利强制许可作为对专利权垄断性权利的限制，基于出现紧急状态或者非常情况，为维护申请人的应有权利及社会公益发挥了重要作用，但也存在促进私权与公权之间博弈的均衡问题。福建省高级人民法院判决并经最高人民法院终审的"武汉晶源环境工程有限公司诉日本富士化水工业株式会社等侵犯发明专利权纠纷案"[1] 中即未支持原告的停止侵权行为请求，而是要求被告继续支付使用费，但其中判决的支付使用费额度与专利权人期许的价格相差巨大，可能会对专利权人利益造成严重损害，不符合平衡权利人个人利益与社会公共利益的内在精神。[2] 对绿色专利实施强制许可也是对绿色专利权人的利益

---

① 案情简介：原告武汉晶源公司向福建省高级人民法院起诉日本富士化水和华阳公司未经许可、以生产经营为目的仿造了与专利方法相配套的烟气脱硫专利装置，请求法院判定被告侵权并赔偿损失、消除影响，并提出了支付许可使用费的三种方式。一审判决后，三方当事人均提起上诉，但最高法院对一审法院未要求被告停止侵权的判决予以支持。法院认定侵权成立，但是没有判决侵权人停止侵权行为，而是要求其继续支付每台机组每年 24 万元的许可使用费。参见福建省高级人民法院（2001）闽知初字第 4 号民事判决书和中华人民共和国最高人民法院民事判决书（2008）民三终字第 8 号。

② 王明远、汪安娜：《绿色技术专利权社会化：缘起、表现、争议与出路》，《政法论坛》2017 年第 2 期。

限制，相较司法评判的持续使用费形式，申请主体范围更广，影响范围更大，若干预过多可能会对绿色专利技术的创新创造产生负面影响，① 影响绿色技术创新市场的活力。基于公共环境利益的专利强制许可需要具有充分的依据并设置严格的条件，不仅应确定保护环境公共利益的标准，还应前置"三要素"检验标准，许可前进行充分的利益平衡分析。

三 权利义务对等原则

公平正义是法治的生命线，也是中国特色社会主义的内在要求，公平正义法治文化内涵之一"规则公平"要求实体公平，即权利义务对等，② 权利和义务分别是基于公平正义确定的利益与责任。③ 法律上很少有绝对的权利，往往伴随相应的义务，反之亦然，权利与义务是共生的、相互的。④ 因此，权利和义务的分配是否合理由公平正义的理念来决定和衡量，而公平正义的实现又需要权利义务对等来体现。尽管权利和义务并不总是完全对等，也存在某些不对等的特殊情况，但回归社会权利义务总量，又重新变为对等，即权利与义务的关系始终坚持着公平正义的法律本质轨道。⑤ 知识产权法中的公平正义，也需要知识产权法中当事人之间权利和义务的对等来体现。知识产权法中存在不同的利益主体和利益关系，这些利益均是通过知识产权主体之间的权利与义务设定来实现。而知识产权法对当事人之间的权利义务的对等确认，最终通过知识产权人的权利义务与知识产品使用者的权利义务关系的对等来确定。⑥

知识产权属于法律赋予的权利，其根基在于私人占有与公有领域知识资源的划分，知识产权的享有与行使和公共利益有关。而知识产权的内容包括权利和义务两个方面，知识产权人在享有权利之时，也应负担相应的义务。现行知识产权法的设定中权利义务处于动态平衡中，一方面，每一

---

① Heller M. A.，"The Tragedy of the Anticommons：Property in the Transition from Marx to Markets"，*Harvard Law Review*，1998：629-636.

② 张文显：《法治的文化内涵——法治中国的文化建构》，《吉林大学社会科学学报》2015年第4期。

③ 杨显滨：《论当代中国法律本质的应然归属》，《法学论坛》2014年第1期。

④ 刘星：《法理学导论》，法律出版社2005年版，第144页。

⑤ 杨显滨：《论当代中国法律本质的应然归属》，《法学论坛》2014年第1期。

⑥ 冯晓青：《知识产权法的利益平衡原则：法理学考察》，《南都学坛》2008年第2期。

位知识产权主体享有独占的权利，同时也存在权利的限制，如权利穷竭、合理使用、强制许可等；另一方面，知识产权法中每一位当事人既是享有自己的知识产权独占权的权利主体，同时也是尊重他人知识产权与公共领域知识的义务主体。生态环境保护的价值性注入，并非旨在扩大任何知识产权主体的权利或增加任何知识产权主体的义务，而是为了一个共同的生态环境公共利益目标，生态环境问题的解决与改善是公共福祉，可以润泽到每一位土地上的生灵。但是因为公共福祉而任意毁损任何一位私主体的权益都无法体现公平正义，公共福祉的提升需要这片土地上的所有私主体共同付出。因此，知识产权法律制度的"绿色化"转型增加生态环境保护宗旨、增加绿色发展基本原则具有伦理、法理基础，但是关涉个人权利义务，不能破坏知识产权法中权利义务的动态平衡，仍应保持社会知识产权领域总的权利总量和义务总量的对等，恪守公平正义的法治。知识产权法律制度"绿色化"转型过程中，在生态环境利益的关注与考量之下进行了新的利益平衡分配，但是具体规则的确立中必须进行当事人之间权利义务对等的原则检验，以确保微观层面权利义务变更的科学性，维护公平正义。

知识产权法律制度的"绿色化"转型旨在激励绿色创造、引导绿色消费以促进生态环境的保护、减缓全球气候变化，必然会采取提升绿色创造人权益的方式，绿色知识产权权利人将享有更多的权利，为此，当发生公共生态环境问题时，在增加的权益中给予适当的限制，在权利义务上是对等的。以绿色专利申请为例，绿色专利权人在获得绿色专利授权时可以通过快速审查程序进行，大幅度缩减获得专利权的时间，更早地获得授权相当于延长了专利权的保护时限，那么赋予知识产权权利人促进绿色知识产权应用的义务就是权利义务对等的要求，也是通过权利义务对等原则对各个主体利益分配的调适。对于非绿色专利申请的其他主体而言，快速审查通道的应用占用了行政资源，影响正常申请专利主体的审查速度，导致正常程序专利申请人利益的损害，有权利享受因让渡专利申请公共资源而带来的现实或潜在生态环境利益。因著作权的自动取得属性致使绿色著作权制度利益平衡及分配模式与专利制度不同，绿色著作权在取得上并未获得特权却要承担绿色作品传播与应用的义务，如绿色著作权在行使方面存在基于生态环境保护公益下的绿色作品合理使用情形，构成对著作权人的权利限缩，需要根据权利义务对等原则在其他方面为绿色著作权人适当增加一定权益以进行合理调配，实现形式与实质的公平正义。

第二节　知识产权法律制度"绿色化"
转型的特殊性原则

知识产权法律制度"绿色化"转型除知识产权法基本原则、价值、功能等方面的"绿色化"，在具体制度规则上主要是专利法、著作权法、商标法等知识产权特别法中具体条款的"绿色化"或增加"绿色化"条款，因此除普适于知识产权法基本原则、价值、功能及各知识产权特别法之中的一般性原则，即生态整体性原则、利益平衡原则与权利义务对等原则之外，还应当具有适用于各知识产权特别法的特殊性原则，在生态文明建设中体现为绿色技术、绿色文化、绿色产品引导等各个方面，如专利法中促进绿色技术创新与应用的原则，著作权法中促进绿色作品创作与传播的原则，商标法中促进绿色商品与服务提供、引导绿色消费的原则等。

一　促进绿色技术创新与应用原则

专利制度存在的根基就是通过赋予技术创新者以垄断性专有权利，促进社会的整体科技进步与创新，提升人类生产力水平，从而不断提升人类认识与改造自然的能力。然而，根植于工业文明时代的专利制度，在技术选择上秉持中立价值，从而在激励环境友好型技术、普通技术的同时，也促进产生了很多对环境存在危害性的技术。专利法律制度的"绿色化"转型，旨在发挥专利法的生态环境友好功能，促进绿色技术的产生与应用，从而作用于生态环境中，治理环境污染、节约资源能源、减缓气候变化等。

促进绿色技术创新与应用原则，即要求在规则制定与条款设计中，坚持促进绿色技术的创新创造与应用传播的基本宗旨与依据，围绕此核心价值展开。例如在专利授权部分，可以为绿色发明创造的专利申请设置特别程序，以促进绿色技术专利的更快更便捷授权，从客观上延长了专利保护时间，从而激励发明人与投资人将更多的精力与物质条件投入有益于生态环境的技术领域。在专利传播部分，由于专有权的保护，专利的实施、运用、转移均需要经过专有权人的授权许可，任何非法使用专利的行为专利权人都可以申请法律的保护，或通过行政救济的形式诉诸行政处理，或通过司法诉讼的形式诉诸司法审判，从而对非法使用人予以严厉的打击。在此过程中，实质上可能造成对生态环境公共利益的损害，例如美国费城法院审理的一项关于垃圾处理系统的专利侵权案，专利权人要求被告人停止侵权，但停止使用该专利意味着整个小镇的垃圾回收出现滞留等问题，对生态环境造成不利影响。因此在专利的运用过程中，应设置一定的限制以平衡专利专有权的过分垄断，从而促进绿色技术应用于生产实践中以充分发挥其有益于生态环境的效益。

二　促进绿色商品与服务提供原则

商标法律法规的根本宗旨与目标，在于通过商标专用权的保护以促进相应商品或服务质量的保证，促进社会主义市场经济的发展。传统商标法也是产生于工业文明时期，本身并不具有生态价值，其平衡功能主要体现在保护生产者、消费者与经营者的合法利益，通过商品与服务的商业标志以进行信誉鉴别，通过商标权垄断性权利的推动与品牌效应促进商标之下商品与服务的质量不断提升，从而为社会公众提供更多更好的商品与服务，满足人们日益增长的物质精神需求。由于其生态价值中立观，对商标以及其所承载的产品均无生态环保性考量，商标品牌的竞争力主要靠商品与服务对社会市场的迎合力获胜，为了经济利益诸多品牌不惜哗众取宠，过度包装、过度耗费自然资源在所不惜。商标制度作为重要的市场经济调控制度，其生态性风向标的确立将引导经济的绿色与可持续发展，甚至推进生态文明的建设进程。

商标法律制度的"绿色化"转型，就是要从生态中立价值走向生态环境促进价值，充分发挥商标法的生态环保功能，促进绿色经济的产生与发展，促进绿色消费的广泛形成。生态文明建设中的重大需求，就是生产提供更多的生态产品，所有占据市场重要地位的商品、服务，无不标注着其独特的商品标志以供消费者鉴别。形成良好的生态产品供应市场，就不能允许各种"漂绿"行为"搭便车""搭顺风车"，真正做到激励与奖惩并行，打造生态产品提供的良好市场生态与社会生态。因此商标法律制度的"绿色化"转型中应始终坚持促进绿色商品与服务提供的基本原则与基本宗旨，从时间维度的产品设计、生产、供应、销售、购买、使用、废弃过程与空间维度的竞争性产品虚假宣传、欺骗消费者等行为的各个方面，予以具体规则的建构，使得绿色商品与服务的提供无忧可扰，全力升级产品，不断提供更好、更环保的产品面世，也使得消费者无疑可存，放心地购置各种生态产品，不断提升绿色消费的理念与行动，构筑生态文明建设的重要内容。

三　促进绿色作品创作与传播原则

著作权法的根本宗旨与目标，在于鼓励符合时代精神作品的创作与传播，促进文化与科学事业的发展与繁荣。著作权法律制度的"绿色化"转型目标，就是发挥著作权法对生态文明建设的促进效应，激励产生更多传播生态文明建设理念、有利于生态环境保护的作品的产生，并促进绿色作品的应用实践。传统著作权法也是产生于工业文明时期，最初旨在保护出版者的利益，赋予其垄断性权利。即著作权法本身并不具有生态价值，无论是基本原则还是具体规则，都体现了对所有创新的一视同仁，即只要符合独创性标准就可以成为著作权法意义上的作品，受到著作权法的著作权专有权利保护，在作品出版、传播过程中，也是统一地受到《著作权法》第四条的限制，不因其环境友好情况而有所分别。

著作权法律制度的"绿色化"转型，就是要将著作权的技术中立价值转向生态促进价值，通过在著作权领域对作品创造与传播予以干预，促进符合生态文明建设理念的、有益于生态环境保护的作品的广泛创作与传播，从而使更多的绿色作品影响人们的生产生活，形成良好的生态文明理念与行为方式，从根本上尊重自然、保护自然、爱护自然，坚持人与自然和谐共生。从文化与精神文明建设发展方面缓解人民日益增长的美好生活需要与不平衡不充分的发展之间的矛盾。因此，在绿色作品创作与传播的基本原则指导下，从作品产生与运用的时间维度与空间维度分别进行相应规则构建，可以系统地、根本地发挥著作权法的正向生态功能与价值。例如在作品创作方面，可以确立鼓励有益于生态环境保护的作品创作，由于著作权法自作品创作完成当然取得著作权的属性，在著作权取得的干预方面只能选择鼓励。但在作品传播过程中，则可以充分发挥法律的刚性规制功能，即禁止出版、发行与传播对生态环境具有危害性的作品，作为义务性条款，如果当事人不履行该条款将承担相应的法律责任。

第三节　知识产权法律制度"绿色化"转型的范围

通过知识产权法律制度的"绿色化"转型促进知识产权法环境保护功能的提升，并不意味着要损及知识产权法的内在属性与法律部门分工，去调整需要通过公共机制来实现的纯粹环境公益，因此知识产权法律制度"绿色化"转型的过程中应当确立基本的范围边界，以保障绿色价值与功能的实现。即知识产权法只能通过对知识权益的保护间接、附带地实现环保功能，知识产权法律制度的"绿色化"转型最终通过对传统知识产权法规则进行扩展、充实和细化，在理念中融入绿色发展理念、具体规则中渗透《民法典》规定的绿色原则基本原则，来实现环保理念的法治实践与环境功能的赋予和提升。

一　调整对象范围

法律调整的对象是指已经被法律调整的或客观上要求法律调整的具体的意志社会关系，即法律调整的对象是法律对之直接起作用的对象，法律对人与自然的关系的调整，也是通过人与人的关系即社会关系实现的。社会关系是一定历史条件下人与人之间的关系，不包括人与自然以及人与物之间的关系，但人与自然及其他物的关系会在人与人之间社会关系的变动之下产生一定影响。即人与自然的关系不能成为法律调整的直接对象。那些按照自然规律产生的自然过程与物理、化学、生物过程等，属于自然科学研究的对象，不属于法律的调整对象，但是法律可以将这些自然过程、自然规律、自然科学作为法律事实，要求人们遵守自然规律，利用它为社会谋福利。而法律对生态环境与自然资源的调整，也是利用科技的成果，把技术规范转化为法律技术规范，要求社会关系中的人来遵守，法律调整的直接对象仍然是人的意志行为。[①] 无论如何变革，知识产权法的调整对象在属性上也需始终保持为具体的意志社会关系。

知识产权的本质是法律赋予权利人的具有垄断性质的私权，知识产权

[①]　孙国华、朱景文：《法理学》（第三版），中国人民大学出版社 2010 年版，第 206—211 页。

法通过确认权利人对知识财产享有知识产权，而赋予权利人控制知识财产的权利。知识产权法的调整对象是在确认、转让、行使、保护知识产权的过程中能够形成的社会关系，[①] 即因发明创造、作品、商品标识、植物新品种等智力成果或工商业标记的形成、设计、应用、保护等产生的人与人之间的社会关系。知识产权法调整的社会关系较为复杂，从性质上说，既包括横向社会关系，又包括纵向社会关系，从范围上看，既包括平等主体之间的社会关系，即平等主体之间因知识产权而产生的财产关系和人身关系，又包括国家机关围绕知识产权展开的管理关系，即纵向行政管理关系。尽管知识产权法调整的社会关系同时包含横向与纵向两种性质的社会关系，但主要调整的是平等主体因知识财产而产生的社会关系，即主体对知识财产的支配关系，这种支配关系是在社会生产、交换、分配、消费的过程中产生的，表现在法律领域就是主体对于知识财产控制、复制、收益和处分的关系。[②]

知识产权法律制度的"绿色化"转型关注人与自然关系的协调，考虑知识产权与生态环境的关系，但并未因此变更知识产权法调整对象的性质，"绿色化"转型后知识产权法的调整对象即所调整的社会关系仍然是在确认、行使、保护知识产权的过程中能够形成的社会关系，因知识产权法律规范产生的法律关系仍然是人与人之间的社会关系，而非人与生态之间的关系。只是因知识产权法律规范的设计而产生的与保护自然资源与生态环境相关的法律关系，应当更加关注自然规律本身的制约、致力于维护生态完整性与遵循绿色发展原则与规律。一方面，知识产权法律制度的"绿色化"转型维护可以通过扩展或限制知识产权的获得与实施来实现环境利益，其实质是对以环境为媒介的知识产权权益的确认和保障，作用于平等主体之间的因绿色知识产权而产生的社会关系；另一方面，知识产权法包含了大量行政程序性条款，许多知识产权的得失变更须经过行政审批程序，各种知识产权保护均在很大程度上依赖行政权力的介入，知识产权法律制度的"绿色化"转型要求增加国家对知识产权的授权许可与管理保护规范中的生态环境考量，作用于因绿色知识产权产生的行政机关与申请人、权利人之间的纵向社会关系，辅助调整因环境保护因素产生的平等

① 冯晓青：《知识产权法》，武汉大学出版社 2009 年版，第 10—11 页。
② 齐爱民：《知识产权法总论》，北京大学出版社 2010 年版，第 27—32 页。

主体之间的知识产权法律关系。

二 权利主体与客体范围

所有直接从事创造性智力劳动的自然人或组织、主持创造活动并体现其意志或承担相应责任的法人都能够成为知识产权的权利主体。知识产权的取得方式包括原始取得与继受取得，因知识产权产品的创造完成或国家相关机构的授权可以形成知识产权的原始取得，一般同时是知识产权的权利人、发明人与创作人，而通过买卖、赠与等方式成为他人知识产权的新权利人的行为方式则为继受取得。无论何种取得方式，均构成知识产权的权利主体。知识产权的客体是人们在科学、技术、文化等知识形态领域中所创造的知识产品，在《民法典》中被明确规定为民事权利客体，具体包含创造性成果、经营性标记和经营性资信三类，其中第一类包括作品及其传播媒介、工业技术发生于科学技术及文化领域，第二、三类产生于工商业经营领域。[①] 根据前文第二章所述，就无污染的、符合环保要求的作品、发明创造等客体享有专有权利的主体构成绿色知识产权的权利主体，绿色发明创造、绿色作品、绿色商标、绿色地理标志、绿色商业秘密、绿色植物新品种等绿色知识产品构成绿色知识产权的权利客体，绿色知识产权在知识产权法律制度的"绿色化"转型中发挥着重要的纽带作用，相应地也需厘清绿色知识产权的主客体与知识产权法律制度"绿色化"转型中知识产权主客体范围的界限。

知识产权法律制度的"绿色化"转型不仅需要融入绿色发展理念、确立保护生态环境的立法宗旨与基本原则，也应当在具体条文规则中明确有益于生态环保功能发挥的知识产权获取、使用和保护条款。知识产权法律制度应当践行环境正义，应当对生态环境进行观照，但是知识产权法律制度"绿色化"转型的目标与结果并非确立一套致力于针对绿色知识产权对象的管理与保护规范，成为纯粹地针对绿色知识产权的制度。因为非绿色且非污染的普通发明创造、创作与标识等知识产权仍然需要进行保护，否则将有违知识产权制度的设立目的与价值追求，是对普通知识产权所有人的权利剥夺。当前，也有一些学者提出构建一套独

---

① 吴汉东：《知识产权法学》（第七版），北京大学出版社 2019 年版，第 14—18 页。

立的绿色知识产权制度，与传统知识产权制度分离开来，此举虽未消除传统知识产权制度的存在，但两套同样调整知识产权社会关系的法律制度并行存在，必将造成适用与理论上的冲突与混乱。因此，生态文明时代及生态文明建设时期对知识产权法律制度的需求是制度整体进行"绿色化"转型，践行绿色发展理念，依照《民法典》增加绿色原则，并在具体制度设计中融入对生态环境的观照。知识产权法律制度"绿色化"转型形成绿色的知识产权法律制度，所保护的权利客体包含所有知识产品，所有参与知识产品创造或进行知识产权继受取得的个人与法人都能够成为知识产权的权利主体。与此同时，要求所有知识产权人在行使权利时遵循节约资源能源与保护生态环境的绿色原则，并对绿色知识产权的客体绿色知识产品的发明创造进行激励与引导，对具有环境危害性的知识产品限制其获得知识产权。

三　权利保护与限制范围

知识产权的客体属于无形财产，在法律保护范畴权利人无法像保护有形财产那样依其存在本身而宣誓主权，其法律保护范围只能依赖于法律规定的限定。因此，知识产权权利人的专有权行使有效范围也限于在法律规定的保护范围内行使各项权利，否则其权利将失去效力，无法享有专有权。且保护范围的规定体现了双重特征，一是对权项范围的确定，二是对效力范围的确认。法律在赋予知识产权创造者专有权的同时，为了平衡更广大的公众利益与全人类的社会科技文化事业发展，也对专有权在权项与效力范围方面给予了限制。如著作权法中的法定许可使用原则、合理使用原则，专利法中的专利权用尽原则、临时过境使用原则、先用权人使用原则等。① 因此，在知识产权法律制度"绿色化"转型的权利保护与限制范围方面，主要通过知识产权效力范围的扩增与限制进行"绿色化"修正，从而实现传统知识产权法律制度的"绿色化"转型。

生态环境保护的核心内容包含改善生态环境、节约资源能源、反对浪费与消费异化。绿色知识产权的客体绿色知识产品，在具备传统知识产权特征的基础上，还具备明确的绿色性创造目的、合理的绿色性创造方式、客体范围的绿色性限定以及实施效果的绿色性要求。即从绿色知识产品的

---

① 吴汉东：《知识产权法学》（第七版），北京大学出版社 2019 年版，第 22—23 页。

创造、应用、流转到消亡全生命周期均符合生态环境保护的价值取向。即绿色知识产权的特征不仅体现在创造目的的环保性，旨在提高能源效率、减少温室气体排放、缓解气候变化、改善生态环境等，而且应用产生的客观效果是节约能源、资源或改善生态环境。绿色专利的应用可以直接作用于生态资源客体，或治理污染、改善生态环境，或节约资源与能源，实现资源的循环生产，商标领域中绿色品牌的产生与推广将促进绿色消费，有助于形成绿色环保的消费观与生活观，而绿色作品不仅可以弘扬环保文化，绿色建筑还能直接作用于资源能源的节约与减少污染。绿色知识产权的运用传播具有显著的环境意义，因此通过扩大绿色知识产权的保护范围或增大其保护力度，可以产生激励绿色知识产权创造、促进绿色知识产权运用与保护的客观效果。首先，通过知识产权效力范围的扩增进行正向激励，如对绿色专利的快速审查程序设计，缩短专利的授权时间相当于延长了权利保护时限，即扩大了绿色专利权的效力范围；其次，通过禁止不利于生态环境保护的知识产品取得知识产权保护或限制对生态环境具有危害性的知识产权的权利行使以对绿色知识产权进行反向激励，例如限制危害环境型发明创造获得专利权，对"漂绿"行为加强监管与惩治，限制对生态环境具有危害性的作品传播等；最后，完善相应配套措施，通过出台有利于绿色技术、产品与服务的财政金融政策对绿色知识产权进行全面激励，如对绿色知识产权进行财政资助与补贴、设置税收优惠与相应费用减免、加强绿色知识产权及其相应知识产品的政府采购或者科研投入等，同时开展绿色知名商标、绿色发明、绿色作品等方面的奖励评定或在各种奖项评定中确立绿色贡献的优先机制。

权利限制是为界定权利边界而对权利的客体、内容及行使所作的约束性规定，[①] 为兼顾绿色环保功能，知识产权法在权利限制方面实质存在权利外部限制与内部限制两种方式。其中，公共利益是权利外部限制的基本根据，在对公共利益进行法律界定时我国部分立法将生态环境利益纳入公共利益范畴，如《信托法》中规定"发展环境保护事业，维护生态环境"属于公共利益目的；《公益事业捐赠法》规定"非营利的环境保护"属于公益事业；《国有土地上房屋征收与补偿条例》中规定政府组织实施的环

---

① 丁文：《权利限制论之疏解》，《法商研究》2007 年第 2 期。

境和资源保护公共事业属于公共利益。① 而环境法作为公法，更是为克服和防止人们在扩张私权的活动中引起对环境不利的影响而诞生，以促进人类与环境的协调发展。② 特定条件的生态环境利益可以被纳入公共利益，构成对知识产权进行生态环境利益限制的实在法依据。③ 内部限制则着眼于权利内部构成，使权利内在地包含义务，塑造生态环境友好型权利。④ 即外部限制通过设定一定的限制条款致使知识产权不得不加入绿色性考量，而内部限制则是通过在权利中内在包含义务以促进知识产权主动实现绿色性特质。因此，知识产权法律制度的"绿色化"转型不仅应当对知识产权进行基于生态环境公共利益的外部限制，也应当注重生态环境保护理念的内在赋予与融合。

　　基于生态环境保护公益进行知识产权的权利外部限制采取的方式包括直接限制与间接限制两类。一方面，法律法规基于生态公益对权利进行直接限制，如规定危害环境的发明创造无法获得专利权授权许可、著作权人作品的发表与应用不得危害环境等；另一方面，行政机关依法对不利于生态环境的技术、方法、产品、植物品种进行限制或禁止，会损害甚至消除对生态环境具有危害性的知识产品的权利人进行知识产权运用与授权许可的权能，使相应产品的知识产权权利人无法实现商业转化并获得相应利益，从而影响该知识产权权利的正常行使、减少未来该类知识产权的创造产生，构成对知识产权的间接限制。如行政机关基于环境或生态安全风险撤销或不予登记某植物品种的种子，将阻断该品种的生产和销售，使得知识产权无法正常行使，构成对知识产权的间接权利限制，从而会对后续的发明创造人产生强烈的警示作用，促使发明者在进行发明创造与作品创作时关注生态环境利益。基于生态环境保护理念的知识产权内部限制主要采取"应当"的表述模式以将环保义务内在融合于权利之中，如规定权利人行使知识产权应当有利于节约资源、保护生态环境，此类限制方式同时

---

① 参见《中华人民共和国信托法》第六十条、《中华人民共和国公益事业捐赠法》第三条与《国有土地上房屋征收与补偿条例》第八条。

② 徐亚文、童海超：《论知识产权法的环境保护义务》，《中国地质大学学报》（社会科学版）2012 年第 3 期。

③ 邬跃：《土地征收的公共利益及其实现》，《思想战线》2013 年第 6 期。

④ 蒲俊丞、张新民：《土地权利生态化制度补强研究》，《西南大学学报》（社会科学版）2014 年第 3 期。

也是权利内部限制。无论采取何种权利限制模式与途径，对知识产权的权利限制应当始终保持在合理的程度和范围内，例如法院要求继续支付许可使用费或强制许可使用费与专利权人的期许或实际价值悬殊，将可能对权利人利益造成的损害过大，不符合知识产权法促进权利人个人利益与社会公共利益相平衡的内在精神，无法保障绿色创新的积极性与可持续性。

第七章 知识产权法律制度"绿色化" 转型的制度构建

知识产权法律制度"绿色化"转型的制度构成包含绿色专利法律制度、绿色商标法律制度、绿色著作权法律制度等特别法制度，即形成绿色的知识产权法律制度体系。立法内容上绿色知识产权制度的完善，关注制定什么样的法律来建立和完善绿色知识产权制度，使公众广泛参与到与生态环境相契的科技、文化创新中来，从而在创新领域推动生态文明建设的深入发展。前文关于遵循环境伦理价值、践行绿色发展理念以及确立我国绿色知识产权保护立场的要求最终都需要通过立法体现出来，吸收到知识产权法律制度中。并调动公众参与的积极性，充分发挥公众的监督作用，矫正某些地方政府失灵和市场失灵的问题，从不同环节、不同领域对知识产权创造、运用、保护等相关制度进行完善，并最终通过立法方式实现制度的法律化。

第一节 绿色专利法律制度的构建

一 立法宗旨与基本原则中融入绿色发展理念

《专利法》第一条确立了专利法的立法宗旨与目的，即保护专利权人的合法权益、鼓励发明创造及其应用、提高创新能力以及促进科学技术进步和经济社会发展，是以科技进步与经济价值为中心的规定，并未体现科技的价值取向与引导，对绿色与非绿色甚至破坏环境的发明创造未区别对待，甚至一视同仁地鼓励与保护，也将不利于未来司法实践中法官环保能动性的充分发挥。如果立法宗旨中明确绿色价值，未来司法解释与实践中将有进行环保能动的根本依据。如对于绿色专利的侵权认定,将采取更为谨慎的态度;在对专利产品的具体使用、制造、流转等过程中是否构成侵权的专利侵权判断中,可以将保护生态环境与节约资源能源作为重要参考因素。因此进行知识产权法律制度的"绿色化"转型,首先应当进行法律目的条款的"绿色化"。建议在该条增加"鼓励绿色创新""促进经济社会绿色发展"等内容,为专利法的目的条款注入绿色基因。

基本原则方面,《专利法》中并未体现出保护生态环境的绿色原则要求,而生态环境保护与知识产权制度的关系密切,不确立绿色原则很难发挥知识产权制度在生态环境保护中的生态正效应,反而可能因为价值中立而催生更多对环境不利的新技术或产品。且在《民法典》总则部分明确规定绿色原则的情况下,专利法中进一步明确专利权人及相关人在行使权利时的绿色原则,是对上位法民法的回应,也是对专利具体领域绿色原则适用的确认,有利于当事人在行使权利中的原则指导以及未来司法审判中法官的依法行事。且一般情况下,无论有形财产权还是无形财产权,权利的行使要求保持在不违反法律与不构成对第三人权利侵权的范围内,而具体的生态环境保护需求无法准确地进入该范围时,知识产权的权利行使必须规定独立的环境限制条款。因此建议专利法中增加专利权行使的绿色原则,例如"专利权的创造、运用和保护,不得损害生态环境"或"专利权的创造、运用和保护,应当有利于节约资源、保护生态环境"等。一方面,明确把环保要求贯穿于所有权行使的全过程,强调"创造""运用""保护"各环节均应注重环保问题;另一方面,将主动保护生态环境与节约资源能源作为知识产权行使的内在约束,发挥私法对公法的补充功能。

二　限制危害环境型发明创造获得授权

从环保视角考察发明创造包括绿色发明创造、普通发明创造和危害环境型发明创造,其中普通发明创造和危害环境型发明创造又统称为非绿色发明创造。申请专利后对应的专利类型就是绿色专利和非绿色专利,非绿色专利包括普通专利和危害环境型专利。专利法律制度的"绿色化"转型就体现在对绿色专利的激励、对普通专利的规范以及对危害环境型专利的限制授权。其中,对绿色专利的激励属于积极措施,对危害环境型专利的限制授权便是消极防范,也是绿色专利法律制度保护客体范围的首步廓清。将"环境风险"降到最低,即最大化地免除创新性技术带来的具有不确定性的环境问题，可以使"生态环境保护"明确为"公共利益"的一种标准。《专利法》第五条规定，"对违反法律、社会公德或者妨害公共利益的发明创造，不授予专利权"，将"生态环境保护"明确为"公共利益"的一种标准，即从法律上保障了危害环境型发明创造无法被授权为专利。同时，也可以直接规定"危害环境型发明创造，不授予专利权"，两种方式均可以达到廓清绿色专利法律制度客体范围的目标，从而阻却破坏生态环境的相关技术得以产生与运用。

对于绿色专利的授权，"绿色标准"应作为实质条件。我国现行专利法规定的专利授权尚未涵盖"绿色性"这一标准。尽管"绿色"标准目前并无明确的外延，但结合现有研究，从生态效益的角度考虑符合资源节约、提高资源利用效率、保护与改善环境等对环境减轻损害与加强治理的要素都属于"绿色"。为了激励绿色技术的创新、促进绿色技术的公开与推广，保障绿色技术的可持续发展，绿色专利的授权条件中应包括"绿色标准"这一环节。即绿色专利的申请应符合四个条件：新颖性、创造性、实用性和绿色性。此环节设计的关键点在于，目前绿色技术专利还属于中早期发展阶段，社会上大量存在的仍是传统的技术，不能因为绿色专利而拒绝所有的传统专利申请，因此，"绿色性"标准并非所有专利申请的强制性条件，"绿色性"标准的审查只针对绿色专利申请而启动。

三　完善绿色专利的激励机制

设置绿色专利的激励机制，可以促进绿色发明创造的产生，鼓励绿色创新。根据我国《专利法》及《实施细则》的规定，申请人从提交专利申请到获得专利授权的过程很长，尤其是发明专利需要数年的时间，从而导致许多先进的专利难以快速实施与利用，如果绿色专利的申请保持传统申请的程序，将会影响绿色专利的运营，不利于促进环境的改善。考虑到绿色专利的推广实施相较传统专利可带来更多的公共利益，我国应当借鉴国际先进经验，设立专门的绿色专利申请审查通道。同时，也应开展绿色专利的费用减免设置、绿色发明创造主体的物质、精神奖励等工作，激励绿色发明创造。

（一）完善绿色专利快速审查机制

我国绿色专利快速审查机制的设立完善，无须完全照搬其他国家的具体规定，而是立足我国人民日益增长的美好生活需要和不平衡不充分发展之间的矛盾基础,确立符合中国特色社会主义新时代特征的绿色专利快速审查制度。唯有保持特色的"不同",才能与世界各国"和"在一起,实现绿色技术创新激励的全球效应。

首先,设立技术分类分级的绿色专利快速审查制度。第一步,修改相应法律法规,完善法律依据。在专利法中增加关于绿色专利快速审查授权的原则性规定,构成绿色专利快速审查制度的基石。具体条文表述可以参考《美国发明法》(*Leahy-Smith America Invents Act*,AIA)第二十五部分(Section 25),"在遵守其他法律法规的情况下美国专利局可以优先审查对国家经济和竞争力具有重要价值的产品、方法或技术专利申请",使用授权型规范,从而授权国家知识产权局具体制定快速审查的范围、标准和程序等规范,以发挥专利审查专门机关的专业优势。

第二步,制定针对绿色专利快速审查的专门规章,确定分类分级的具体规则。在现有绿色技术分类表的基础上,根据国家环境发展需求及重点产业要求,设置绿色技术紧迫性等级,根据不同等级适用时间各异的绿色专利申请程序。既兼顾国家知识产权局的专利审查能力,又满足社会公众对绿色专利申请的期待利益。绿色技术紧迫性等级可以根据环境治污能力、技术更新换代速度、是否解决最紧迫环境问题等因素设置为三个等级,最紧迫一级、次紧迫二级和普通绿色技术三级。具体申请程序的差异主要体现在时间的不同,在现有优先审查程序基础上再设置两档时间。将属于第一级的绿色技术适用目前的规定,属于第二级的绿色技术适用发明15个月、实用新型和外观设计4个月的时间程序,第三级绿色技术适用发明18个月、实用新型和外观设计6个月的时间程序。具体申请程序可以要求申请人提供现有技术检索报告和技术环保性说明,以减轻国家知识产权专利审查工作人员的负担,释放动能使更多的绿色专利申请进入快速审查程序。在现有省级知识产权局签署推荐意见的基础上,扩展为由省级知识产权局或地市级以上环保部门签署推荐意见,并增加相应救济程序。

第三步,配套辅助措施,保障制度顺畅运行。在现有专利技术领域和绿色专利对照标准的基础上进一步完善绿色技术分类表,给申请人以明确的申请指引,同时给审查员以明确的审查指导。根据绿色专利快速审查制度的运行效果和社会关注问题及时出台相应的解释性文件,使快速通道的申请适用具有规范可循。相关部门尽快建立绿色专利数据库,向所有主体开放,避免相关绿色技术的重复研发,同时可以与 WIPO 的"WIPO-GREEN"数据库对接，为绿色技术研发作指引的同时促进世界绿色专利技术交流与转化。

其次，应与世界携手共建绿色技术共融共通的人类命运共同体。环境与气候问题是全球性问题，大气、水污染与全球气候变暖直接关涉每一个国家，尽管目前世界各国的绿色专利快速审查制度存在普遍的封闭性、差异性等问题，但随着国际经济与合作的一体化进程逐渐加深，绿色专利的合作也会不断加强。党的十九大报告指出我国要引导应对气候变化国际合作。2017 年 5 月 14 日，习近平总书记在"一带一路"国际合作高峰论坛开幕式发表主旨演讲时倡议建立"一带一路"绿色发展国际联盟，并为相关国家应对气候变化提供援助。国家知识产权局局长申长雨在第 57 届WIPO 成员国大会上发言时即呼吁部分国际条约的尽早生效。因此，我国应积极推动构建国际协同的绿色专利快速审查通道，引导全球绿色发展。借鉴专利审查高速公路的实践经验，构建全球绿色专利高速公路。主动参与国际绿色合作，以身作则签署绿色专利合作的多、双边协议，并推动相关国际条约的建立。

（二）设立绿色专利创造激励机制

在我国进行专利申请需要缴纳的费用名目繁多且涉及的各种规则较为复杂。[①] 如果绿色技术发明者因为前期研发成本高以及高额专利费用而不愿申请专利，将延迟该绿色技术的公开，影响未来该技术的进步与推广，从而导致绿色技术的日益减少。通过降低相关费用，减少技术拥有人对申请专利的经费担忧，可以促进技术拥有人对专利申请的积极性。同时，通过制定相应的奖励办法对符合一定条件的发明人和申请人予以奖励，可以进一步激发创造人的研发热情以及权利人申请绿色专利的积极性。目前北京、珠海市等地方政府已经制定了相应的激励办法，对能够起到节能降耗减排的发明专利给予重点奖励。本环节的关键点在于，奖励应当包含物质奖励和精神奖励两种类别，并根据对环境的贡献率设置多个级别的奖项，同时，在基本立法的基础上应出台相应的奖励细则，保证奖励的顺利实施。

四　建立绿色技术转移转化促进机制

（一）绿色专利信息共享机制

专利信息是人类智慧创造成果的文本化，因其蕴含丰富的技术、法

---

① 陈刚：《发达国家小专利立法的经验及启示》，《经济纵横》2008 年第 8 期。

律、经济情报，有利于创新主体有的放矢，以最低成本获取所需信息，为国家及市场主体的科技创新（包括绿色科技创新）和战略决策提供了极其宝贵的参考价值。① 而据 WIPO 测算，利用专业的专利数据库，能够为科研项目节约 40% 的经济成本和 60% 的时间。② 目前国家知识产权局政府网站和国内的多家专利信息机构免费向用户开放提供的基本是中国专利的初级信息，部分较专业的专利信息数据库服务机构主要是收费运行且价格较高，国家知识产权局专利信息查询网站的深度检索使用需要逐级申请由省级知识产权局统一上报国家知识产权局审批，能够申请到账号的机构与个人并不普遍。在具体类别化数据库方面相应的问题就更为突出，而促进绿色技术运用发展，开放提供专门的绿色专利数据库十分重要。在具体实施举措上，可以考虑由国家知识产权局建立初级的绿色专利数据库，为企业和个人在研发绿色技术时提供重要的信息参考，避免相关技术的重复研发与资源浪费。至于深度信息挖掘及分析预测等增值功能可以交由市场规律去完成，国内外已经有许多优质的知识产权运营专业机构为市场提供各类专利信息服务。

在生态文明的建设中，法律制度与行政工作均应起到积极的推动与引导作用，推进绿色专利信息的传播和利用。绿色专利信息共享方面除建立绿色专利专题数据库之外，还可以建立相应的信息发布与展示平台，如建设绿色专利技术展示交易平台、交易中心等，形成全国性的绿色技术展示交易服务体系和网络平台，为绿色专利技术供需各方，特别是为非职务发明人和中小企业提供专利技术及产品展示、交易等相关服务。适时主办绿色专利展会等线下展示平台，实现绿色专利技术与资本的对接，促进绿色专利推广、实施与产业化发展。鼓励各专利池运营时开展绿色专利共享，充分发挥绿色专利实施效益。

（二）促进绿色专利成果转移转化的保障机制

促进绿色专利成果的转移转化以充分发挥绿色技术在生态环境保护与治理方面的正向作用是激励绿色技术研发的主要目标，其中技术需求者是否可以或易于获得绿色专利技术主要涉及绿色专利技术的转移问题，专利

---

① 万志前：《面向生态文明的中国知识产权制度发展路径研究》，武汉大学出版社 2017 年版，第 156 页。

② 赵意焕：《专利运用与产业化服务体系建设对策研究》，《中国科技论坛》2008 年第 6 期。

人或管理者是否愿意实施或推广他人实施，则是绿色专利技术成果的转化问题。绿色专利技术转移是通过无偿或有偿的方式将绿色专利技术在专利技术拥有者与使用者之间输出和输入的过程。① 绿色专利技术或成果的转移过程中，尽管伴随着其他必要技术生产资料的转移，但核心仍然是依托专利权客体。专利权与传统有形财产权、有价证券等无形财产权的权利行使均具有较大差异，其权利的行使内容与方式受到法律的直接规定和保障，《专利法》② 中明确除另有规定的情形外，未经专利权人的许可，任何单位和个人均不得实施其专利，甚至包括使用、许诺销售、销售、进口依照该专利方法直接获得的产品。专利实施应当订立实施许可合同，专利的专有权性质具有排他性，除权利人许可外的任何单位与个人均无权实施该专利。专利权的权利保障为权利人带来巨大精神与物质激励，同时，也为绿色专利的转移转化带来障碍。

专利制度与绿色技术转移关系的研究多在南北分析框架下进行，目前关于绿色技术转移的规定大多体现在相关的国际环境公约和条约中，在国内法中体现较少。尽管诸多公约、条约在促进国际绿色技术转移方面取得一定成绩，但由于相关条款和规则的法律拘束力不强、缺乏责任机制，且环境协议中的发达国家对绿色技术转移的义务与知识产权相联系，未达到充分协调的情况下转移机制很难实现。在国际合作方面，我国可以先行在世界部分国家例如"一带一路"建设中探索绿色专利技术国际转移机制，通过国际条约、双边协定等渠道建立绿色技术转移通道，保证绿色专利技术的顺利转移转化，首先，通过技术援建和出口帮助东道国解决环境治理问题；其次，引进先进的国际绿色技术研发成果；最后，推动跨国科技合作共同解决全球气候变化问题，致力于跨境河流、森林、草原等生态环境治理。设立专门的绿色专利技术转移发展基金或在"一带一路"绿色发展基金中分立专门的绿色技术专利支持基金，③ 用于按需支付环保技术的专利费用，以服务国际绿色技术创新与跨境转移转化。国内方面，也可以

---

① 万志前：《面向生态文明的中国知识产权制度发展路径研究》，武汉大学出版社 2017 年版，第 151—163 页。

② 参见《中华人民共和国专利法》第十一、十二条。

③ 《"一带一路"生态环境保护合作规划》中明确指出探索设立"一带一路"绿色发展基金，推动设立专门的资源开发和环境保护基金，重点支持沿线国家生态环保基础设施、能力建设和绿色产业发展项目。

设立专门的绿色专利技术转移支持基金以促进绿色技术的转移，以及基于环境公共利益的考虑加以干预或将责任规则引入部分特定绿色技术转移中，但行政干预与责任规则引入均是对绿色专利权的权利限制，应建立在对相关利益平衡进行充分论证的基础上。

随着生态环境问题的日益突出及全球化发展，国际上出现了自发促进绿色专利技术转移转化的绿色专利共同体模式，即共享专利或建立专利池，目的是转让绿色技术。通常采取的形式是一个与绿色技术有关的捐赠专利库，或者一个促进绿色专利持有人和潜在被许可人之间联系的系统。如2008 年 1 月，几家公司发起的生态专利共享计划，让人们能够方便地获得环境友好型发明技术，以便任何有能力实施这些技术的人都能够无偿获取，IBM、Sony、Pitney Bowes 和 Nokia 各自向共同体捐赠了至少一项专利，这些专利由位于日内瓦的世界可持续发展工商理事会（WBCSD）管理，宗旨是致力于促进商业可持续发展；由耐克、百思买和非营利创意共同体共同努力创建的绿色交流，旨在向用户提供绿色专利技术，同时使专利权人保留认为对其竞争优势至关重要的权利。[①] 如果上文中所指建设绿色技术转移通道、设立绿色技术转移支持基金是行政作为与投入支持，此处的"绿色专利共同体"模式主要为民间的推动力量与生态责任担当。充分发挥绿色专利共享模式的生态效益，将促进绿色专利的应用与社会价值的深度发掘。

绿色专利成果转化受投资人与绿色专利成果所有人信息是否对称、中介服务组织是否发达、政府在知识产权成果转化中的作用能否正确发挥、市场相关制度是否健全等诸多因素影响。为此，应协调好专利法与环境法、商标法、反不正当竞争法、反垄断法、产品质量法、广告法及消费者权益保护法等法律制度的关系，在绿色技术领域落实科技成果转化法的相关法律政策。利用基金、贴息、担保等方式，引导各类商业金融机构支持绿色专利成果产业化；支持绿色技术成果转化项目实施，对符合规定条件的高新技术成果由转化专项资金给予研发支持；加大对绿色专利成果转化项目投入力度，对符合规定条件的绿色技术成果投资项目由转化专项资金给予支持；设立绿色专利成果转化基金，保证中小企业创新基金的足额到

---

① ［美］埃里克·L. 莱恩：《清洁技术知识产权：生态标记、绿色专利和绿色创新》，《清洁技术知识产权》翻译组译，知识产权出版社 2019 年版，第 201—211 页。

位等。除正向激励与促进之外，还应在重大经济活动的知识产权审议中引入生态环境考察环节，从根本上防范重大经济活动由知识产权转移转化造成的环境风险。绿色专利成果转化后将会形成相应的产品或服务，对此应负载环境告知和标识义务，即转化后形成的产品与服务的说明书中应含有绿色服务的内容，如指导消费者如何使用产品或服务可以避免对环境造成污染，对使用过的废旧产品如何回收处理或再循环利用等。

（三）绿色专利实施监督机制的配套

对绿色专利实施的监督主要包括对绿色专利绿色性认定的公开征求意见以及授权后的动态监测，绿色专利的绿色性认定一般以当时的科学发展情况为依据，考虑到科学技术是一个不断进步发展的过程，对绿色性的认定也具有一定的时代性，且同时技术的应用对环境的影响也是一个动态的过程，可能在实施的过程中附随产生新的环境问题从而导致绿色性不再凸显，因此，绿色专利的绿色性是一个动态发展的过程，一次授权认定并不能确定该专利的始终绿色性。根据专利申请授权过程的备案情况，相关机构应当对该绿色专利的实施情况进行长期的跟踪记录与监督。相关机构应对绿色专利造成的环境影响进行定期审议，并依据申请或职权，对绿色专利的实施情况进行监督检查。

五　确立基于环境利益的专利强制许可制度

为促进绿色专利的推广应用，需要基于环境公共利益的考虑加以干预或将责任规则引入部分特定绿色技术转移中，将绿色技术纳入强制许可的范围可以有效提高绿色专利的转化率和使用率，[①] 保障绿色技术的先进成果不被随意闲置以及促进在社会大范围推广，同时也避免专利权人对绿色技术进行非法垄断，从而促进私人利益与公共利益的动态平衡。但行政干预与责任规则引入均是对绿色专利权的权利限制，需要具有充分的依据并设置严格的条件。因此，我国应建立符合中国特色社会主义新时代特征的绿色专利强制许可制度，在现有专利强制许可的公共利益中纳入公共环境利益的解释，并制定专门的绿色专利强制许可办法，设置严格的应用条件与适用规范。

---

① Philips J. , "People in Greenhouses", *Journal of Intellectual Property Law & Practice*, 2007, 2（5）：269-270.

绿色专利的强制许可因适用于不特定的主体而与持续使用费支付规则有所不同，但持续使用费可以称为受限的强制许可，即两者在具体适用中存在共通之处。支付持续使用费规则以司法判例的形式在判例法国家被视为先例确立下来，已经形成较为成熟的适用机制，绿色专利强制许可的制度设计可以参考支付持续使用费适用时的四因素检验，并确定合理的使用费标准。其中，四因素检验应当转化为"三要素"：该绿色专利的实施效果是否在该领域具有不可替代性、权衡强制许可对绿色专利权人的利害得失、如果不进行强制许可是否会损害公众利益。因此，绿色专利强制许可制度的建立与完善应当包含三方面核心内容：首先，规范绿色专利强制许可启动、审批和实施程序，明确开展绿色专利强制许可的基本条件、具体主管机构或部门、政府审批流程、行政复议或异议程序、许可使用费的定价标准、强制许可实施的时限等，提高基于环境专利强制许可的透明度、操作性与合理性。并从法治体系的角度完善专利强制许可的法律衔接，从《环境法》《专利法》《反不正当竞争法》等法律到专利法实施细则等行政法规、部门规章，确保科学性与系统性，避免出现相互冲突的条款内容。其次，从实践层面加强监督，在实施强制许可之前考察该绿色专利的实施效果是否在该领域具有不可替代性，促进强制许可的绿色专利技术与实际的生产条件、市场衔接。最后，明确将保护生态环境作为申请强制许可的事由，但需满足三个基本条件，一是正面临着严重的环境污染情况或出现紧急性环境事件；二是使用其他替代方法难以取得较好的效果；三是申请人与权利人无法自行协商获得许可。并且，在此过程中须论证权衡强制许可对绿色专利权人的利害得失，考虑如果不进行强制许可是否会损害公众利益，随后政府部门方可自行或依他人申请对某一绿色专利实施强制许可。

第二节　绿色商标法律制度的构建

一　立法宗旨与基本原则中融入绿色发展理念

目的条款的"绿色化"是知识产权法律制度"绿色化"转型的首要举措，当前《商标法》第一条立法宗旨条款践行了商标管理价值中立的态度，围绕商标管理、商标权保护、商标信誉、消费者与生产、经营者利益阐述，并未体现绿色发展理念。对绿色生产、消费与攀比浪费型消费或消费异化未作区别对待与价值引导，对绿色商标与普通商标甚至不利于生态环境保护与资源节约的商标一视同仁地保护。立法宗旨中明确绿色价值，是未来司法解释与实践中进行环保能动的根本依据。建议在该条增加"鼓励绿色生产与消费""保障经济社会可持续发展"等内容，为商标法的目的条款注入绿色基因。

确立商标权行使的"绿色原则"，《商标法》第七条规定了商标的申请注册和使用应当遵循诚实信用原则，商标使用人应当对其使用商标的商品质量负责。《民法典》总则部分明确了民事主体从事民事活动应当遵循的基本原则，包括自愿原则、公平原则、诚信原则、绿色原则等，《商标法》中特别强调了诚实信用原则，凸显了诚实信用原则在商标注册和使用中的重要性，商标法作为知识产权法的重要组成部分，其"绿色化"转型要求法律制度中融入绿色发展理念，基本原则的规定必不可少。在《民法典》民事活动基本原则的基础上，各分则以及单行法对本领域的重要事项作特别规定，可以凸显法律系统的生态完整性与层次性。因此，在民法典规定"绿色原则"的背景下，鉴于生态保护与知识产权的密切关系，商标法也应有所回应，具体措施可以在第七条中增加绿色原则，也可以增加专门的条款，具体内容可以参考"申请注册和使用商标，不得损害生态环境""申请注册和使用商标，应当有利于节约资源、保护生态环境"等。

二　鼓励绿色商标设计与注册

绿色商标向消费者传达产品或服务的生态环境友好性，绿色商标的使用体现了环境友好理念。在消费者越来越注重品牌的社会发展进程中，品牌商标绿色化转向的增多，不仅有利于刺激消费者的绿色消费，更能不断克服消费异化行为，促进人与社会、自然的和谐发展。而绿色品牌的树立首先要有绿色商标的注册，绿色商标注册的前提离不开商标的绿色设计，因此，鼓励绿色商标注册、扶持绿色品牌的第一步就是鼓励商标的绿色设计，即以生态环境友善为原则来指导设计，讲求设计与自然界以及人类本身的和谐友好。[1] 在商标设计之初就秉持着生态平等观和绿色发展原则，

---

[1]　凌继尧：《艺术设计十五讲》，北京大学出版社 2006 年版，第 206 页。

坚持绿色设计理念，充分挖掘设计本身及承载商品、服务的生态潜力与生态价值，向外界传递保护生态环境、节约能源资源的绿色理念。针对绿色商标的申请注册，确立同等条件下优先注册机制。即不同的申请人分别就相同的商标在相同或类似的商品上注册，并且申请日或优先权日为同一天，同时具有同日在先使用该商标的证据或者均未使用的，且各申请人不愿自行协商或者协商不成的，拟核准使用商品或提供服务更环保者优先注册。《中华人民共和国商标法实施条例》中规定同等情况下通过抽签的方式确定申请人，[①] 为了激励绿色商标设计与注册，可以确立以环保优先取代抽签方式确定申请人的规则。

从消极保护角度，应将危害环境型、引导消费异化等类型的商标排除在商标法保护之外。《商标法》第十条规定了各类不得作为商标使用的标志，其中涉及公共利益或环境利益的款项为有害于社会主义道德风尚或者有其他不良影响，倡导资源浪费、肆意破坏生态环境、引导消费异化等各类型的消费应当属于有其他不良影响的类别，但法律法规中未做明确表述在注册及未来司法实践中均缺乏直接依据及基本标准，不利于绿色发展。同时，驰名商标相较普通商标具有更大的影响力与消费者基础，也具有更广泛的法律保护范围，因此在认定驰名商标时应当对该标志的内涵及使用该标识的商品或服务进行生态环境影响考察，对具有环境危害性或过度浪费资源情形的标识或所附着商品，不应对此商标给予驰名商标认定。最后，对于绿色商标的申请注册，应当除显著性审查外增加其使用商品或服务是否具有环保性，即绿色标志是否包含和符合所销售产品或服务的特征。对于立体绿色商标的注册，则可以直接审查该立法标志的构成材料是否环保、是否存在过度包装等问题。

三 规范绿色证明商标的使用管理

我国的环境标志属于证明商标，不仅标志本身体现了绿色，也为能够使用该标志的商品或服务必须符合环境标准提供了具体使用规范，代表了商品从生产设计到流通使用过程的环境友好特性。环境标志的使用有利于企业创建绿色品牌和加强竞争优势，帮助消费者基于环保信息的消费选

---

① 参见《中华人民共和国商标法》（2019 年修正）第二十五、二十六条，《中华人民共和国商标法实施条例》（2014 年修订）第十九条。

择，相较企业独立申请的绿色商标，绿色证明商标通过中立的第三方传达企业绿色产品或服务的可信度和认可度，具有更强的信服力。对于许多企业，尤其是希望传达与其核心业务相关的绿色产品或服务的企业，认证环境标志是上佳之选。且如果绿色证明商标得到广泛认可和信任，消费者更有可能根据环境因素作出购买决策。同时，企业也可以同时使用私有的绿色商标和公共绿色证明商标，达到更好的绿色理念传达效应，促进企业的绿色品牌推广。但是证明商标从申请到使用具有较强的技术性，首先需要在相应的部门认定其环保属性，才能够去商标局注册证明商标，其中各个认证标志的管理机构是申请主体以及所有权人，而商标的具体使用人不能成为所有权人。且其管理涉及国家认证认可监督管理委员会、各个认证标志的管理机构以及知识产权局等。

《商标法》第三条规定证明商标注册和管理的特殊事项由国务院工商行政管理部门规定，本处所指的特殊事项包括监督管理问题、商标使用管理规则、规范等。目前，关于证明商标特殊事项的规定主要体现在部门规章《集体商标、证明商标注册和管理办法》（2003）中，第五条规定了申请证明商标的注册应当提交主体资格证明文件，并提交材料证明其具有监督该证明商标所证明的特定商品品质的能力。至于证明商标的使用，则在第十一条笼统规定了证明商标的使用管理规则应当包括的内容，如使用证明商标的宗旨、条件、手续、权利或义务等。但是在监督规范方面还不够严格，如第十五条规定证明商标的权利人准许他人使用商标时应当在一年内报商标局备案，首先一年时间就过于宽松，在工业生产水平和能力大幅提升的时代可能已经产生了大量投放市场的产品，且如果是在服务产品上的使用则更快速，一年的时间不利于对证明商标使用的有效监督，其次对于注册人不备案行为则缺乏相应法律责任。对于证明商标注册人未履行其商标使用的有效管理或者控制义务，从而导致使用该商标的商品不符合认证要求且对消费者造成损害的情形，仅规定工商行政管理部门责令限期改正，拒不改正的处罚为违法所得三倍以下的罚款，但最高不超过 3 万元，[①] 该处罚较轻的原因也与部门规章制定时间较久相对滞后有关。

绿色证明商标是商标局核准注册给第三方具有监督能力的机构，是特定领域或一定环境标准的垄断性标志，承载着生态环境价值意义以及消费

---

① 参见《集体商标、证明商标注册和管理办法》（2003）第二十一条。

者环境信赖力，应当进一步提升监管与规范能力，加强法律治理，真正实现绿色证明商标的社会发展意义。首先，绿色标志注册为绿色证明商标后政府部门应当加强监督，管理监督工作不宜全部由商标局承担，在质量监督上国家认证认可监督管理委员会仍应当承担具体职责，但应合理、科学地划分各自的职责范围，形成良好的绿色证明商标监督管理体系。立法上可以制定《绿色证明商标使用管理规范》或修改完善《集体商标、证明商标注册和管理办法》，全面覆盖、科学制定绿色证明商标的申请与核准、使用管理、监督检查等重要内容规范。其次，绿色证明商标注册人类别可以灵活但要保证具有监督管理能力和一定权威性。如德国的环境标志所有权人为联邦环境自然保护和核安全部，日本是环境协会，我国可以考虑三类主体，第一类为国家政府机构或部门，第二类为国家政府机构授权且经国家认证认可监督委员会认可的专门机构，第三类为相关行业的行业协会。再次，明确与强化绿色证明商标认证机构与绿色证明商标权利人的责任。对于标准制定认定中以及审查确认证明商标使用时的违反行为予以严厉惩处。最后，加强外部的监督管理建设，充分发挥非政府组织、社会公众和企业的监督功能。对于绿色证明商标的使用者而言，应伴随产生严格的环保义务，接受政府监管部门、非政府组织、社会公众以及绿色证明商标所与人的监督。

四　加强"漂绿"行为的法律规制

随着公众对生态环境的日益关注以及绿色品牌的兴起与市场地位的提升，绿色商品和服务的消费者数量持续增长，市场上出现了大量"漂绿"行为，即对自产产品、服务或工艺提出的虚假或误导性环保声明，如生态标记滥用、盗用等，从而在绿色市场中获利。在绿色生产与品牌市场，消费者的动机是负责任地消费、保护环境，将我们星球的福祉考虑在购买决策中，代表着健康和可持续发展的生活方式。越来越多绿色消费者的集体购买决策对我们的地球产生了越来越大的影响，对保护环境起到至关重要的作用。"漂绿"这种以假乱真、"搭便车"、误导消费者的行为不仅会扰乱正常的市场秩序，更将影响消费者对绿色产品的信心，阻滞绿色生产与绿色消费，不利于绿色经济发展与生态文明建设。作为旨在保护商标权，维护消费者、生产者、经营者利益的商标法，对"漂绿"行为进行规制是其应有之义，而商标法律制度的"绿色化"转型更需要清除绿色标志滥用行为，净化绿色生产与绿色消费市场。在"漂绿"行为法律规制的阻击战中，商标法为主力，同时需要反不正当竞争法等其他相关法律法规的共同围捕。

目前"漂绿"的案例通常涉及能效或燃料消耗等差异化的产品，其中包括能源消耗的家用电器、笔记本电池、耗油汽车和汽车轮胎等产品以及个人或家居使用中可能含有危险化学品或毒素的产品。这些领域涵盖了日常生活的方方面面，而现实中，无论公共实体还是公民都可能参与"漂绿"工作，为此，美国联邦贸易委员会使用《绿色指南》来判定关于绿色产品的营销声明是否有效或被视为虚假广告，并可能追究违法者。世界各地的政府机构正在利用调查权力和执法权力来揭露和惩罚"漂绿"行为。此外，一些政府机构开展环境或能效认证计划并对其进行监管，以确保参与计划的企业能够持续满足其标准。[①] 在具体法律规制方面，首先，完善商业标识的法律规制。尤其对于商业标识使用的禁止性规定里，不应对禁止性规定的具体商标或商品类别设立限制，尽量减小"漂绿"经营者投机取巧的空间。其次，在《反不正当竞争法》中对引人误解的虚假宣传的概念进行明确，要求生产经营者在所提供的商品包装或服务声明中确保其真实性，可根据具体领域与需求要求经营者提供相应的证明。并增加"漂绿"行为规制的专门条款，明确其为不正当竞争行为，依法予以严厉惩处。最后，从《商标法》《反不正当竞争法》的视角加强"漂绿"行为规制的基础上，不断完善《消费者保护法》，增加环境虚假声明方面的消费者保护，构成积极规制与消极防御的双向系统。鼓励合法使用绿色商标的企业及时向市场监督管理机构等部门反映相关企业的"漂绿"行为，维护自身合法权益。

第三节　绿色著作权法律制度的构建

一　立法宗旨与基本原则中融入绿色发展理念

随着全球化生态危机的日益严重，著作权法律制度作为激励作品创

---

① ［美］埃里克·L. 莱恩：《清洁技术知识产权：生态标记、绿色专利和绿色创新》，《清洁技术知识产权》翻译组译，知识产权出版社 2019 年版，第 169—171 页。

作、促进文化事业发展的制度，理应回应生活实践中的重大现实需求，在作品创作和传播领域凸显生态价值。促进与激励反映生态文明建设理念与需求的作品创作与传播，引导文化事业向有利于生态环境保护的方向发展。目前，我国《著作权法》立法宗旨条款仍是典型的生态价值中立式表述，其中在价值引导方面未明确涉及绿色发展理念、生态文明建设、生态环境保护等政策性导向内容，导致在后文的具体规则条款中缺失有益于生态环境保护的内容。立法宗旨中明确绿色价值，不仅是确立著作权法律制度的根本基调，也是未来司法解释与实践中进行环保能动的根本依据。如在进行绿色著作权侵权判定中，采取更为谨慎的态度，将环境保护作为重要的考量因素。著作权法的法律宗旨条款"绿色化"，可以在基本条款中加入践行绿色发展理念与促进生态文明建设的要求。建议在该条增加"鼓励有益于生态文明建设的作品创作和传播"，使得社会主义生态文明建设与社会主义精神文明、社会主义物质文明建设相得益彰。基本原则方面可以确立著作权行使的"绿色原则"，要求作品的创作与著作权的行使应当有利于节约资源、保护生态环境。宗旨与原则在生态文明建设大局和保护生态环境、促进资源节约细节方面的相互呼应，确立著作权法律制度的基本价值根基，促进绿色发展理念在文化事业领域的践行。

二　完善绿色作品创作的激励机制

绿色作品包括主题、制作材料、材料的组合方式等符合环保节能的作品，其中，主题与载体均环保的作品为典型的绿色作品，主题环保但载体未体现不环保性的作品与主题未体现不环保性而载体环保的作品均可构成绿色作品，对于主题环保而载体不环保的作品与主题不坏保而载体环保的作品均不构成绿色作品，主题与载体均不环保的作品当然不是绿色作品。绿色著作权的取得可以采取注册或登记制度，即在著作权的自动取得基础上经过"绿色"审查、履行登记手续才能被认定为绿色著作权，进而享受绿色著作权的相应权利与福利。

尽管绿色作品在内容与载体方面符合单项环保性即可获得绿色著作权的认定，但是对于兼具艺术性与生态友好性的绿色作品而言，其功能性、技术性等成分并不属于著作权法所保护的思想表达的范畴，而仅是一种内在的思想传递，无法获得著作权法的单独保护，只有绿色作品的艺术表达形式可以进行独创性判断从而获得著作权法的保护。因此，只有绿色作品的艺术表达性与环保功能性具有可分离性，即作品具有可以进行独创性判断的艺术表达形式，才可以获得著作权法的保护，从而认定为绿色著作权。那么，针对不同类型的作品，独创性判断标准就应有所侧重，为鼓励绿色作品创作，可以适当降低绿色作品的独创性判断标准。进而在独创性判断中适当考虑资源能源消耗的减少情况、生态环境的改善情况、温室气体的减排情况等。在法治体系方面，还应注意与其他生态环境类法律相协调，致力于共同的环保目标。例如，建筑节能是现实生活中节约资源能源与减少空气、水污染的重要途径，成为绿色作品从而认定为绿色著作权是通过专有权形式对著作权人的有效激励，为未来排除他人非法使用与通过授权许可获得收益奠定了法律基础。为更好地发挥有益生态环境作品的保障功能，著作权法还应与环境保护法及建筑业相关法律法规相协调与衔接，才能在确保建筑品生态环保功能充分发挥的基础上设计更多具有独创性的作品。① 除此之外，对认定为绿色作品的绿色著作权人，在政府资助、表彰奖励、融资贷款等方面予以优待，激励绿色作品创作，并设立专门的奖励基金或专项补助资金对推广应用的绿色作品著作权人给予奖励或资助。

三　限制危害环境型作品的著作权行使

在对绿色作品进行激励与鼓励的同时，也应当对直接具有环境危害性的作品或传递引导公众浪费资源、破坏生态环境信息的作品进行权利行使限制。

基于著作权自动取得的制度根基，对危害环境类、阻碍生态文明建设类作品的法律制约重点集中于流转环节，保证此类作品的著作权人无法正常行使著作权，如限制其复制权、发行权、展览权、信息网络传播权等权利的行使，倒逼并引导社会公众减少直至不再进行此类作品的创作。与绿色著作权认定采取的单否排除法与单项确认法相结合的认定标准不同，即作品主题与载体不得有任何一项危害环境，且至少有一项具有环境友好性，有利于改善生态环境或节约资源能源，危害环境型作品著作权直接采取单项确认法，即作品主题与载体任一项存在危害环境情形，便应认定为危害环境型著作权。对危害环境型著作权的行使限制，

---

① 郑友德、李雅琴：《我国著作权制度的生态化路径》，《法学》2015 年第 2 期。

除在《著作权法》中作出原则性规定外，还应在《出版管理条例》中予以细化，对出版物不得含有的内容中增加作品主题或载体严重污染环境的情形。

四　建立绿色作品传播与应用的促进机制

《著作权法》第十条明确了著作权人享有的人身与财产专有权利，以及著作权人的财产权利可以许可他人行使或将财产权利部分或全部转让给他人以获得相应报酬。从而构成了著作权人行使权利的基本依据，也为现实中妨碍环保场景必要作品适用和绿色作品传播应用提供了法律保障，新时代为促进文化、科学事业对生态文明建设的基础作用，应建立积极机制保障有利于公共生态利益的项目中必要作品的使用，促进绿色作品的广泛传播和有效应用。首先，增加基于生态环境利益的著作权合理使用和法定许可。《欧盟数据库指令》第六条和第九条规定以互用性为目的的解决环境问题允许对计算机程序的反向编译。美国版权法尽管没有专门规定基于生态环境的合理使用条款，但由于其适用较为灵活，因此在多个具体环境个案中得到适用。[①] 我国现行《著作权法》合理使用的适用情形中未考虑生态环境保护的公共利益问题，且法定许可的诸多适用情形中也未考虑生态环境利益。在不违背《保护文学和艺术作品伯尔尼公约》第九条第二项规定的前提下，[②] 可以在合理使用和法定许可制度的适用范围中增加基于治理环境污染、节约资源能源、改善生态环境而使用他人作品的情形，当然，还需要明确具体的适用条件，以排除使用作品主体投机取巧的空间。

其次，适当限制绿色作品的技术保护措施。技术保护措施对网络传播中著作权人的利益具有重要价值，保障了著作权人的基本权益，但同时也对合理使用制度在网络空间中的适用构成了严重障碍。尤其在环境保护领域，对于具有环境保护价值、有利于节约资源能源的作品，公众难以在合理使用范围内进行个人学习、欣赏、研究，播报时事新闻，课堂教学或科学研究等，一方面阻却了合理使用制度作为著作权私人利益与公共利益平衡调节器的功能发挥，另一方面造成了公共环境领域公共利益的损失，社

---

①　郑友德、李雅琴：《我国著作权制度的生态化路径》，《法学》2015 年第 2 期。

②　《保护文学和艺术作品伯尔尼公约》第九条第二项规定：本联盟成员国法律有权允许在某些特殊情况下复制上述作品，只要这种复制不致损害作品的正常使用也不致无故危害作者的合法利益。

会公众是否可以自由获取绿色作品信息在保护生态环境、促进生态文明建设中至关重要。我国《信息网络传播权保护条例》第十二条关于技术保护措施合理限制的规定共设置了四种主要情形，目前并未包含生态要素，为促进生态环境保护建议增加一项情形即"基于改善生态环境的目的，通过信息网络向教学、科研人员提供已经发表的作品，且该作品只能通过信息网络获取"，也可以将此情形与第十二条第一项所列情形合并表述。

最后，基于公共生态环境利益的著作权侵权责任承担判定中慎用停止侵权和销毁侵权复制品。著作权法的终极价值是实现个人价值与自然、社会的和谐发展，而即使当前中国现行著作权法的立法宗旨也并非专注于保护著作权人的利益，而是促进社会主义文化和科学事业的发展和繁荣。因此，出现著作权侵权行为或对公共利益造成一定损害，但同时该行为有利于公共生态利益，就应该酌情考虑并进行利益衡量。例如盗版绿色作品被群众高价购买而造成对权利人的利益损害，但该作品本身具有生态价值功能有利于生态环境的改善或作品本身引导公众热爱环境保护生物多样性，那么就应当采取其他补救著作权人及公共损失的方式承担责任而非直接使用停止侵害或销毁侵权复制品。一方面，作品的制造生产本身必然消耗物质或非物质资源，直接销毁不利于资源的高效利用；另一方面，停止侵害和销毁复制品将遏制绿色作品的社会流通，而促进更多的绿色作品进入公众生活发挥其积极的生态效益有利于实现公共利益的最大化。目前，我国尚未作出针对绿色作品停止侵权或销毁侵权复制品问题的专门法律规定或司法解释，涉及的条款主要有《计算机软件保护条例》（2013 年修订）第三十条规定了复制品使用人可以向软件著作权人支付合理费用后继续使用，最高人民法院《关于当前经济形势下知识产权审判服务大局若干问题的意见》（2009 年 4 月 21 日颁布）中指出了妥善适用停止侵权责任，采取销毁措施应当考虑是否会造成当事人之间的重大利益失衡、是否有悖社会公共利益等问题，其中生态利益的考量可以在普适性的公共利益平衡中考量，但是否考量取决于裁判者的个人认知。因此，为促进绿色作品的传播与应用，更大范围地发挥绿色作品的生态效应，应在著作权法或相关司法解释中增加基于公共生态环境利益的持续使用或免于损毁的相关规定，即销毁绿色作品或制造专用材料、工具等将损害公众环境利益的，应采取其他赔偿或处罚方式的替代性措施，并禁止绿色作品著作权人滥用权利、垄断市场，防止权利人及其他利益相关人故意妨碍绿色作品的利用与传播。

第四节　其他绿色知识产权法律制度的构建

一　绿色商业秘密制度

商业秘密是知识产权保护的一种特殊的无形财产权,《民法典》总则编民事权利部分第一百二十三条第二款第五项中将"商业秘密"纳入知识产权客体予以保护,TRIPs 第三十九条将商业秘密称为"未披露过的信息",我国《反不正当竞争法》第十条对商业秘密的含义作了明确规定。正如绿色知识产权制度是指现有知识产权制度"绿色化"转型的成果而非针对绿色知识产权的制度,绿色商业秘密制度的形成也需要对现行商业秘密制度进行正向与反向的生态环保性衡量,进而进行"绿色化"重构。一方面,涉及商业秘密本身蕴含的环保问题,如危害环境型商业秘密是否应得到法律保护,在法律政策上是否具有促进环境友好型商业秘密形成的机制;另一方面,商业秘密保护与环境信息披露之间是否存在冲突,应当如何协调并进行制度安排。

从环保性的角度划分,商业秘密可以分为绿色商业秘密、普通商业秘密与危害环境型商业秘密三种。绿色商业秘密即所涉内容属于无污染、生态环境友好的经营或技术秘密,对于此类商业秘密,尽管鼓励广泛地生产运用与交易转化,但仍应以法律保护权利人基本权益为核心。而对于具有环境危害性的商业秘密,如果依然保护其不被披露与利益相关人知悉,将导致此类经营或技术信息在法律保障下始终处于保密状态,以此信息为主导或参与部分产品生产制造中将导致对生态环境造成损害、对有限的资源能源造成浪费。因此,绿色商业秘密制度应鼓励绿色商业秘密的广泛应用,避免虚置浪费,同时,应排除对危害环境型与资源浪费型商业秘密的有力保护,引导企业主体生产经营中关注环境利益。

目前,涉及企业的环境信息披露包括两类,一是企业自愿选择披露的环境信息,如有利于企业环境发展的绿色信息;二是企业被动披露的即因政府强制性规定而需要公布的环境信息,包括生产行为可能或已经对环境造成影响的环境污染及其破坏的程度、范围、企业环保措施的实行情况等。① 我国《环境保护法》(2014 年修订)、《环境影响评价法》(2018 年修正)、《企业事业单位环境信息公开办法》(2015 年 1 月 1 日起施行) 等法律、法规、部门规章均对环境信息披露作了规定,其中环境信息披露所要求披露的信息与商业秘密所要保护的信息并不具有相互排斥的独立性,难免产生的交集便是它们的冲突之所在。商业秘密往往是企业投入大量人力、物力甚至多年经营获得的技术或经营信息,加强保护会激励企业继续投入研发工作开展技术创新,但过度地保护则会削弱信息披露的完整性和准确性。而企业,既可能是保密信息的权利主体,又可能成为信息披露的义务主体。从表象看,环境信息披露制度与商业秘密保护制度的冲突即为环境公共利益与企业个体经济利益的冲突。但实质上,商业秘密保护中蕴含表现为确保维护商业道德和倡导诚实经营、鼓励研究与革新等方面的公共利益。② 因此,化解环境信息披露和商业秘密保护冲突的关键在于平衡商业秘密保密以及公开的范围和标准。例如,在环境信息的范围较大,重要性更为凸显时,对商业秘密的保护作一定限制。存在投资者、债权人、雇员、政府、消费者、社会公众等众多主体时,在权衡企业利益与相关者利益的基础上,针对不同主体采用不同披露标准等,从而形成协调环境利益的商业秘密制度。

二　绿色地理标志制度

《民法典》总则编民事权利部分第一百二十三条第二款第四项中将"地理标志"纳入知识产权客体予以保护,适用地理标志的产品非常广泛,包括农产品、中药材、酒类、手工艺品等,只要具有特定品质均可以申请注册以获得地理标志权。作为知识产权类型之一的地理标志权是集体性权利,在满足特定技术或生产规范和一定品质要求的情况下产品产生于该区域的所有生产者均可使用该标志,且标志既不能转让,也不能随意许可他人使用。地理标志的保护不仅有利于当地经济发展,如农产品获准地理标志注册后往往会得到价格提升和知名度提高、影响力扩大,甚至开拓

---

① 万志前:《面向生态文明的中国知识产权制度发展路径研究》,武汉大学出版社 2017 年版,第 231 页。

② 冯晓青:《论商业秘密法与公共利益》,《西南民族大学学报》(人文社科版) 2004 年第 2 期。

国际市场，当地生产者增收后进一步刺激生产特色产品的积极性，形成良性循环；因地理标志与特定地域自然与人文环境的密切关联，也有利于保护自然资源和人文资源。地理标志与生态环境保护具有紧密的联系，良好的生态环境是培育和发展当地地理标志产品尤其是农业、林业、中药材和酒类的关键，仅在特定经纬度区域、特定气候条件、特定人文习惯的环境下才能产生特定的优质产品，即地理标志本身承载着特定的生态环境，也因此，维持地理标志产品的持续生命力必须保护好背后承载的特定生态环境，从而有力地促进当地生态环境的保护，同时，也将有利于发展符合当地特色的产品生产模式和耕种符合当地气候环境的农林业品种，有利于生物多样性保护和生态系统维护。

　　目前，我国地理标志保护制度主要由三部制度规范共同构成，包括《商标法》《地理标志产品保护规定》《农产品地理标志管理办法》，其中《商标法》是基本法，而其他两部为部门规章。2013 年，国家林业局发布了《林产品地理标志管理办法（征求意见稿）》，2018 年，国务院机构改革组建了林业与草原局，不再保留林业局，而目前该办法尚未施行，仍为征求意见稿，如果正式施行，将形成四部规范并行。因地理标志管理与保护中存在的制度与规范冲突，近些年一直在进行相应探索和完善，国家知识产权局制定的《地理标志专用标志使用管理办法》从 2019 年 11 月 11 日开始公开征求意见，于 2020 年 4 月 3 日发布，并以《地理标志专用标志使用管理办法（试行）》的方式施行，通过明确地理标志专用标志使用规范及其商标使用标记区分统筹了商标、地理标志的标志使用问题，但仍是在商标系统范畴进行完善。知识产权局、市场监督管理总局（原国家质量监督检验检疫总局的职责）、农业农村部等部门在地理标志管理与规范中尚未形成科学统筹划分，甚至存在一些冲突与自相矛盾的问题。例如，三部法律法规中对地理标志的定义并不一致，① 取决于自然因素和取决于自然生态环境属于不同范畴，本质上取决于和主要取决于是质和量的差异，以地理名称进行命名和以地域名称冠名亦有产品名称要求严格程度的差异。

　　地理标志的获得依赖于自然生态与历史人文的和谐统一，我国地理环

---

　　① 参见《地理标志产品保护办法》第二条、《商标法》第十六条第二款和《农产品地理标志管理办法》第二条第二款。

境类型丰富、历史悠久，具有巨大的凝聚中华民族历史传统与集体智慧的产品资源，潜藏着巨大的文化与经济价值，充分发挥地理标志制度优势有利于我国知识产权高质量发展，而地理标志制度的"绿色化"转型，就是建立符合当地生态环境特色与资源配置、坚持可持续发展、维护生态系统平衡的地理标志保护制度，具有生态、经济、社会发展的长远意义。首先，宏观上应当制定地理标志专门法律法规，建立起专门法保护模式，对我国凝结自然生态环境与历史人文关怀的地道产品资源进行有效保护，增强国际影响力与竞争力，促进生态、经济与文化的一体化发展。其次，建立绿色地理标志的激励机制。一方面，鼓励申报符合生态环保要求、有利于生态环境保护的产品的地理标志，加紧对绿色地理标志的确认和保护工作，例如许多非转基因农产品与转基因产品相比具有产量低、成本高的缺陷，但更健康、优质，我国东北大豆的蛋白含量就比美国转基因大豆含量高，但由于出油率相对较低、价格成本较高受到来自美国、巴西、阿根廷等国家的低价转基因大豆的严重冲击。[①] 确立本土非转基因农林产品的绿色地理标志，将促进产品质量、信誉的消费者认可，提升产品经济价值，从而促进地理标志产品的生产规模扩大以及抢救部分种植规模日益缩减的农林产品，维护生物多样性。另一方面，加大对绿色地理标志的保护力度，并加大对假冒绿色地理标志行为的查处力度。最后，加强地理标志的规范使用与相应产品的质量监管，排除危害环境型产品的地理标志授予。《地理标志产品保护规定》第七条已明确规定申请地理标志保护的产品应当符合安全、卫生、环保的要求，不予受理和保护对环境、生态、资源可能产生危害的产品，此规定对于形成地理标志产品生态的良性发展具有重要意义，也是绿色地理标志制度的应有之义。其他地理标志相关法律法规中也应增加此条规范，部分规章或实施细则中应制定具体落实措施。同时，应完善地理标志使用与产品生产的规范监管，完善地理标志登记保护技术规范和评价体系，地理标志持有单位着力监督使用人生产是否符合相应控制技术规程，使地理标志使用人形成有利于生态环境保护的环保理念，并持续生产符合环保要求的绿色产品。

三　绿色植物新品种权制度

《民法典》总则编民事权利部分第一百二十三条第二款第七项中将

---

① 胡军华：《美豆通行中国大豆产业链无阻》，《北京农业》2009 年第 26 期。

"植物新品种"纳入知识产权客体予以保护，而植物新品种的知识产权保护，旨在通过赋予育种者对育种植物、植物的部分及产品的专有权，促进育种创新。作为知识产权制度的一部分，植物品种权保护制度除保护私人产业投资利益外，也应当顾及公共部门或农耕习惯上合理接近和使用种质资源的机会。我国《植物新品种保护条例》立法宗旨除鼓励培育和使用植物新品种，还明确指出促进农业、林业的发展。在具体条款上，在第十条和第十一条规定了对植物新品种权的限制，即不须经品种权人许可和支付使用费的情况，利用授权品种进行育种及其他科研活动、农民自繁自用授权品种的繁殖材料，和需要支付使用费的情况，基于强制许可进行的植物新品种实施。这些规定是兼顾公共利益的有效措施，但是在绿色理念践行和维系生态系统平衡、保护生物多样性方面存在较多欠缺，尤其是随着国际经济社会的进一步发展，我国面临着加入《植物新品种保护国际公约》（International Union for the Protection of New Varieties of Plants, UPOV) 1991 年文本的压力，相较 1978 年文本植物新品种的保护范围有所扩大，强度有所增大，形式有所增加。为此，我们更应未雨绸缪，提前做好预保留条款与制度政策应对的准备，在连贯性发展视角下进行植物新品种制度的"绿色化"变革。

　　一方面，在植物新品种授权标准和强制许可条件中增加生态环境考量，从堵与疏双重层面保障生态环境利益。植物新品种权保护是专有权保护，每一个植物都有特定的遗传资源特质，是生物多样性的重要组成部分，其保护的标准与程度直接关涉生物多样性的稳定与生态环境系统的平衡。首先，应在植物新品种权授权范围中排除具有环境破坏、危害性的植物新品种，《植物新品种保护条例实施细则》（农业部分）已经规定了对危害生态环境的新品种不授予品种权，但适用范围有限且规章位阶较低，应在实施细则的林业部分和行政法规植物新品种保护条例中均予以确定。对已经获得授权的植物新品种，设立动态监督机制，及时发现严重破坏生态环境或存在相应危险的植物品种或栽种、生产模式。设定法律程序撤销其植物新品种权并设立相应规则对权利人或生产机构等责任主体予以处罚。其次，对具有改善生态环境效应的植物新品种予以鼓励，建立激励机制以促进具有生态治理属性的植物新品种研发与应用。最后，对植物新品种实施强制许可的公共利益明确生态环境利益，在出现重大环境威胁且使用其他治理措施效果不显著或急需此新品种的引入以促进物种平衡才能维持生态系统的稳定时，审批机关可以依程序作出使用本植物新品种的强制许可决定，但前提是使用人与植物新品种权利人无法实现有效沟通且经利益平衡论证权利人的利益得失以及不采取强制许可是否会造成公共利益损失。

另一方面，完善农民豁免制度，积极立法确立农民留种权。长期以来，历代农民对植物品种的产生作出了重大贡献，他们辛苦选种、种植、经营，不断地使农作物品种适应当地的生存环境，淘汰不适应生长的品种而保留优秀的品种，从而使植物品种不断在人工干预下得到自然进化，农民留种权本是来源于历史传统的自然权利。然而现代育种权保护制度与基因资源公共性质的冲突产生了留种问题。尤其在 UPOV 1991 年文本中，农民留种的权利更被不断限缩，育种者权利被进一步强化。发展中国家多数具有丰富的遗传资源与传统植物，在生态育种方面又与发达国家存在差距，从而导致代表先进生物技术的育种者利益与在形成育种基础材料中世代累积贡献的农民种植者利益难以协调。为此，印度等部分发展中国家已经在基于国情基础的农民权益保护立法方面取得进展，如 2003 年公布的《植物新品种和农民权益保护法》（Protection of Plant Varieties and Farmers' Rights Act）是世界上第一部将农民权益与植物品种权同等对待的立法。我国是世界上植物资源最为丰富的国家之一，也面临着保障种植者权利与激励生物育种之间关系平衡的压力，具体立法实践中可以在《植物新品种保护条例》设立农民留种的专门内容，明确留种主体、对象与权利内容，并建立农业遗传资源获取与惠益分享制度。

四 生物遗传资源与绿色传统知识保护制度

遗传资源是具有实际或潜在价值的来自动物、植物、微生物或其他来源的任何含有遗传功能单位的材料，[1] 不仅维持着物种和生态系统的进化过程，是物种和生态系统不断繁殖、变异和进化的前提和基础，还具有直接或间接地支持生物多样性、消除污染物、保护生态环境的作用。长期以来，遗传资源被视为人类的共同遗产，发达国家凭借先进的生物技术从传统资源中开发培育植物新品种、截取基因片段、开发药物，并通过强化知识产权保护制度为其提供保障，因遗传资源本身被排除在知识产权保护之

---

[1] 参见 CBD 公约第 2 条。

外，使发展中国家非但不能分享发达国家基于利用遗传资源所获得的利益，反而受知识产权制约而不能使用相应产品和方法以应对气候变化、生态环境保护、生命维护。在巨大的利益驱动之下，此类"生物剽窃"层出不穷。遗传资源是以生物有机体为载体的信息资源，拥有者很难依靠对生物体的占有来实现对基因信息的占有及利益保护，因此保护作为信息资源的遗传资源最有力的方式是产权制度，即赋予遗传资源拥有者以遗传资源权。

保护作为生物遗传多样性基础的遗传资源，本身具有一定保护生态环境、维护生态系统稳定的功能，能够在知识产权利用与保护之中关注遗传资源，不侵占、不剽窃，合理利用、有序发展，是知识产权法律制度"绿色化"转型的重要体现。但由于遗传资源权利主体的不确定性，其成为遗传资源产权化保护的最大障碍，也是当前国际上争论的主要焦点，作为遗传资源利用者的发达国家和跨国公司普遍认为遗传资源属于公共领域，应适用人类共同遗产原则，而遗传资源丰富的发展中国家则认为遗传资源处于一国管辖范围之内，按照自然资源永久主权原则，各国对处于本国管辖范围内的遗传资源享有永久主权及相关权利。目前，从国际社会发展看，已经在充分关注遗传资源的问题、探索遗传资源的保护，且基本认可对遗传资源的保护，只是具体制度措施还很难达成国际一致意见。CBD公约中界定了遗传资源，并提出遗传资源的知情同意与惠益分享要求，但具体规则还需各国自行制定与探索。WIPO成立了专门的政府间委员会（IGC），以讨论遗传资源、传统知识和民间文艺的保护问题并致力于对它们的保护。现阶段最具可行性的措施是积极方面的来源披露与惠益分享机制建立，以及消极层面的遗传资源文献化为数据库以防范被不当占有并申请为知识产权。

我国《专利法》第五条规定，违反法律、行政法规的规定获取或者利用遗传资源并依赖该遗传资源完成的发明创造不授予专利权，第二十六条说明依赖遗传资源完成的发明创造应当在申请文件中说明直接来源和原始来源，是从知识产权防守方面保护遗传资源的重要方式，可以通过专利法制止遗传资源的非法获取和不经许可的使用。其他法律法规、政策中也提出要建立完善植物遗传资源及相关传统知识获取和惠益分享制度，加强权属管理。① 但目前我国作为生物资源大国，在遗传资源保护方面的制度努力还不足。例如，专利防守方面缺乏对依赖遗传资源内涵的界定，遗传资源贡献到何种程度为依赖，虽然确认了遗传资源来源披露制度，但是知情同意与惠益分享机制还未进行规范保障，仅披露不惠益很难达到对遗传资源所有者的利益兼顾。其他各领域如农业、林业中对资源获取与惠益分享机制也尚在探索之中，完善和具体的运行机制还较为缺乏。因此，应尽快完善相应制度，建立相关运行机制，制定保护和利用生物遗传资源的国际策略与措施，积极发挥现代先进技术措施在资源识别防范中的作用，同时，尽快完成全国生物资源普查建立中国生物遗传资源数据库，针对公开、半公开、保密等各类型生物遗传资源分别设置针对性保护措施。

　　与遗传资源相似，传统知识的保护在国际与国内也存在类似的境遇。不同的是遗传资源是一种具有生物载体的信息资源，而传统知识是多年发展探索传承下来的知识资源，遗传资源的保护当然与生态保护密切相关，而传统知识中仅与生态环境相关的知识构成与生态保护密切相关的部分，绿色知识产权制度领域，主要关注绿色传统知识的保护与利用。包括那些在应对气候变化、节约资源能源、改善环境污染等有利于绿色发展方面的传统知识，例如预测与应对极端恶劣气候的民谣、社群习惯等。这类知识具有巨大的文化、经济、环境和生态价值，在应对气候变化、生态灾害方面具有积极的作用，为现代科学技术与方法研究提供了很好的知识基础。绿色传统知识尤其在观察与适应气候变化方面的相关知识还对法律制定或相关具体部门的规章政策制定具有借鉴与参考价值。因此，应建立与完善相应的制度以充分发挥绿色传统知识的生态环境保护作用，促进绿色发展与绿色传承，构成知识产权法律制度"绿色化"转型的重要部分。具体保护制度方面，从积极保护、消极防范两层面开展制度建设，把握《名古屋议定书》在传统知识知情同意与惠益分享方面对维护遗传资源和传统知识丰富国家所作的重大推进，积极从国内立法中确认知情同意与惠益分享的程序、主体、范围、权利、义务及责任等各方面内容，完善绿色传统知识的保护制度。

---

　　① 参见《农业知识产权战略纲要（2010—2020 年）》《中国林业遗传资源保护与可持续利用行动计划（2015—2025 年）》《国家林业局关于贯彻实施〈国家知识产权战略纲要〉的指导意见》和《全国林业知识产权事业发展规划（2013—2020 年）》。

结束语

　　生态危机是工业文明的必然产物，从工业文明向生态文明之文明范式的转型，是人类走出生态危机的必由之路，推动绿色科技创新与培育生态文化正是推进生态文明建设的核心内容。作为促进与调整知识产品创新创造活动的知识产权制度，将在环境资源保护方面发挥重要作用。但为应对生态环境变化对知识产权制度的挑战，国际社会产生了全球性理念分歧，而学术研究中许多模棱两可的概念应用，也为知识产权制度的"绿色化"转型带来些许困惑。为此，以概念性分析梳理与界定厘清为起点，以规范分析、数理统计分析、跨学科领域研究等方法为保障，以发挥知识产权法在生态文明建设中的善法功能为主线，通过对知识产权法律制度价值与功能的叩问、与生态环境保护相关联的制度规则的问题剖析、知识产权法律制度"绿色化"转型伦理与法理基础的探源以及知识产权法律制度"绿色化"转型原则遵循与范围限定的明晰，推演了知识产权法律制度"绿色化"转型后形成绿色知识产权法律制度的特别法构成，得出的主要结论如下。

　　第一，知识产权法律制度"绿色化"转型具有必要性。知识产权法的终极价值目标是实现个人价值与自然、社会的和谐发展，与生态文明建设坚持的价值理念、发展目标高度契合；生态文明制度体系需要有绿色知识产权制度做支撑，而知识产权制度本身具有的功能与生态文明建设的制度功能需求相一致；知识产权制度发挥的生态正效应促进生态文明建设，知识产权制度应然担当生态文明建设的制度保障。然而现行知识产权法律制度对生态环境保护具有诸多负面影响，不仅尚未发挥其促进人与自然和谐发展的价值，也存在一些危害环境的因素。如知识产权创造规则对生态环境利益的关注不足、知识产权运用规则限制绿色技术的转移转化、知识产权保护规则造成生态安全等问题，因此亟须进行"绿色化"转型，以充分发挥知识产权制度的生态环境促进效应、消除知识产权制度对生态环境保护的负面影响，进而深度融入生态文明建设的制度保障体系。

第二，知识产权法律制度"绿色化"转型具有伦理与法理基础。伦理所蕴含的内在价值是法律生成的基石，随着生态危机渐深发展，环境伦理已经成为伦理发展的必然趋势，构成当今知识产权立法的客观基础。环境伦理是知识产权法的价值皈依，中国传统环境伦理思想中"天人合一""仁爱万物""齐万物以为道"等生态观是价值指引，西方环境伦理思想"人类中心主义"向"生物中心主义""生态中心主义"的变迁构成价值启示，马克思主义环境伦理思想的中国化是基本价值遵循。法理基础方面，践行绿色发展理念是知识产权法本质的要求，进行"绿色化"转型是知识产权法价值的追求，坚守环境正义是知识产权法职能的应有之义。

第三，知识产权法律制度"绿色化"转型应当遵循生态整体性原则、利益平衡原则和权利义务对等原则的三层次原则，构成一般性原则。并在知识产权特别法领域遵循包含促进绿色技术创新与应用、促进绿色商品与服务提供以及促进绿色作品与传播的特殊性原则。生态整体性原则是生态文明建设新时代知识产权法律制度"绿色化"转型应遵循的首要原则，尊重生命个体整体性、人类物种整体性和生态系统整体性，关注人类行为一定时空的累积效应对自然整体性的影响。利益平衡原则要求在知识产权法律制度"绿色化"转型中考量知识产权权利人、利益相关人的个人利益与社会公共利益的关系。权利义务对等原则坚持知识产权法中权利和义务的动态平衡，保持社会知识产权领域总的权利总量和义务总量的对等，在具体"绿色化"规则的确立中进行当事人之间权利义务对等的原则检验，以确保微观层面的权利义务变更的科学性，恪守公平正义的法治。恪守三层次原则，是保证知识产权法律制度"绿色化"转型始终内涵清晰、不偏离绿色发展方向、制度结构形成有机整体、具体原则规则具有系统性的基础。

第四，知识产权法律制度"绿色化"转型的范围应当清晰，以明确具体规则构建与修缮的边界。知识产权法只能通过对知识权益的保护间接、附带地实现生态环境保护功能，即知识产权法律制度的"绿色化"转型最终通过对传统知识产权法律制度规则进行扩展、充实和细化，在理念中融入绿色发展理念、具体规则中遵循《民法典》规定的绿色基本原则，来实现生态环境保护理念的法治实践与生态环境保护功能的赋予提升。首先，知识产权法律制度的"绿色化"转型关注人与自然关系的协调，考虑知识产权与生态环境的关系，但并未因此变更知识产权法调整对象的性质，"绿色化"转型后知识产权法的调整关系仍然是在确认、转让、行使、保护知识产权的过程中能够形成的社会关系，因知识产权法规范而产生的法律关系仍然是人与人之间的社会关系，而非人与生态之间的关系。其次，知识产权法律制度"绿色化"转型形成绿色的知识产权法律制度，所保护的权利客体包含所有知识产品，所有参与知识产品创造或进行知识产权继受取得的个人与法人都能够成为知识产权的权利主体。与此同时，要求所有知识产权人在行使权利时遵循节约资源能源与保护生态环境的绿色原则，并对绿色知识产权的客体绿色知识产品的发明创造进行激励与引导，对危害环境型知识产品限制其获得知识产权。最后，知识产权法律制度的"绿色化"转型主要通过对知识产权效力范围的扩增与限制进行"绿色化"修正，从而实现传统知识产权法律制度的"绿色化"转型。

第五，知识产权法律制度的"绿色化"转型既应当在立法原则与宗旨上充分体现绿色发展理念，又应当在具体制度设计和程序安排上凸显绿色发展理念与绿色原则，通过知识产权法律关系影响社会主体的行为方式，构筑知识产权领域生态文明建设的制度保障。建议在知识产权特别法的法治完善中实现"绿色化"转型。首先，建立绿色专利法律制度，核心内容包括专利法的立法宗旨与基本原则中融入绿色发展理念、客体范围中排除危害环境型发明创造、完善绿色专利的激励机制、建立绿色技术转移转化促进机制和基于环境利益的专利强制许可制度；其次，建立绿色商标法律制度，核心内容包括商标法的立法宗旨与基本原则中融入绿色发展理念、鼓励绿色商标设计与注册、规范绿色证明商标的使用管理以及加强"漂绿"行为的法律规制；再次，建立绿色著作权法律制度，核心内容包括著作权法的立法宗旨与基本原则中融入绿色发展理念、确立绿色作品创作的激励机制、完善危害环境型作品的著作权行使限制机制以及促进绿色作品的传播和应用；最后，建立并完善其他绿色知识产权法律制度，不仅应完善绿色商业秘密制度、绿色地理标志制度、绿色植物新品种权制度等传统知识产权制度，也应当积极探索生物遗传资源与绿色传统知识的有效保护制度，实现知识产权法律制度的全面与深度"绿色化"转型。

全球性气候变化、生态危机已经深入影响每一个国家、每一方土地、每一个人，近期发生的全球新冠肺炎疫情蔓延也与生物多样性遭到破坏、人类过度干预破坏自然生态息息相关，在裹挟着哀怨与无奈的历史红尘中，值得反思的不只是生命伦理、政治经济，更是直接指引规制人们行为的法律规范，不仅是见招拆招地出台全面禁止食用野生动物和禁止非法野生动物交易的野生动物保护法案、研究制定生物安全法，更是应该在可能影响生态安全与环境保护的领域进行法治的未雨绸缪。知识产权法律制度，作为横跨社会生活方方面面的特殊法律制度，从技术到商品、从文化到植物、从市场到垄断，无不彰显着其良善于环境与罪恶于生态的硬币的两面，如果予以绿色发展理念的指引与约束将会发挥社会生态良法之治，而无视环境伦理与生态限制放任技术、商品与文化的自由发展，也能发生对生态环境的倾覆性伤害。为此，本研究通过实践到理论、实然到应然的穿梭以探讨知识产权法律制度的"绿色化"转型之旅，但无论基于知识产权法律制度本身的庞杂与宏大，还是碍于创作者本身的力量限制，尚有许多未尽之处有待完善与深入。希冀本研究能够成为知识产权法律制度"绿色化"发展研究之路上的一段基石，以待继续开展更深入的研究、碰撞出更多有益的成果，例如在经济学视阈中对知识产权法律制度的"绿色化"转型作出收益成本测算、对绿色知识产权法律制度的具体规则予以运行评价等，以促进知识产权法律制度与生态文明建设的深度契合，共同维系世界的可持续发展与绿色未来。

参考文献

一　著作

蔡守秋：《国际环境法学》，法律出版社 2004 年版。

蔡守秋：《环境资源法学教程》，武汉大学出版社 2000 年版。

曹刚：《法律的道德批判》，江西人民出版社 2001 年版。

曹明德：《生态法新探》，人民出版社 2007 年版。

陈泉生：《环境法原理》，法律出版社 1997 年版。

冯晓青：《知识产权法》，武汉大学出版社 2009 年版。

冯晓青：《知识产权法哲学》，中国人民公安大学出版社 2006 年版。

贾引狮、杨柳薏：《知识产权制度与生态环境保护的法经济学研究》，知识产权出版社 2016 年版。

柯武刚、史漫飞：《制度经济学——社会秩序与公共政策》，商务印书馆 2002 年版。

凌继尧：《艺术设计十五讲》，北京大学出版社 2006 年版。

刘春田：《〈中华人民共和国民法典〉"知识产权编"专家建议稿》，知识产权出版社 2018 年版。

刘海霞：《马克思恩格斯生态思想及其当代价值研究》，中国社会科学出版社 2016 年版。

刘文霞：《用"深绿色"导引经济发展》，人民出版社 2011 年版。

刘小枫：《走向十字架上的真》，华东师范大学出版社 2011 年版。

刘星：《法理学导论》，法律出版社 2005 年版。

刘银良：《生物技术的法律问题研究》，科学出版社 2007 年版。

吕忠梅：《环境法新视野》，中国政法大学出版社 2000 年版。

吕忠梅：《环境资源法论丛》，法律出版社 2006 年版。

《马克思恩格斯选集》（第 3 卷），人民出版社 2012 年版。

《马克思恩格斯选集》（第 4 卷），人民出版社 2012 年版。

马治国：《知识产权法学》，西安交通大学出版社 2004 年版。

聂长久、韩喜平：《马克思主义生态伦理学导论》，中国环境出版社 2016 年版。

齐爱民：《知识产权法总论》，北京大学出版社 2010 年版。

钱俊生、余谋昌：《生态哲学》，中共中央党校出版社 2004 年版。

秦书生：《复杂性技术观》，中国社会科学出版社 2004 年版。

任俊华、刘晓华：《环境伦理的文化阐释——中国古代生态智慧探考》，湖南师范大学出版社 2004 年版。

沈宗灵：《法理学》，北京大学出版社 2003 年版。

施惠玲：《制度伦理研究论纲》，北京师范大学出版社 2003 年版。

史学瀛：《生物多样性法律问题研究》，人民出版社 2007 年版。

世界环境与发展委员会：《我们共同的未来》，吉林人民出版社 1997 年版。

孙国华、朱景文：《法理学》（第三版），中国人民大学出版社 2010 年版。

万志前：《面向生态文明的中国知识产权制度发展路径研究》，武汉大学出版社 2017 年版。

汪劲：《环境法律的理念与价值追求》，法律出版社 2000 年版。

王小锡：《中国伦理学 60 年》，上海人民出版社 2009 年版。

吴汉东：《知识产权法学》（第七版），北京大学出版社 2019 年版。

吴汉东：《知识产权基本问题研究》（总论），中国人民大学出版社 2009 年版。

吴汉东：《知识产权基本问题研究》，中国人民大学出版社 2005 年版。

吴汉东：《中国知识产权理论体系研究》，商务印书馆 2018 年版。

习近平：《决胜全面建成小康社会　夺取新时代中国特色社会主义伟大胜利——在中国共产党第十九次代表大会上的报告》，人民出版社 2017 年版。

肖远志：《知识产权权利属性研究——一个政策维度的分析》，北京大学出版社 2009 年版。

徐国栋：《绿色民法典草案》，社会科学文献出版社 2004 年版。

徐国栋：《民法哲学》，中国法制出版社 2009 年版。

徐嵩龄:《环境伦理学进展——评论与阐释》,社会科学文献出版社 1999 年版。

严存生:《法的价值问题研究》,法律出版社 2001 年版。

杨立新:《中华人民共和国民法典条文要义》,中国法制出版社 2020 年版。

杨巧:《知识产权法学》,中国政法大学出版社 2016 年版。

余谋昌、雷毅、杨通进:《环境伦理学》,高等教育出版社 2019 年版。

张玉敏:《知识产权法学》,法律出版社 2017 年版。

赵建军:《如何实现美丽中国梦:生态文明开启新时代》,知识产权出版社 2013 年版。

郑少华:《生态主义法哲学》,法律出版社 2002 年版。

中国人民大学气候变化与低碳研究所:《低碳经济——中国用行动告诉哥本哈根》,石油出版社 2010 年版。

周长玲:《专利法生态化法律问题研究》,中国政法大学出版社 2011 年版。

周珂:《环境法学研究》,中国人民大学出版社 2008 年版。

[美] 斯图尔特·B. 弗莱克斯纳:《蓝登书屋韦氏英汉大学词典》,《蓝登书屋韦氏英汉大学词典》编译组编译,商务印书馆 1997 年版。

[美] 埃里克·L. 莱恩:《清洁技术知识产权:生态标记、绿色专利和绿色创新》,《清洁技术知识产权》翻译组译,知识产权出版社 2019 年版。

[美] 博登海默:《法理学:法律哲学与法律方法》,邓正来译,中国政法大学出版社 2004 年版。

[美] 德沃金:《法律帝国》,李长青译,中国大百科全书出版社 2000 年版。

[美] 弗·卡特、汤姆·戴尔:《表土与人类文明》,庄崚、鱼姗玲译,中国环境科学出版社 1987 年版。

[英] 简·汉考克:《环境人权:权力、伦理与法律》,李隼译,重庆出版社 2007 年版。

[美] 纳什:《大自然的权利》,杨通进译,青岛出版社 1999 年版。

[美] 威廉·费歇尔:《知识产权的理论》,黄海峰译,商务印书馆 2002 年版。

［美］尤金·哈格洛夫：《环境伦理学基础》，杨通进、江娅、郭辉译，重庆出版社 2007 年版。

二 论文

蔡虹、吴凯、蒋仁爱：《中国最优知识产权保护强度的实证研究》，《科学学研究》2014 年第 9 期。

蔡琳、马治国：《从"生态中心主义"到科技立法的生态价值》，《社会科学研究》2012 年第 4 期。

蔡守秋：《深化环境资源法学研究，促进人与自然和谐发展》，《法学家》2004 年第 1 期。

蔡守秋、张毅：《绿色原则之文义解释与体系解读》，《甘肃政法学院学报》2018 年第 5 期。

曹红冰：《我国〈物权法〉生态化理念的体现与补足》，《求索》2008 年第 9 期。

曹明德：《论生态法律关系》，《中国法学》2002 年第 6 期。

曹炜、张舒：《绿色技术专利强制许可法律问题研究》，《中国环境管理》2019 年第 1 期。

曹新明：《知识产权制度伦理性初探》，《江西社会科学》2005 年第 7 期。

陈刚：《发达国家小专利立法的经验及启示》，《经济纵横》2008 年第 8 期。

陈琼娣：《共享经济视角下的专利开放许可实践及制度价值》，《中国科技论坛》2018 年第 11 期。

陈琼娣：《清洁技术企业专利策略研究》，博士学位论文，华中科技大学，2012 年。

陈琼娣、胡允银：《"绿色专利"制度设计》，《中国科技论坛》2009 年第 3 期。

陈泉生：《论科学发展观与法律的生态化》，《法学杂志》2005 年第 5 期。

陈文：《论生态文明与法治文明共建背景下的生态权与生态法》，《生态经济》2013 年第 11 期。

崔义中、李维维：《马克思主义生态文明视角下的生态权利冲突分析》，《河北学刊》2010 年第 5 期。

丁文：《权利限制论之疏解》，《法商研究》2007 年第 2 期。

董光耀：《绿色化：生态文明建设新内涵》，《中国投资》2015 年第 6 期。

董慧娟：《公共领域理论：版权法回归生态和谐之工具》，《暨南学报》
　　（哲学社会科学版）2013 年第 7 期。

董雪兵、朱慧、康继军等：《转型期知识产权保护制度的增长效应研究》，
　　《经济研究》2012 年第 8 期。

杜金娥、周青、张光生：《游客的生态权利和生态义务刍议》，《中国农学
　　通报》2007 年第 2 期。

方兰、陈龙：《"绿色化"思想的源流、科学内涵及推进路径》，《陕西师
　　范大学学报》（哲学社会科学版）2015 年第 5 期。

冯晓青：《论商业秘密法与公共利益》，《西南民族大学学报》（人文社科
　　版）2004 年第 2 期。

冯晓青：《知识产权的私权属性及其制度完善——民法典实施背景下我国
　　知识产权制度的变革与发展》，《甘肃政法大学学报》2020 年第 5 期。

冯晓青：《知识产权法的价值构造：知识产权法利益平衡机制研究》，《中
　　国法学》2007 年第 1 期。

冯晓青：《知识产权法的利益平衡原则：法理学考察》，《南都学坛》2008
　　年第 2 期。

高俊涛：《构建海洋环境救助报酬制度的正当性研究——一个法律生态化
　　的视角》，《中国海洋大学学报》（社会科学版）2018 年第 6 期。

高荣林：《解读知识产权法中的"绿色"》，《科技与法律》2007 年第
　　4 期。

巩固：《民法典物权编"绿色化"构想》，《法律科学》（西北政法大学学
　　报）2018 年第 6 期。

何隽：《从绿色技术到绿色专利是否需要一套因应气候变化的特殊专利制
　　度》，《知识产权》2010 年第 1 期。

胡波：《"法的正当性"语义考辨》，《甘肃政法学院学报》2009 年第
　　4 期。

胡军华：《美豆通行中国大豆产业链无阻》，《北京农业》2009 年第
　　26 期。

胡鹏鹏：《论民法典合同编绿色条款的立法与完善》，《河北环境工程学院
　　学报》2021 年第 2 期。

黄汇：《版权法上公共领域的衰落与兴起》，《现代法学》2010 年第 4 期。

黄娟：《新时代社会主要矛盾下我国绿色发展的思考——兼论绿色发展理念下"五位一体"总体布局》，《湖湘论坛》2018 年第 2 期。

黄莎：《论我国知识产权法生态化的正当性》，《法学评论》2013 年第 6 期。

黄婷婷：《绿色化概念新在哪里》，《环境经济》2015 年第 9 期。

纪林繁：《公民生态权入宪的法理省思及路径选择》，《河南财经政法大学学报》2015 年第 2 期。

蒋冬梅：《循环经济促进法的生态化路径研究》，《学术论坛》2013 年第 8 期。

金明浩、闫双双、郑友德：《应对气候变化问题的专利制度功能转变与策略》，《情报杂志》2012 年第 4 期。

靳巧花、严太华：《自主研发与区域创新能力关系研究——基于知识产权保护的动态门限效应》，《科学学与科学技术管理》2017 年第 2 期。

柯伟、毕家豪：《绿色发展理念的生态内涵与实践路径》，《行政论坛》2017 年第 3 期。

黎祖交：《准确把握"绿色化"的科学涵义》，《绿色中国》2015 年第 7 期。

李本松：《新常态下绿色化的内涵解析及其实践要求》，《理论与现代化》2016 年第 1 期。

李惠斌：《生态权利与生态正义——一个马克思主义的研究视角》，《新视野》2008 年第 5 期。

李建华：《后民法典时代知识产权法学的私法研究范式》，《当代法学》2020 年第 5 期。

李建华、肖毅：《自然权利存在何以可能》，《科学技术与辩证法》2005 年第 1 期。

李平、宫旭红、齐丹丹：《中国最优知识产权保护区间研究：基于自主研发及国际技术引进的视角》，《南开经济研究》2013 年第 3 期。

李嵩誉：《绿色原则在农村土地流转中的贯彻》，《中州学刊》2019 年第 11 期。

李扬：《重塑以民法为核心的整体性知识产权法》，《法商研究》2006 年第 6 期。

梁宏安、管志友：《大力培育原生态农产品商标》，《中华商标》2007 年第 2 期。

梁琳:《宪法视角下的环境权》,《河套学院学报》2015 年第 2 期。

林柏:《探解"绿色化":定位、内涵与基本路径》,《学习与实践》2015 年第 9 期。

林灿铃、杜彩云:《环境伦理之于国际环境立法》,《比较法研究》2019 年第 6 期。

刘长兴:《〈民法典〉合同编绿色条款解析》,《法学杂志》2020 年第 10 期。

刘超:《论"绿色原则"在民法典侵权责任编的制度展开》,《法律科学》(西北政法大学学报) 2018 年第 6 期。

刘惠荣、刘玲:《法律生态化的重新界定》,《中国海洋大学学报》(社会科学版) 2013 年第 4 期。

刘希刚:《习近平生态文明思想整体性探析》,《学术论坛》2018 年第 4 期。

刘雪凤、谌青青:《我国绿色专利法律调控机制研究》,《科技进步与对策》2013 年第 16 期。

陆勇、童鹰:《从系统观整体性原则看科学技术学建设》,《系统科学学报》2008 年第 4 期。

吕红雷:《环境保护背景下知识产权法义务探究》,《改革与开放》2013 年第 2 期。

吕忠梅:《中国生态法治建设的路线图》,《中国社会科学》2013 年第 5 期。

吕忠梅课题组:《"绿色原则"在民法典中的贯彻论纲》,《中国法学》2018 年第 1 期。

罗文东、张曼:《绿色发展:开创社会主义生态文明新时代》,《当代世界与社会主义》2016 年第 2 期。

罗艺:《生态文明建设视域下环境法的生态化转向》,《甘肃政法学院学报》2017 年第 4 期。

马竞遥:《绿色原则在民法典分则编的体系化实现——以矿业权的民法规制为中心》,《求索》2019 年第 5 期。

马骧聪:《俄罗斯联邦的生态法学研究》,《环球法律评论》1997 年第 2 期。

马增旺、赵广智、邢存旺等：《论生态系统管理中的生态整体性》，《河北林业科技》2009 年第 6 期。

马治国、秦倩：《论新时代我国绿色专利快速审查制度的再确立》，《上海交通大学学报》（哲学社会科学版）2019 年第 3 期。

毛新志：《生命伦理学的整体性原则》，《哲学研究》2006 年第 10 期。

闵惜琳、张启人：《社会经济绿色化低碳化信息化协调发展系统思考》，《科技管理研究》2013 年第 9 期。

宁清同：《论私权语境下的生态权》，《求索》2017 年第 5 期。

宁清同：《生态权初探》，《法治研究》2012 年第 9 期。

宁清同：《生态权视野下的〈环境保护法〉修改》，《云南大学学报》（法学版）2012 年第 6 期。

潘爱叶、侯作前：《从环境保护一体化看我国知识产权制度的完善》，《政法论丛》2016 年第 1 期。

彭衡、李扬：《知识产权保护与中国绿色全要素生产率》，《经济体制改革》2019 年第 3 期。

彭斯震、孙新章：《中国发展绿色经济的主要挑战和战略对策研究》，《中国人口·资源与环境》2014 年第 3 期。

蒲俊丞、张新民：《土地权利生态化制度补强研究》，《西南大学学报》（社会科学版）2014 年第 3 期。

齐燕：《专利信息生态相关问题初探》，《情报理论与实践》2014 年第 12 期。

秦鹏、冯林玉：《民法典"绿色原则"的建构逻辑与适用出路》，《大连理工大学学报》（社会科学版）2018 年第 3 期。

秦倩：《绿色发展理念推动下中国绿色专利制度的构建》，《长安大学学报》（社会科学版）2017 年第 2 期。

秦倩、马治国：《中美经贸摩擦背景下中国区域知识产权保护升级制度保障的实证研究》，《中国科技论坛》2020 年第 2 期。

单平基：《"绿色原则"对〈民法典〉"物权编"的辐射效应》，《苏州大学学报》（哲学社会科学版）2018 年第 6 期。

沈太霞：《立法合理性问题研究》，《暨南学报》（哲学社会科学版）2012 年第 12 期。

孙秋枫、张婷婷、李静雅：《韩国碳排放交易制度的发展及对中国的启示》，《武汉大学学报》（哲学社会科学版）2016 年第 2 期。

陶凯元：《以习近平生态文明思想为指引切实贯彻实施〈民法典〉绿色条款》，《法律适用》2020 年第 23 期。

万志前：《知识产权制度生态化研究》，博士学位论文，华中科技大学，2009 年。

万志前、郑友德：《论生态技术创新的专利制度安排》，《科技与法律》2008 年第 5 期。

万志前、郑友德：《知识产权制度生态化重构初探》，《法学评论》2010 年第 1 期。

汪安娜：《我国专利审查法律生态化问题研究》，《清华法治论衡》2015 年第 1 期。

王继恒：《法律生态化及其矛盾辨思》，《甘肃政法学院学报》2010 年第 4 期。

王玲玲、张艳国：《"绿色发展"内涵探微》，《马克思主义研究》2012 年第 5 期。

王明远、汪安娜：《绿色技术专利权社会化：缘起、表现、争议与出路》，《政法论坛》2017 年第 2 期。

王珊琪：《安徽省绿色知识产权发展战略研究》，博士学位论文，中国科学技术大学，2017 年。

王肃：《生态文明优位下的我国知识产权制度重构》，《学习论坛》2013 年第 10 期。

王太平：《知识产权制度的未来》，《法学研究》2011 年第 3 期。

王轶：《民法典的规范类型及其配置关系》，《清华法学》2014 年第 6 期。

王毅、苏利阳：《创建生态文明的制度体系——〈2014 中国可持续发展战略报告〉概述》，《科技促进发展》2014 年第 2 期。

王子灿：《专利法的"绿化"：风险预防原则的缘起、确立和适用》，《法学评论》2014 年第 4 期。

魏胜强：《论绿色发展理念对生态文明建设的价值引导——以公众参与制度为例的剖析》，《法律科学》（西北政法大学学报）2019 年第 2 期。

邬跃：《土地征收的公共利益及其实现》，《思想战线》2013 年第 6 期。

吴安新、高静：《论产品"漂绿"行为的规制》，《生态经济》2015 年第 8 期。

吴汉东：《试论知识产权限制的法理基础》，《法学杂志》2012 年第 6 期。

吴汉东：《知识产权本质的多维度解读》，《中国法学》2006 年第 5 期。

吴汉东：《知识产权法价值的中国语境解读》，《中国法学》2013 年第 4 期。

吴鸣宣：《我国绿色专利制度困境与发展路径研究》，《法制与经济》2019 年第 5 期。

夏少敏、郝凌燕：《欧盟〈生态设计指令〉对完善我国节能减排法律法规体系的借鉴意义》，《法治研究》2008 年第 6 期。

谢鸿飞：《铸造中国社会的"基本法"：中国民法典的编纂历程》，《人民法治》2017 年第 10 期。

徐升权：《适应和应对气候变化相关的知识产权制度问题研究》，《知识产权》2010 年第 5 期。

徐亚文、童海超：《论知识产权法的环境保护义务》，《中国地质大学学报》（社会科学版）2012 年第 3 期。

杨发庭：《技术与制度：决定抑或互动》，《理论与现代化》2016 年第 5 期。

杨显滨：《论当代中国法律本质的应然归属》，《法学论坛》2014 年第 1 期。

杨宇静：《论绿色专利加速审查制度及其对中国的启示》，《中国科技论坛》2014 年第 5 期。

杨志、张洪国：《气候变化与低碳经济、绿色经济、循环经济之辨析》，《广东社会科学》2009 年第 6 期。

姚新超、张晓微：《知识产权与环境保护在国际规范中的冲突及调和模式》，《国际贸易》2015 年第 9 期。

余谋昌：《以生态整体性思维思考矿产资源开发利用战略》，《上海师范大学学报》（哲学社会科学版）2014 年第 3 期。

余盛峰：《知识产权全球化：现代转向与法理反思》，《政法论丛》2014 年第 6 期。

余耀军：《侵权行为法应有"生态化"的价值取向》，《法学》2003 年第 9 期。

袁茵：《绿色政治的生态整体性特征阐释》，《理论探讨》2018 年第 2 期。

张德芬：《知识产权法之和谐价值的正当性及其实现》，《法学评论》2007

年第 4 期。

张广良：《绿色原则在知识产权侵权救济中的适用》，《知识产权》2020
  年第 1 期。

张继宗：《乡土社会中的传统与现代——藏区民间宗教、文化习俗背景下
  的生态法》，《青海社会科学》2005 年第 4 期。

张景明：《环境知识产权与环境债权问题初探》，《东岳论丛》2009 年第
  11 期。

张秋华、王开宇：《生态权界定之惑》，《社会科学战线》2014 年第
  12 期。

张文显：《法治的文化内涵——法治中国的文化建构》，《吉林大学社会科
  学学报》2015 年第 4 期。

张孜仪：《论专利强制许可制度的生态化》，《华中科技大学学报》（社会
  科学版）2011 年第 4 期。

赵华：《浅析构建环境知识产权对环保工作的促进》，《能源环境保护》
  2011 年第 3 期。

赵意焕：《专利运用与产业化服务体系建设对策研究》，《中国科技论坛》
  2008 年第 6 期。

郑少华：《略论社会法生态化》，《华东政法学院学报》2004 年第 4 期。

郑书前：《国际环境技术转移中的知识产权问题刍议》，《南京工业大学学
  报》（社会科学版）2013 年第 4 期。

郑书前：《论我国环境技术转移面临的知识产权困境及其克服》，《重庆理
  工大学学报》（社会科学版）2011 年第 9 期。

郑友德、李雅琴：《我国著作权制度的生态化路径》，《法学》2015 年第
  2 期。

郑友德、王活涛、郭玉新：《论应对气候变化的绿色知识产权策略》，《华
  中科技大学学报》（社会科学版）2016 年第 6 期。

周安平：《行政程序法的价值、原则与目标模式》，《比较法研究》2004
  年第 2 期。

周长玲：《试论专利保护与环境保护之间的关系》，《环境保护》2012 年
  第 11 期。

周小桃：《论民事主体制度的生态化拓展》，《湘潭大学学报》（哲学社会
  科学版）2009 年第 6 期。

庄友刚：《准确把握绿色发展理念的科学规定性》，《中国特色社会主义研究》2016 年第 1 期。

邹平林、曾建平：《生态文明：社会主义的制度意蕴》，《东南学术》2015年第 3 期。

邹雄、庄国敏：《论民法典绿化的边界——以民法典对环境权的承载力为视角》，《东南学术》2017 年第 6 期。

［澳］弗朗西斯·高锐：《WIPO 总干事 2009 年世界知识产权日致辞》，《中华商标》2009 年第 4 期。

三　电子文献与报纸

邓喜道：《人与自然和谐共生的三重意蕴》，http：//theory.people.com.cn/n1/2019/1014/c40531-31397754.html，2019 年 10 月 14 日。

韩瑞：《中国绿色专利拥有量逐年增长》，http：//www.cnipa.gov.cn/zscqgz/1131861.htm，2018 年 9 月 7 日。

科技部：《欧洲专利局和联合国环境规划署等联合发布清洁能源技术专利研究报告》，http：//www.most.gov.cn/gnwkjdt/201011/t20101118_83442.htm，2010 年 11 月 22 日。

刘琼：《品牌商标纷争背后的商业生态》，http：//news.hexun.com/2012-07-10/143371613.html，2012 年 7 月 10 日。

王利明：《民法总则纳绿色理念》，http：//news.takungpao.com/paper/q/2017/0228/3425502.html？open_source = weibo_search，2017 年 2 月 28 日。

夏佩娟：《日本"绿色申请"可优先进行专利实审和复审》，http：//ip.people.com.cn/GB/10410605.html，2009 年 11 月 19 日。

佚名：《奥巴马：发展清洁能源有利于促进就业》，https：//www.chinanews.com.cn/ny/2010/08-17/2472031.shtml，2010 年 8 月 17 日。

于谋昌：《实践性是环境伦理学的精华》，http：//www.people.com.cn/GB/huanbao/1072/2589941.html，2004 年 6 月 22 日。

云山：《河北加强绿色技术知识产权保护》，http：//www.cnipa.gov.cn/dtxx/1143218.htm，2019 年 10 月 23 日。

中华人民共和国国家知识产权局：《加拿大知识产权局缩短专利授权时间》，http：//www.sipo.gov.cn/wqyz/gwdt/201611/t20161116_1301776.

html，2016 年 8 月 5 日。

周生贤：《探索中国环保新道路要着力构建强大坚实的科技支撑体系》，
　　http：//www.gov.cn/gzdt/2011-02/28/content_1812533.htm，2011 年 2
　　月 28 日。

贵阳市知识产权局：《实施知识产权战略 推进生态文明建设》，《贵阳日
　　报》2009 年 4 月 24 日。

洪向华、杨发庭：《绿色发展理念的哲学意蕴》，《光明日报》2016 年 12
　　月 3 日。

姜旭：《优质版权是构建生态链的基石》，《中国知识产权报》2015 年 10
　　月 23 日。

评论员：《用知识产权制度促进生态文明建设》，《中国知识产权报》2007
　　年 11 月 14 日。

王远、王迪：《李克强与法国总理共同出席中法企业家座谈会》，《人民日
　　报》2018 年 6 月 27 日。

郑友德：《顺应环保要求的绿色知识产权》，《检察日报》2011 年 3 月
　　10 日。

四　外文文献

A. Dechezleprêtre, *Fast-tracking Green Patent Applications: An Empirical Analysis*, Geneva, Switzerland: International Centre for Trade and Sustainable Development International Environment House 2, 2013.

Atapattu Sumudu, "Sustainable Development, Myth or Reality: A Survey of Sustainable Development Under International Law and Sri Lankan Law", *Georgetown International Environmental Law Review*, 2001.

Christina L. Nargolwala, "Renewable Agriculture: Transgenic Contamination and Patent Enforcement Threats", *Natural Resources & Environment*, 2012, 26 (3).

CIPO, "Changes to IP Regulations: Rules Amending the Patent Rules, Expedited Examination of Patent Applications Relating to Green Technology", http://www.cipo.ic.gc.ca/eic/site/cipointernet - internetopic.nsf/eng/wr02991.html, 2015-06-01.

Colin S. Crawford, "Comment: Green Warfare: An American Grand Strategy for the 21st Century", *Wake Forest Journal of Business and Intellectual Property Law*, 2011, 11.

Eric L. Lane, "Bulding the Global Green Patent Highway: A Proposal for International Harmonization of Green Technology Fast Track Programs", *Berkeley Technology Law Journal*, 2012, 27.

Estelle Derclaye, "Of Maps, Crown Copyright, Research and the Environment", *European Intellectual Property Review*, 2008, 30 (4).

"Expedited Examination for Standard Patents", https://www.ipaustralia.gov.au/patents/applying-patent/standard-patent-application-process/examination-standard-patent/expedited-examination-standard-patents, 2018-01-11.

"Green Technology Pilot Program-closed", https://www.uspto.gov/patent/initiatives/green-technology-pilot-program-closed#, 2012-05-07.

Hope Shand, *Legal and Technological Measures to Prevent Farmers from Saving Seed and Breeding Their Own Plant Varieties*, *Perspectives on new crops and new uses*, VA: ASHS Press, 1999.

Jeremy Philips, "People in Greenhouses", *Journal of Intellectual Property Law & Practice*, 2007, 2 (5).

Jonathan M.W.W. Chu, "Developing and Diffusing Green Technologies: The Impact of Intellectual Property Rights and Their Justification", *Washington and Lee Journal of Energy*, *Climate*, *and the Environment*, 2013, 4.

Joshua D. Sarnoff, "The Patent System and Climate Change", *Virginia Journal of Law and Technology*, 2011, 16.

JPO, "The JPO Implemented a Pilot Program for Green Accelerated Examination effective November 1, 2009", https://www.ondatechno.com/English/ip/patent/report/20091130.html, 2009-11-30.

Leopold A, "The Land Ethic", *Revista Chilena De Historia Natural*, 2007, 80 (4).

Maureen B. Gorman, "What does It Mean to be Green: A Short Analysis of Emerging IP Issues in 'Green' Marketing", *John Marshall Review of Intellectual Property Law*, 2010, 9.

Michael A. Gollin, "Using Intellectual Property to Improve Environmental Protection Introduction", *Harvard Journal of Law & Technology*, 1991, 4.

Michael A. Heller, "The Tragedy of the Anticommons: Property in the Transition from Marx to Markets", *Harvard Law Review*, 1998.

Mu-Yen Hsu, "Integrating Environmental Regulation and Technology Policy to Promote Pollution Abatement Innovation and Diffusion", Proceedings of Conference on East Asian Environmental and Resource Economics and Policy, March, 1998.

"Patent Act (R.S.C., 1985, c. P-4)", http: //laws-lois. justice. gc. ca/ eng/acts/P-4/page-16.html, 2016-06-24.

"Patent Law (Amendment: Act No. 109 of 2006)", http: //www.japaneselawtranslation. go. jp/law/detail/? id = 42&vm = 04&re = 01, 2009 - 04-01.

"Patent Law (Reproduced from Statutes of the Republic of Korea and copyright by the Korea Legislation Research Institute, Seoul, Korea)", http: // www. kipo. go. kr/upload/en/download/PATENT% 20ACT _ 201308. pdf, 2013-03-23.

Peter S. Menell, Sarah M. Tran, *Intellectual Property*, *Innovation and the Environment*, Edward Elgar Publishing, 2014.

Sarah M. Wong, "Environmental Initiatives and the Role of the USPTO's Green Technology Pilot Program", *Marquette Intellectual Property Law Review*, 2012.

Sherin M. Rashedi, "The Role of Intellectual Property Rights in Addressing International Climate Change", *ABA SciTech Lawer*, 2011, 7 (3).

"Speed up Your Patent Applications for Clean Technology Inventions", http: //www. ic. gc. ca/eic/site/cipointernet - internetopic. nsf/eng/ wr02462.html, 2015-06-01.

Tait Graves, Alexander Macgillivray, "Combination Trade Secrets and the Logic of Intellectual Property", *Santa Clara Computer High Technology Law Journal*, 2004, 20 (2).

Tandoh-Offin P., "A Review of Environmental Entrepreneurship as an Agenda for Rural Development: The Case for Ghana", *Journal of African Studies and Development*, 2010, 2 (2).

"The U. S. Commerce Department's Patent and Trademark Office will Pilot a Program to Accelerate the Examination of Certain Green Technology Patent Applications", https：//www. uspto. gov/about － us/news － updates/us － commerce-departments-patent-and-trademark-office-uspto-will-pilot-program, 2009-12-07.

UKIPO, "UK Green Inventions to Get Fast-tracked through Patent System", http：//www. ipwatchdog. com/2009/05/13/uk － green － inventions － fast － tracked-to-patent/id = 3405/2009-05-13.

UNEP, EPO and ICTSD, "Patents and Clean Energy：Bridging the Gap Between Evidence and Policy", https：//unep. ch/etb/events/UNEP% 20EPO% 20ICTSD% 20Event% 2030% 20Sept% 202010% 20Brussels/ Brochure_EN_ganz.pdf, 2010-01-09.

"USPTO Expands Green Technology Pilot Program to More Inventions", https：//www. uspto. gov/about － us/news － updates/uspto － expands － green － technology-pilot-program-more-inventions, 2010-05-21.

"USPTO Extends Deadline to Participate in Green Technology Pilot Program by One Year", https：//www. uspto. gov/about-us/news-updates/uspto-extends-deadline-participate-green-technology-pilot-program-one-year, 2010-11-10.

"USPTO Extends Deadline to Participate in Green Technology Pilot Program", https：//www. uspto. gov/about － us/news － updates/uspto － extends － deadline-participate-green-technology-pilot-program, 2011-12-15.

"USPTO Issues 500th Patent Through Successful Green Technology Pilot Program", https：//www. uspto. gov/about-us/news-updates/uspto-issues-500th-patent － through － successful － green － technology － pilot － program, 2011-10-05.

后　记

　　人生智路征漫漫，年年岁岁始无悔。不知不觉，蓦然回首间，开展知识产权法学相关研究已有十余个寒来暑往。细思量，匆匆忙忙里，已从当初懵懂的研究热忱，转变为日后坚定的人生理想。关于绿色知识产权法学的研究，也是从最初的片段化、割裂性研究逐渐迈向深度省思，通过理论与实践的碰撞融合，进入体系化探索。最初在知识产权法领域关注环境问题，主要源于自己的一段学业背景，本科学习农林相关专业使自己对生态环境问题有种天然的敏感。从硕士毕业论文研究农民留种权相关问题，到后来进行绿色技术转移转化、绿色专利优先审查制度、绿色专利制度等相关问题的研究，共同促进了对知识产权法律制度的"绿色化"思考。坚持完成本书稿的最大动力，主要还是对生态文明建设的深切认同与制度体系保障的思考体悟，没有良好的自然生态环境，就没有人类的未来。生态文明一定是未来人类文明形态的主流形式，而人类文明形态的结构性改变离不开具体制度的支撑与相应价值理念的传导。我们要建设美丽中国，不断满足人民日益增长的美好生活需要，就离不开科学技术的强力支持与绿色主流文化的软环境支撑，而随着工业文明发展进程逐渐发展起来并走向相对成熟的知识产权制度，正是具有与科技创新、产品创新与文化传播的最密切互动，在生态文明建设的时代背景下，需要在随着社会经济发展进步而不断修法完善的过程中充分发挥观照生态环境的善法功能。

　　本书稿的完成主要是在博士学位论文的基础上进行的，同时对绪论与具体章节内容进行了重要修改。在即将出版之际，最大的感触还是想说感谢。对本书写作过程中所有给予帮助与支持的老师、同学、亲朋、好友以及未曾谋面的学术资料作者们致以深深的感谢！

　　首先，感谢我的导师马治国教授，在研究选题时给予我很大的鼓舞与支持，在漫长的写作过程中给予我很多启思。导师马治国教授给予我的支持，是全面的教导与培养，尤记得，自己以本科非法学专业出身初入师门，始终对不够厚实的法学基础怀有忐忑，马老师不仅从未苛责，还以交叉研究背景具有的学习与创新优势鼓励我，数十年如一日地坚持复合型人才培养之路。在多年的完成学业过程中，我深受马老师复合型人才培养之恩，不仅参与完成数十项学术型科研项目，也时常参与专业合同的撰写修改、司法纠纷案件的分析处理、专利分析与实践应用、立法建议与决策建言撰写等专业应用类工作，在学术科研与法律实务的穿梭中，获得了综合的锻炼与进步，共同积淀了自己的学术研究思路与解决问题能力。

其次，感谢在选题之初周方老师提出的有益建议，指引我深入思考并融入每一步写作思绪中；感谢在博士学位论文选题答辩、中期检查答辩、预答辩与毕业答辩中，答辩组高山行、胡德胜、李万强、王保民、王蓓、王思锋、强力等教授提出许多宝贵意见，盲审中评审专家给出许多中肯建议，这些建议与启思帮助我不断修改与深入，指引我更好地完成写作；我还要特别感谢蔡琳师姐在研究方向与写作思路中对我的指导，使我从发散逐渐走向集中，感谢李晓鸣师姐、刘丽娜师姐和曹毅搏师兄给予我的各种支持与鼓励，感谢刘慧师妹在我写作过程中的一路陪伴与帮助，感谢刘桢师弟在著作权法相关问题研究方面对我的支持。感谢我的父母家人在生活中给予我的全力支持与倾情付出，使我能够无后顾之忧地完成书稿的写作！

最后，感谢山西大学在120年校庆之际对本书给予的资助与支持，督促我按时完成了书稿的写作。也感谢给予转载和引用权的资料、图片、文献、研究思想和设想的所有者们，感谢各位前辈在前行道路上给予我的指引与启发。太多的感谢难以言尽，无论花开花落还是云卷云舒，无论自然风物还是人文气息，都曾在各种独特的时刻给予我对生命的感动与对理想的执着。在此，诚挚地一并致谢！

秦倩

2021 年 5 月 10 日